道德的法律强制

原则与界限

郑玉双 著

目 录

导　言　/ 1
第一章　政治至善主义与自治的价值　/ 27
第二章　刑法的道德界限：基本原则　/ 69
第三章　法律家长主义　/ 91
第四章　法律道德主义　/ 127
第五章　孝道的价值基础与司法面向　/ 153
第六章　文化治理与文化权利的道德维度　/ 187
第七章　犯罪的本质与刑罚的证成　/ 217

参考文献　/ 245
后　记　/ 267

导　言

法律与道德作为两种最重要的社会规范和实践现象，相互之间存在着复杂的关联。对这两种社会现象的探讨，可以区分为不同的视角和问题域。罗尔斯区分了几个有益的角度，对于深入理解这个主题具有指引意义：

> 它可能会考虑这样一个历史学与社会学问题：道德观念与法律制度之间如何相互影响？它可能还会牵涉到这样一个问题：道德观念与道德原则是不是一种恰当的法律定义的一部分？再者，法律和道德的主题还提出了道德的法律强制问题以及这样一个问题：根据公认的行为规范来看，某种行为是不道德的，这一事实是否就足以证明应当把这种行为当做一种违法行为？最后，研究对法律制度进行道德批判所采取的理性原则，研究我们服从这些法律制度的道德基础，这也是很重大的问题。①

由于道德和法律实践所涉及的实践结构、实践主体状态和社会意义等存在差异，不同的理论视角所产生的核心问题以及解决的方法论都会迥异。本书将探讨法律与道德这两种社会现象之间的一个规范议

---

① 约翰·罗尔斯："法律义务与公平游戏义务（1964）"，载《罗尔斯论文全集》，陈肖生等译，吉林出版集团有限责任公司2013年版，第134页。

题（normative thesis），即法律是否能够强制实施道德，以及如何对强制的限度划定边界。由于关于法律与道德之关系的探讨已经汗牛充栋，在罗尔斯所区分的这几个领域都有大量的学者进行了深入细致的探讨，因此有必要首先澄清"法律介入道德之限度"这个议题在法律与道德之关系版图上的位置。

首先，法律与道德在概念上存在着一定的分析空间。在法哲学的发展过程中，法哲学家们围绕着法律与道德之间是否存在必然联系、法律的效力基础是否依赖于道德等问题展开了激烈的争论。哈特（H. L. A. Hart）传承了传统法律实证主义者对法律与道德进行分离的信念，认为法律与道德之间不存在必然联系。在哈特《法律的概念》一书问世之后，学者们围绕法律与道德之间是否存在必然联系展开了激烈的争论。人们通常认为法律实证主义者主张法律与道德之间不存在必然联系，这也是哈特在《法律的概念》中所贯彻的一条重要线索。然而，随着法律实证主义者和其反对者之间的争论越来越深入，法律与道德之间的概念关联不再是争论双方关注的核心，即使是法律实证主义的捍卫者约瑟夫·拉兹（Joseph Raz）和夏皮罗等，也都支持法律和道德在概念上存在关联的必然性。[①] 法律与道德之间的概念关联在法哲学上的理论意义主要体现在，法律这种社会规范是否在概念上必然包含着道德内涵，以及对法律的概念分析（conceptual analysis）应否加入道德元素。这个问题并不关心法律在内容上是否包含着道德主张或要求，也不关心法律能够为公民道德生活作出多大贡献，而是致力于揭示法律在一般层面的概念结构。

[①] Joseph Raz, "About Morality and the Nature of Law", in his *Between Authority and Interpretation*; *On the Theory of Law and Practical Reason*, Oxford: Oxford University Press, 2009；斯科特·夏皮罗：《合法性》，郑玉双、刘叶深译，中国法制出版社2016年版，第一章。

其次,在国家的政治实践中,国家通过法律执行公共事务、促进社会福祉,也会受到政治道德原则的约束。这些原则通常表现为正义、平等和权利等价值表达。法律是国家追求这些价值的重要手段,比如国家让公民承担纳税的法律义务从而实现分配正义,或者立法禁止人们破坏生态环境从而促进社会整体的环境福利。在这个政治道德意义上,道德构成了对国家和法律进行规范评价的理性标准或价值约束,这也是罗尔斯所指的"法律制度的道德基础"。理解法律与道德在这个层面上的关系,一般需要将重点放在国家行动的道德基础、正义和平等价值的道德内涵等。比如,国家是否应该资助贫困地区的学校,从而使得贫困地区的学生享受到与富裕地区相匹配的教育质量和条件。平等价值是否赋予国家实现这一目标的政治职责涉及平等价值的具体内涵,即平等是否意味着每个学生都应该享受同样的教育条件。简言之,这是一项政治哲学的研究任务。法律在国家决策和行动中发挥着重要的作用,但法律背后的政治价值追求与政治道德内涵,是理解法律与道德之政治维度的核心。

道德的法律强制这个议题,与前面两个议题存在较多不同。法律生活与道德生活呈现为不同的形式。法律实践关注法律如何制定,如何提高法律约束人们行为的效率等。道德生活涉及人们如何成为道德上良善的人,以及如何按照道德的方式对待社会中的其他成员。法律是以制度化的方式对人们的行为进行约束,道德则涉及人们在日常生活中的观念、决策和交往。法律确立了强制性的规则,让人们不要逾越这些界限,否则会受到官方的强制性惩罚。道德则以道德感和认同影响人们的行为,并维持着社会成员相互合作的基础。法律与道德在社会意义上分属于不同的领域,以不同的方式引导和约束人们的行为。然而,在法律与道德共同对人们的行为进行指引的重叠地带,却横亘着一个两千多年以来不断被追问的难题:国家是否可以通过法律的方式让人们变得更有道德?

这个问题在学术讨论中展现出不同的面向,比如法律介入道德生活,道德立法,或者通过法律实施道德等。这些面向在具体讨论中有所侧重,但它们指向的核心是一致的:如何为法律介入道德生活进行划界。这个议题的古老形式具有现代语境中所不具备的整齐划一:无论是古希腊的城邦,还是中国的儒家思想支配的帝制实践,法律都是让人变得有道德的最有力方式。但在现代社会中,这个议题变得复杂。一系列难题围绕这个主题产生:我们能够对什么是好的道德生活和道德原则作出正确的判断吗?法律是实施道德的最佳手段吗?法律能够通过强制手段让人们变得有道德吗?

本书将围绕这些疑问展开。基于上述讨论,我们可以看出道德的法律强制这个问题不同于法律与道德的概念关联和国家的政治道德基础这两个问题。在法律介入道德生活时,我们首先需要确定其背后的价值支撑,即哪些价值要素为这一社会实践提供有效支持。其次,由于法律与道德在实践形态上存在较大差异,道德的法律强制的方式也是需要回应的一个重点内容。道德生活所涉及的领域和形态更为复杂,法律不可能介入全部的道德生活,也难以对道德上的对与错作出有效的判断。如何划定法律强制实施道德的边界?自由主义立场认为国家在公民道德事务上应该保持中立,法律不应该过度介入道德生活,甚至应该将道德决策留给个人选择。反对自由主义立场的思想传统有着古老的历史根基,反对立场主张法律是保持公民德性的有益方式,因此通过法律强制实施道德是正当的。确立法律强制实施道德的问题域,应当回顾这一主张的传统面向及其现代争论。

第一节　道德的法律强制:传统议题

亚里士多德在《政治学》中,对"城邦"这种古老的共同体给出了如下界定:

> 城邦是若干家庭和种族结合成的保障优良生活的共同体,以完美的、自足的生活为目标。毋庸置疑,倘若人们不居住在同一个地方并相互通婚,就无法形成一个城邦共同体。因而在各城邦中都有婚姻结合、宗族关系、公共祭祀和各种消遣活动,它们是共同生活的象征。这些都是友爱的结果,因为友爱是人们选择共同生活的初衷。城邦的目的是优良的生活,而人们做这些事情都是为了这一目的。城邦是若干家族和村落的共同体,追求完美的、自足的生活。我们说,这就是幸福而高尚的生活。由此可以得出结论,政治共同体的确立应以高尚的行为为目标,而不是单单为了共同的生活……①

既然城邦的目标是让人们过上完美的、自足的生活,那么政治制度的设计、法律的制定都应该以此目标为旨归。完美的、自足的生活的重要特征之一是道德高尚(morally upright),因此法律的题中应有之义便是促进公民过上完美的生活。显然,亚里士多德也认识到人们之间的道德水准是存在差异的,精英与大众间界限分明,很多人是无法通过理论和教育来改善品性、提高向善能力的;因此要改变这些人,就必须通

---

① 亚里士多德:《政治学》,颜一、秦典华译,中国人民大学出版社2003年版,第90页。

过强制的形式,即立法者需要制定法律,强制人们过上道德高尚的生活。①

从亚里士多德的论述中,我们看关于道德的法律强制之方式的一个雏形。它所关注的是国家如何通过法律的形式促进道德事务,提升公民德性。具体来说,国家需要承担的一个功能是,确定值得保护的那些道德利益,并通过合理的强制方式加以实现。亚里士多德所主张的是一种道德的法律强制的简单逻辑版本:法律应该以强制的手段促进共同体成员过上道德良善的生活。

显然,这个命题显得有些粗糙。在亚里士多德的时代,还没有形成现代意义上的国家观念和法律体系。现代人们所生活的社会也不再是古希腊时期的小城邦,而是地域广阔、语言文化多元化、社会分工纷繁复杂的庞大社群。因此,简单逻辑命题遭遇着激烈的批判。首先,它没有对法律和道德这两种不同的规范体系作出清晰的区分。其次,它对共同体生活的目标的预设太过武断。再者,它简单地假定法律的强制形式可以直接地促进个体道德观念的改变和提升。

但这并不意味着亚里士多德的主张毫无可取之处。相反,他开辟了一个思想传统,在漫长的思想史历程中,他的主张的核心内容不但没被削弱,反而得到了改进和加强,他的观点中的一些瑕疵也得到了修正。人们似乎对如下问题达成了深刻的共识:国家拥有正当权力对偏离共同体道德规范的行为加以限制和惩罚。这样的思想传统在约翰·密尔(John Mill)以前似乎显得不可撼动。然而在密尔之后,自由主义思想对这种立场提出了强烈的质疑和批判。密尔认为国家通过法律强制实施道德必须要受到严格的限制,除非个人行为对社会和他人造成

---

① 亚里士多德:《尼各马可伦理学》,苗力田译,中国人民大学出版社2003年版,第230页。

了损害,否则国家的行动就是不当的:

> 若社会以强迫和控制的方式干预个人事务,不论是采用法律惩罚的有形暴力还是利用公众舆论的道德压力,都要绝对遵守这条原则。该原则就是,人们若要干涉群体中任何个体的行动自由,无论干涉出自个人还是出自集体,其唯一正当的目的乃是保障自我不受伤害。反过来说,违背其意志而不失正当地施之于文明社会任何成员的权力,唯一的目的也仅仅是防止其伤害他人。他本人的利益,不论是身体的还是精神的,都不能成为对他施以强制的充分理由。不能因为这样做对他更好,或能让他更幸福,或依他人之见这样做更明智或更正确,就自认正当地强迫他做某事或禁止他做某事。①

毫无疑问,密尔的观点在他生活的时代具有革命意义。首先,他挑战了权威,特别是基督教传统影响下对国家和法律的理解,密尔向这种立场发起了冲击,主张国家和社会应该给个人留下充足的、不受干预的自由空间。其次,密尔开启了自由主义思想传统,为后世的自由主义者所继承和捍卫。尽管密尔所提出的损害原则(harm principle)内容简单,却成为自由主义者最有力的声音。尽管仍然有很多批评者对密尔的立场进行批判,但密尔的思想还是被传承下来,成为反对国家干预道德事务的理论依据。我将跳过思想史的梳理,直接开始探讨二十世纪关于道德的法律强制的一些代表性的争论,以展现这个议题的现代困境。

---

① 约翰·穆勒:《论自由》,孟凡礼译,广西师范大学出版社2011年版,第10页。该书译者将 Mill 译为"穆勒",本书采用通行译法,使用"密尔"一名。

第二节　道德的法律强制:现代争论

在任何一个有着稳定结构的社会中,法律生活和道德生活都会有一些交叉,法律当然地会对一些道德不端进行回应,比如欺诈会受到民事追责,恶意破坏他人财产的行为会受到惩罚。但如果一种行为只是不道德的,并没有明显的危害意义,法律能够对这种行为进行干预吗?

这个问题具有一定的误导性,但这种误导性部分地来自我们在现代社会理解道德实践和道德评价的困难之处。如果一种行为是不道德的,按照传统观念,这种行为就会对社会产生害处,因为道德偏离就是对社会的偏离。但在现代社会,由于道德评价的多元和复杂性,一方面,某种行为的道德与否很难得出定论,比如代孕行为在道德上就存在着两极化的道德评价;另一方面,不道德行为只是不道德的,还是同时也具有社会内涵,往往存在争议,需要借助于特定的伦理学加以分析。

现代道德生活是复杂的,法律也在各种层面上与道德交叉重叠。在法律与道德的互动之中,刑法扮演着独特的角色。刑法保护个人的生命、财产和发展的潜力等利益,对人的这些利益进行伤害的违法行为也被视为是不道德的。在刑法实践之中,对不道德行为的惩罚既有传统基础,也是法律介入道德生活之理论争议的典型议题。

二十世纪的很多争论涉及的是此类行为的入罪或除罪。同性性行为的入罪化是道德的法律强制的一个典型实例。虽然同性性行为的除罪问题在当今不会再给人们带来困扰,然而与之相似的一些问题仍然深深嵌在社会的复杂结构之中,引发人们对于道德评价之本质和法律干预之程度的争论。比如成年人是否可以吸食毒品而不受惩罚,人们是否可以合法地消费色情作品。人们有时会把这里所涉及的问题称为

"无被害人的犯罪"。但这个界定也并非十分精准,因为如毒品交易和色情作品的消费,涉及的显然不只是买卖双方。

不道德行为的惩罚问题在理论上存在很多争论。代表性的一场争论发生在二十世纪六十年代,英国法学家哈特和德富林(Devlin)围绕刑法强制实施的限度提出了针锋相对的观点。尽管这场争论已经过去半个多世纪,但其中所涉及的核心观点仍然是当代社会必须回应的。

(一) 哈特与德富林之争

1954年,约翰·沃尔芬登(John Wolfenden)受托领导"同性恋和卖淫行为研究委员会"对英国刑法中的风化犯罪进行调研,探讨这类犯罪形式保留在刑法之中的必要性。该委员会发布的《沃尔芬登报告》(Report of the Committee in Homosexual Offences and Prostitution)对同性恋和卖淫等行为持宽容态度,主张刑法的主要目的是维持社会秩序和公共利益,而关乎个人性道德的行为不应纳入刑法的调整范围。该报告引起了德富林等人的反对。在《道德的法律强制》(The Enforcement of Morals)这本书中,德富林论证了社会道德的维护必须要求对某些形式的不道德行为进行限制或使之犯罪化,只有这样才能保证社会公德不被"腐蚀"。成人男性之间的同性恋行为会对社会大多数民众所共享的家庭伦理观念和性道德带来严重的冲击,在德富林看来,这样的行为是对社会的严重"腐蚀"。对这些不道德行为的惩罚,表达的不仅仅是对背离的谴责和非难,更重要的是保护共享的社会道德自身:

> 真正的原则是法律的存在是为了保护社会,这并不免除法律保护个人不受损害、烦扰、腐化、剥削的功能,只是法律也必须保护

人们赖以相处的制度和政治、道德观念的共同体。①

这里涉及的三个问题是:(1)一个社会拥有对道德事务作出判断的权利吗?换句话说,应该存在公共道德吗?或者道德只关乎私人判断?(2)如果社会有权作出道德判断,那么社会也有权运用法律的武器对之强制实施吗?(3)如果可以,那么它应该在所有情形下,还是部分情形下运用法律武器;如果只能在部分情形下使用,那么应根据什么样的原则作出区分?

这三个问题反映出了不道德行为的刑事惩罚这个问题的核心争议。为了避免道德说教和中世纪式的道德教化,德富林提出了清晰的主张。罗纳德·德沃金(Ronald Dworkin)将他的论证概括为以下两个层次。首先,社会有权保护自身的存续;其次,一个更为不同和重要的论证是,社会的大多数人有权按照自己的道德信念保护其社会环境不发生他们所反对的变化。② 具体来说,可以归结为下面三个命题:

(1)在现代社会中有一些多样化的道德原则,不同的人信守而不强加于他人,然而有一些原则是超越宽容之限度而施加于反对者的。因此,为了保护社会的存续,我们必须要持守这些原则并要求所有人一致。社会有权要求我们与这些原则相一致。

(2)如果社会拥有这种权利,就有权运用刑法制度来强制实施这种权利。

(3)然而社会惩罚不道德行为的权利无须针对任何一种不道德行为而实施,其中存在着一些限制性原则。其中最重要的一个原则是

---

① 帕特里克·德富林:《道德的法律强制》,马腾译,中国法制出版社2016年版,第29页。

② Ronald Dworkin, *Taking Rights Seriously*, Cambridge, MA: Harvard University Press, 1978, p. 242.

"对社会整体一致的最大限度的个人自由予以宽容"。然而当不道德行为引起公众的义愤和厌恶而超越了人们的宽容限度的时候,社会就有权制止这类行为。①

在这个层次的论证上,德富林的观点有几个漏洞。第一,那些基本原则是什么?如果确实存在一些基本原则,那么这些原则是一成不变的吗,或者是具有客观性的吗?很多人怀疑在现代社会,是否还存在一些社会得以存续的基本原则并要求社会成员一致遵守。道德怀疑主义越来越流行,持这种立场的人要么认为"对道德的所有讨论都是毫无意义的废话"而拒斥道德讨论,要么认为其没有客观的道德价值。② 所以我们看到,即使是作为家庭伦理之核心的一夫一妻制,如今也受到了极大的冲击和怀疑。

第二,不能忍受、义愤和厌恶意味着什么?社会的道德判断究竟是如何确定的?他对这一问题的回答,主要依据是"有理性的人"或陪审员的"不可容忍、愤怒和反感"。在这里有一个内在的冲突,即宽容限度之外的基本原则所反对的不道德或恶行,与公众所不能忍受、义愤和厌恶的行为常常会是不一致的,我们并不能保证"有理性的人"不会按照自己的偏见作出道德判断,因此仅仅按照公众的情感表达并不能对行为进行限制。

罗伯特·乔治(Robert George)认为,德富林主要是诉诸社会凝聚力这种社会公众都认同的体验来为他的立场进行辩护。③ 从社会学的角度来看,社会凝聚力是社会存续和发展所必需的。古典社会学家

---

① Ronald Dworkin, *Taking Rights Seriously*, p. 243.
② 约翰·L.麦凯:《伦理学:发明对与错》,丁三东译,上海译文出版社2007年版,第4页。
③ 参见罗伯特·乔治:《使人成为有德之人》,孙海波、彭宁译,商务印书馆2020年版,第107—108页。

们强调了道德在社会凝聚力上的关键意义。滕尼斯分析了习俗和道德对共同体发展的重要性以及国家在巩固社会道德基础上的角色:"已经消逝了的习俗与宗教,并不能通过某些强制或教导的方式被重新召唤入人们的生活之中;为了造就美德的力量、造就或培养具有美德的人,国家必须创造某些条件与基础,或者至少消除各种对立的力量。"①

涂尔干也指出,社会凝聚力或者有机团结需要道德的支撑,也需要社会成员结成道德上的纽带:"人类如果不能谋求一致,就无法共同生活,人类如果不能相互作出牺牲,就无法求得一致,他们之间必须结成稳固而又持久的关系。每个社会都是道德社会。在特定情况下,这种特性在组织社会里表现得更加明显。严格说来,任何个人都不能自给自足,他所需要的一切都来自于社会,他也必须为社会而劳动。因此,他对自己维系于社会的状态更是有着强烈的感觉:他已经习惯于估算自己的真实价值,换言之,他已经习惯于把自己看作是整体的一部分,看作是有机体的一个器官。"②

尽管如此,在乔治看来,仅仅诉诸社会凝聚力并不足够,因为人们关于道德的体验和感受并不一定经得起理性的检验,而国家强制实施道德则必须要经得起理性的论辩。即使社会公众对某种行为采取一种认可或否定的态度,也并不意味着国家就一定要加以贯彻。所以,社会凝聚力背后仍然隐含着关于这些判断之合理性的理性论辩。显然,德富林无意进入更深层次进行理性论辩,这也为哈特对他的批判留下了巨大的缺口。

---

① 斐迪南·滕尼斯:《共同体与社会》,张巍卓译,商务印书馆2019年版,第458页。
② 埃米尔·涂尔干:《社会分工论》,渠东译,生活·读书·新知三联书店2000年版,第185页。

(二)哈特的回应

显而易见,德富林的论证与密尔在一百多年前的呼声相左。在密尔看来,人类若彼此容忍,各照自己认为的好的样子去生活,就会比强迫每人都照其余的人认为的好的样子去生活获益更多。根据密尔的观点,道德原则的强制实施是另一种形式的压迫,是对个性发展的压制。

在《法律的概念》中,哈特对不同的道德形式进行了区分。在我们所生活的社会中,存在着社会所承认的特定义务和理想,同时也包括进行道德批评的原则和理想。① 在《法律、自由与道德》之中,哈特明确地概括了这两种形式的道德。社会群体分享着对于对与错、善与恶的理解。对于同性恋、卖淫等不道德行为,社会群体表达着反对意见和厌恶情绪,而且国家也对这类行为进行强制管理,这是一个关于道德的问题。但同样重要的是我们也必须注意到这个问题本身就是一个道德问题,是一个对道德的强制执行能否在道德上得到正当化的问题。② 前者是实在道德,后者是批判道德,这两种道德的区分,是解决刑法的道德界限问题的一个关键。如果不能有效地区分,则用通行道德来不加反思地限制个人自由,这与现代社会所尊重的个人自主的价值相冲突。

哈特认为德富林所支持的道德原则在于,任何一个有组织的社会采取必要的态度去维持其自身之存在都是可以允许的,不道德——甚至是具有个人隐私性质的性道德——就像叛国罪一样,都有可能是危及一个社会之存在的因素。在哈特看来,这一信念背后的道德原则仍

---

① H. L. A. Hart, *The Concept of Law* (2nd edition), Oxford: Clarendon Press, 1994, p. 183.

② H. L. A. 哈特:《法律、自由与道德》,第20页。

然只是流行道德的一部分,而不能被看作是批判道德层面的反思,因此不具备说服力。①

在此基础上,哈特对德富林作出了进一步的批评,我将哈特的批评意见作一个概括,以照应前面德富林的三个命题。

第一,哈特对重婚罪进行了辨析,表明法律对于许多行为的惩罚既不是因为它亵渎宗教,也不是因为它背离道德,而是由于它制造麻烦、惹人讨厌。法律关注的是其行为对他人的冒犯,而不是因为他私人生活中的不道德。②而如果按照德富林的主张进行推理,重婚罪之所以应受惩罚,是因为它是不道德行为,破坏了社会赖以存续的一夫一妻婚姻制度。因此,德富林的前两个命题就没有了说服力。

第二,德富林支持一种道德的温和论立场,他指出一种共享的道德是社会存在的基础,如果关于善与恶的基本共识没有了,则社会也要分崩离析。然而,在哈特看来,社会能否分崩离析是一个无法用经验证明的事实。而且,前面已经提到,道德与社会之间的一致只能是一种理想,德富林完全把道德现实和结构等同于社会了,这是一个混淆。

第三,不道德行为必须受到惩罚吗?不管惩罚的目的是报复还是谴责,惩罚都会带来实实在在的痛苦。这里有一个重要的区分,通过惩罚之威慑去阻止人们可能会伤害他人的行为,与要求不做那些背离已成为社会共识之道德但却于他人无害的行为,有着非常显著的区别。③不道德行为只是对自身造成伤害,如果惩罚是用来对不道德行为的恶性进行报复,表达的是社会的报复性的怨恨和非难,那么与行为人所受到的报复相对等的是什么呢?这个问题是无法回答的,因为受到伤害

---

① H. L. A. 哈特:《法律、自由与道德》,第 21 页。
② 同上,第 42 页。
③ 同上,第 58 页。

的只是行为人自身。因此,对于不道德行为,是否需要用惩罚加以限制,是一个值得怀疑的问题。

第三节 政治至善主义与个人自治

哈特之后的理论家对道德的法律强制的进一步的讨论,不再局限于同性性行为的入罪或者除罪问题,而是将目光放在更为宽泛的国家权力的正当界限问题上,或者说,国家干预个人自由的限度上。如果国家作为一种实践权威,为公民个体提供行动理由,并且改变个体的行动理由,那么国家的权力实践必须要得到规范性的证成。罗尔斯的《正义论》及之后的工作确立了这种思考方向。刑法的边界问题被部分地转化为国家权力的正当界限的问题。我们看到,一方面,这个问题变得更为根本,它本质上是关注政治权力的证成问题,或者正义问题,即哪些根本性原则构建着我们的政治共同体本身。另一方面,刑法的道德界限的问题,同样被转化为正义问题的子问题,即国家权力的正当界限在哪里。国家为公民个体提供行动理由,实质上是对个体自由的一种干预。这种干预可能是积极的,它为公民的行动增加一些新的理由,比如国家要求一定年龄范围内的个体必须接受义务教育。干预也可能是消极的,即它否定了个体的一些选项,比如国家禁止或限制个体参与一些危险性极高的体育活动。

至此,我们将法律介入道德生活的限度问题放置在一个政治道德语境之下进行。这也是法律与道德之关系的不同议题之间的重叠之处。换言之,划定法律介入道德生活的边界,需要政治道德原则的支持。在这个重叠之处,涉及一个政治道德框架和一种核心性的政治价值。国家对公民道德生活的干预反映的是国家在道德事务上的判断权力,对这种权力的证成转化为国家是否可以在道德上指引人们的生活。对此,政治至善主义和中立的自由主义给出了不同的答案。

政治至善主义主张国家权力是通过促进公民个体过上道德上善的生活而得到证成的。这一立场得到不同角度的辩护。一种策略是基于自治的策略,以约瑟夫·拉兹为代表。拉兹认为个人自治的实现要求国家承担至善主义的角色,即积极创造条件,促进个体过上良善的生活。另一种策略是基于客观善,代表性理论家有菲尼斯(John Finnis)、舍尔(George Sher)和胡卡(Thomas Hurka)等。他们主张存在着一些客观的善,这些善是内在于个体的良善生活的。因此,政治至善主义作为一种政治道德原则是可以得到辩护的。

中立的自由主义则支持这样一种政治道德原则:国家无法在个体互相冲突的好生活观念之间作出实质性的判断,因此应该保持中立,而不能采取措施偏好某种善观念并限制其他人的选择。罗尔斯并非此种政治道德原则的首位提倡者,但他却是最坚定的辩护者之一。从《正义论》到《政治自由主义》,他一直都致力于发展一种不依赖于任何特定道德观的正义原则,从而对政治和法律实践提供一种根本性的框架。这种策略得到乔纳森·琼(Jonathan Quong)和罗纳德·德沃金等人的辩护。与之相对,杰拉尔德·高斯(Gerald Gaus)等人则从不同的角度继续为此原则进行辩护。高斯采取了一种证成性的策略。他认为,政治道德原则本身是一种证成性原则,而非通过反思人类的处境所建构出来的原则。

政治至善主义与中立的自由主义所争论的问题很多,但大多围绕着个人自由这一政治价值展开。个人自治在法律介入道德生活的限度问题上发挥着承上启下的作用。一方面,国家权力的政治道德立场通过个人自治而得到证成,因为个人自治是道德推理和权力分析的一个

起点。从康德开始,自治成为理解人之道德地位的核心要素:

> 唯有立法自身才具有尊严,具有无条件、不可比拟的价值,只有它才配得上有理性东西在称颂它时所用的尊重这个词。所以自律性就是人和任何理性本性的尊严的根据。①

康德认为自治是人的尊严的根据和基础,人在自主实践中体现出对自身的立法,从而形成道德法则,并展现出理性的意义。然而,虽然自治具有基础价值,但如何实现自治,或者自治究竟如何在个人实践中呈现,却是当代伦理学和政治哲学争论的一个核心。自治的内涵影响着法律介入道德生活之限度的答案,因为个人自治的边界与国家促进或者限制个人自治的边界互相契合,二者构成了现代社会国家权力运行的道德约束。只有在阐明个人自治之内涵的基础上,才能构建起国家实施权力的道德基础。

第四节　道德的法律强制的基本原则

(一) 道德的法律强制的四原则

法律实践可以被视为一种政治道德实践的特别形式。法律制度包含着复杂的内容,它既以一种制度化的方式将刑法、民法、行政法和公司法等不同领域的规范构建成一个规范体系,同时又从历史和现实两个维度贯彻在法律实践者的行动理由和结构之中。简言之,

---

① 伊曼努尔·康德:《道德形而上学原理》,苗力田译,上海人民出版社2012年版,第42页。

法律构建了我们的社会实践,同时也是我们的社会实践中最重要的制度。

法律保障个人自治,也对自治实践进行指引。然而,人们并不总是能够作出正确的选择也会陷入错误的认识,会做出伤害其他人的行为。法律识别、划定人的自治实践的空间,并且采取措施防止个人误用自治的优势,对个人的选择进行必要的限制。法律限制人的自治的方式有很多种,包括警戒、劝阻和惩罚等。在法律约束个人自治的过程中,政治至善主义和中立的自由主义框架发挥着背景性的价值指引的作用,但我们依然需要更为明确的道德原则,为法律的边界确立清晰的范围。民法中规定的公序良俗原则对个人的意思自治构成限制,这体现了法律会基于道德理由而禁止人们做出某种行为,比如两个人互相约定进行决斗。但公序良俗原则仍然无法充分地体现出法律出场的具体论辩理由。在这个问题上,美国哲学家乔尔·范伯格的《刑法的道德界限》(*The Moral Limits of The Criminal Law*)四卷本作了全面而充分的探讨。尽管范伯格是以刑法为例分析法律强制实施道德的边界,但他所提出的原则能够适用于更广泛的道德生活。

刑法是法律强制的极致情形,表明法律对特定行为的极为严厉的否定态度。刑法是对犯罪行为的回应,而犯罪行为是公共性的过错行为。典型的公共过错行为如杀人、抢劫、盗窃等,给受害者带来了实际的身体和精神上的损害,如痛苦和恐惧。犯罪行为对价值造成的破坏和威胁使国家具有了对犯罪行为进行干预的资格。如果我们承认国家有干预的权力——无论是基于对犯罪行为所造成之伤害的报复,还是为了减少新的犯罪的可能性——那么,国家干预的界限在哪里?

要回答这个问题,我们需要作出一个初步的区分。当我们说刑法是为了表达对犯罪行为的否定和谴责并遏制进一步的犯罪行为的时候,刑法在这一点上获得了证成。我们有理由相信刑法,也有理由接受刑法对这个世界的改变,那么刑法就基于这些理由而成为合理的。然而,刑法不是变动不居的,它由机构制定,反映一个社会对于自身的理解,因此刑法会受到各种各样的因素的影响,它可能把一些本来不应该是犯罪的行为认定为犯罪。这种做法是不公正的。在这种情况下,要将何种行为认定为犯罪,不是由刑法的目的决定的,而是由我们借以理解人类行动的那些独立的依据决定的。这些依据反过来帮助我们更好地理解刑法的目的。寻找这种依据的过程就是确立刑法之正当性的过程,也就是划定刑法之道德界限的过程。

我们会说无故结束一个人生命的做法是错的,而在运动中将对手误伤的做法却可以得到理解。刑法将前者视为犯罪从而加以禁止,而对后者加以容忍,是因为国家可以正当地禁止那些造成严重个人损害的不合理风险。外在的损害让人的自我追求受阻,因此应予以去除。在这里,国家的干预是正当的。除此之外,是否还有其他的正当性原则,却存在着争议。范伯格总结了多种对行为进行定罪的基本原则,其中最重要的有四种原则。(1)损害原则:刑法的正当性在于防止(或者消除、减少)对行为人之外的其他人的损害。这是刑事立法的基本原则。(2)冒犯原则:刑法对防止针对行为人之外的其他人的严重冒犯往往是必要的,并且可能是结束该冒犯的有效途径。(3)法律家长主义:刑法对防止对行为人本人(生理的、心理的或经济上的)的损害可能是必要的。(4)法律道德主义:出于行为固有的不道德性,对该行为的禁止在道德上是合法的,即使该行为对行为人或他人既未造成损害,也未形成冒犯。

这四条原则并非支持刑事立法禁止某项行为的全部原则,但却是最重要的原则。尽管第一条原则中的损害究竟意味着何种利益受损这个问题尚不明确,但这一条原则似乎是所有人都接受的原则,因为如果刑法不能预防损害,那么刑法就名存实亡了。除了那些极端的自由意志主义者外,冒犯原则也受到青睐。人们大体上同意,当一种行为对其他人的滋扰严重到让他们无法忍受的时候,国家可以加以干预。但自由主义者的脚步在此止住。他们认为除了这两个原则之外,刑法不能从法律家长主义和法律道德主义那里获得正当性。换句话说,只有防止损害和冒犯的刑事立法才是正当的。

这种温和的自由主义刑法观经过范伯格的发展,得到了很多支持。如果行为者的行为不会给他人带来消极影响,如损害、痛苦、妨害、骚扰等,那么行为者的行动自由就应该受到尊重,而豁免于外在的干预。这个经典的自由主义图景在刑法的道德界限中得到了彻底的贯彻。然而,这提醒我们再次回到哈特与德富林之间的核心争议。如果一种不道德行为既不会带来伤害,也不会冒犯别人,那么国家就应该置之不理吗?答案没有这么简单。无论是法律家长主义还是法律道德主义的原则,都要求国家在特定道德事务上对公民的自由权保持一种审慎的态度。因此,这两种原则并非具有天然的劣势。

(二) 扩展性讨论

本书尝试将范伯格所提炼的这四项原则应用于更为广阔的社会道德实践之中。首先必须承认,这些原则针对的是那些足以引起法律强制的行为,比如造成损害或者严重冒犯社会道德观念的行为。然而,范伯格依然用了大量的篇幅探讨人们在普遍道德实践中应该如何划定彼此的边界。比如在关于淫秽文字的讨论中,应当区分淫秽文字的冒犯性和有限的衍生功能,比如情绪和幽默效果。[①] 其次,在一般的社会道

---

① 乔尔·范伯格:《刑法的道德界限(第二卷):对他人的冒犯》,方泉译,商务印书馆2014年版,第297—301页。

德实践中,尽管有些行为并不足以引发法律的强制,但由于这些道德实践形态在文化意义上内含着法律介入道德生活的张力,因此也可以借助于上述四种原则加以理解。

孝道在当代中国法律和道德语境下的面向是法律介入道德生活之议题的延展。在传统法律实践中,孝道是法律所追求和保障的一种重要价值,也是礼法合一的典型体现。在现代社会,中国的家庭结构经历巨变,孝道也几乎退出法律领域,成为私人道德要求。然而现实实践中的两个因素使得我们必须回应孝道的法律地位。第一,中国的家庭结构经历变迁,法律对家庭的定位也不断调整,但始终面临着家庭与法律之间的张力,孝道作为理解家庭之本质的道德纽带,能够为家庭的法律定位提供线索。第二,尽管关于孝道的法律规定凤毛麟角,但司法裁判中关于孝道的案例却屡见不鲜,既有法律规范无法为孝道的司法裁判提供充分依据,对法律进行必要的道德推理势在必行。然而,这个任务既考验法官的推理技术,也需要道德理由的指引。法律道德主义的一系列原则能够为孝道案件的裁判提供参照。

文化实践具有极为丰富的内涵,其中也包括道德内涵。尽管目前关于文化治理与文化权利的研究通常采取文化学的研究路径,但从道德视角切入,可以解决文化实践中的诸多疑难。文化实践内含着个人自治与共同体理解之间的张力,文化事业的发展是一个社会内在繁荣的重要内容,关系到每一个共同体成员的伦理和道德福祉。然而,文化在本质上是可争议的概念(essentially contested concept)。[①] 我国宪法

[①] 本质上有争议的概念由加利提出,指的是在社会实践中那些不存在固定的本体结构而在含义、用法上都会存在本质争议的概念。W. B. Gallie, "Essentially Contested Concepts", *Proceedings of the Aristotelian Society*, Vol. 56, 1956, pp. 167-198.

第22条规定:"国家发展为人民服务、为社会主义服务的文学艺术事业、新闻广播电视事业、出版发行事业、图书馆博物馆文化馆和其他文化事业,开展群众性的文化活动。"宪法第47条规定:"中华人民共和国公民有进行科学研究、文学艺术创作和其他文化活动的自由。国家对于从事教育、科学、技术、文学、艺术和其他文化事业的公民的有益于人民的创造性工作,给以鼓励和帮助。"这两个宪法条款从国家责任和文化自由两个方面确立了文化事业的基本法理机制,即国家有责任促进文化事业的发展,而公民个体享有从事文化创作和产出文化成果的自由。然而,这一抽象的责任-自由关系模式并不能完全反映出文化事业发展中的独特机理。文化作为社会共同体自我反思和理解的动态观念性力量,在以强制性手段为依托的权力干预面前,总是显得极不确定。因此如何在国家责任和文化实践之间划定合理的法治化界限,是国家发展文化事业所面对的难题。

国家通过法律介入文化实践的辩护依据是什么?目前学界存在着两种主要的证成理论,对国家在文化实践上的角色进行理论说明:一种是中立的自由主义立场,一种是至善主义立场。中立的自由主义立场在共同体成员如何过上好生活这个问题上立场鲜明,即国家应当在共同体成员的观念实践面前保持中立,既不主动加以限制,也不承担积极的促进角色。如果我们将文化实践视为观念实践的一部分,认为其是个体构建良善生活的努力,那么国家在个体的文化实践面前应该保持中立。这一立场的代表性人物有德沃金和沃尔德伦(Jeremy Waldron)等。德沃金反对国家对文化事务的偏好式干预,比如国家对于特定艺术内容的资助等。[1] 沃尔德伦从立法原则的角度,对国家在公民个体的

---

[1] 罗纳德·德沃金:《原则问题》,张国清译,江苏人民出版社2005年版,第288—304页。

偏好、独特观念和价值判断等问题上的不偏不倚进行了强有力的辩护。①

与中立的自由主义相对应的是至善主义的国家立场。这两种政治道德立场之间围绕着自治的性质、良善生活的本质和国家的权力界限等问题展开了长久的争论,但在文化治理这个议题上,二者之间的争论却呈现为不同的面貌。首先,按照中立的自由主义者对良善生活的讨论,文化反映的是个体对良善生活之本质的观念性判断。国家在这些观念性判断面前保持中立,实质上是对国家的文化治理作出了证成和实践上的双重否定。因此,二者之分歧,不在于如何进行文化治理,而在于是否应该进行文化治理。其次,在文化多元主义的语境下,如何使自治、权利等价值与文化实践相调和,中立的自由主义面临着更大的困境。②

基于这两种证成立场之间的差异,本部分将重点讨论至善主义立场的基本主张。根据至善主义的基本主张,在文化治理问题上存在着两个子证立原则,分别是文化法律家长主义和冒犯原则。文化法律家长主义原则主张国家可以为了防止个体在文化活动中对自身造成损害,而对个体的文化事务进行法律干预。冒犯原则主张,当个体的文化实践对其他人产生冒犯的时候,国家要通过法律的形式对其加以限制。③ 文化法律家长主义和冒犯原则共同反映了国家在文化事务上的非中立和至善角色,但这两个子原则之间却在原则结构、道德意涵和教

---

① Jeremy Waldron, "Legislation and Moral Neutrality", in R. Goodin & A. Reeve (eds.), *Liberal Neutrality*, New York: Routledge, 1989, pp. 61-83.
② 参见泰勒在"承认的政治"一文中对自由主义所主张的中立性的批判。Charles Taylor, "The Politics of Recognition", in Amy Gutman (ed.), *Multiculturalism: Examining the Politics of Recognition*, Princeton: Princeton University Press, 1994, pp. 25-74.
③ 对文化法律家长主义的界定,参照了范伯格对法律家长主义的分析。参见乔尔·范伯格:《刑法的道德界限(第三卷):对自己的损害》,方泉译,商务印书馆2015年版,第1—28页。

义学空间上存在着本质上的差异。因此,应当澄清法律家长主义和冒犯原则的内涵,为文化治理和文化权利确立道德坐标。

最后,法律介入道德生活的方式通常是强制性的。这一实践结构一方面引发了证成难题,即法律强制必须有着充分的证成理由,另一方面也指向了刑法在现代道德生活中的意义。刑法不只对个人行为划定边界并保障公共生活,其本身也是道德生活的组成部分。刑法首先表达了对一些社会行动的评价。这种评价包含着两个方面,一是将这些行为认定为"犯罪"(crime),二是对这些行为表达谴责。犯罪意味着行为的恶和道德过错性(moral wrongdoing),当国家把一些行为定义为犯罪的时候,国家就宣布了这些行为应受谴责和惩罚。因此,刑法也包含着对犯罪行为的回应,即以强制性的方式对犯罪主体加以惩罚,让他们承受不利后果。

那么问题便出现了,首先,当我们说犯罪意味着行为之恶和道德过错性的时候,这里的"恶"与"道德过错"究竟意味着什么?这种过错与普通意义上的错误,比如合同中的违约,本质上的区别在哪里?再者,当国家对犯罪者施加刑罚的时候,国家这样做的正当根据是在于对犯罪者加以报应,还是为了让刑法的运行更加有效,即刑法是向前看的还是向后看的?国家的惩罚有正当基础吗?克莱因菲尔德(Joshua Kleinfeld)在《重构主义:刑法在伦理生活中的位置》一文中提出:

> 重构主义认为,第一,共享的规范思想、实践和制度是构成和维持社会生活的一部分,每个社会要成为一个社会,都需要伦理生活上一定程度的团结。第二,重构主义认为犯罪是对社会内嵌的伦理生活的沟通性攻击:犯罪通过破坏作为社会团结基础的思想、实践和制度来威胁社会团结。第三,重构主义认为,惩罚是在攻击

之后重建被侵犯的社会秩序的一种方式。①

在这一主张中,我们可以看到刑法的道德意义与人们组建道德生活的社会意义之间存在着深层的关联,刑事定罪和惩罚也是伦理判断的体现。在这个意义上,刑法对道德生活的介入是社会道德实践的宏大工程的构成部分。但这个论断过于强化了刑法的伦理色彩,对犯罪之本质与刑罚之证成的理论分析需要综合考虑伦理实践的结构,同时也需要展示犯罪与刑罚自身的结构。

第五节 本书的写作思路

本书将围绕"道德的法律强制"这个议题展开,从基本原则的提炼和实践结构两个宏观方面展开论证。

第一章的主题是"政治至善主义与自治的价值"。本章为"道德的法律强制"这个议题确立基本框架和价值基础,分析政治至善主义与中立的自由主义之间的理论对立,并展示政治至善主义在揭示个人自治之本质和价值意义上的优势。

第二章围绕范伯格的《刑法的道德界限》四卷本,分析损害原则、冒犯原则、法律家长主义和法律道德主义的基本内涵,并探讨中立的自由主义仅仅将损害原则和冒犯原则作为法律强制实施道德之正当原则的理论不足。

第三章和第四章分别分析法律家长主义和法律道德主义的基本立场并进行辩护,结合中国法律实践中的具体事例展现这两个原则的理

---

① Joshua Kleinfeld, "Reconstructivism: The Place of Criminal Law in Ethical Life", *Harvard Law Review*, Vol. 129, No. 6, 2016, p. 1486.

论说服力。

　　第五章和第六章分别基于孝道和文化实践两个领域探讨法律介入道德生活的更为广阔的应用空间,以及法律道德主义和法律家长主义所发挥的价值分析作用。

　　第七章以共同善为出发点,分析犯罪与刑罚两个概念的道德内涵。刑法实践以犯罪为核心展开,犯罪是引发共同体的道德评价并受国家刑罚回应的行为,因此需要对犯罪的价值本质和为什么国家要以刑罚加以回应的证成难题作出解释。法律的道德基础在于共同善,法律通过设置一个制度性框架让社会成员可以追求和实现共同善,而刑法是以强制方式保护社会成员的共同善实践机制的特殊规范。刑法通过将某些行为规定为犯罪,展现出这些行为对共同善的不尊重。共同善的本质决定了国家将犯罪者驱离共同善之外的行为是内在回应性的,这支持了刑罚报应主义的合理性,也能回应报应主义所面对的诸多传统挑战。

第一章
政治至善主义与自治的价值

以赛亚·伯林在他著名的《两种自由的概念》一文中提出了消极自由和积极自由的界分。严格来说,这并非相互对立的两个概念,而是理解自由的两种角度。消极自由指的是人们拥有的不受干预和强制的领域,在这个领域中,人们因行动不受阻碍而享有自由。① 而积极自由则体现为作为个体的"我"成为那个真实的、能动的"我"的那种力量。② 在伯林看来,积极自由的观念会产生一种危险,即人们以实现真正自由的名义对个体加以干预。消极自由的观念获得了很多支持,有评论者提出,伯林的自由观最好被理解为是一种没有外在限制而能够追求所意愿之目标的状态。③

然而,消极自由的观点也遭到了否定。批评者指出,消极自由之所以得到人们的辩护,是因为这种自由有利于个人自治(self-governance)。人们只有在"具有特定规范形式并接纳个人自治的社会中,才真正是自由的"④。然而我们要实现这种意义上的自治,就必须要全心地参与到公共服务的生活中,并培养有效参与政治生活所需要的那些

---

① 参见以赛亚·伯林:《自由论》,胡传胜译,译林出版社2003年版,第189页。
② 同上,第200页。
③ John Gray, "On Negative and Positive Liberty", *Political Studies*, Vol. 28, 1980, p. 509.
④ Charles Taylor, What's Wrong with Negative Liberty, in Alan Ryan (ed.), *The Idea of Freedom*, Oxford: Oxford University Press, 1979, p. 181.

公民美德。① 因此,只是把自由消极地理解为不受外在的干预,就忽视了自由最关键的面向。伯林在《两种自由的概念》一文中表达了对这种批评意见的担心,②在他看来,如果真正自由的"我"必须由外在于个体的那些社会性和国家性的因素所构成,那么个体很容易就会被这些因素操纵。

这场争论并没有停止,其中的一些观点不断被反复讨论。实际上,关于消极自由和积极自由的激烈争论被政治哲学领域更为新近的一些探讨更新了。两种自由的区分被放置在中立的自由主义和政治至善主义之间的争论之中,也就显示出这对概念的复杂性。如果人们享有自由,不只是为了按照自己经常会出错的意愿和欲望去生活,也是为了过上一种有德性的良好生活,那么国家为什么不应该采取措施促进公民个体过上这种理想的生活?中立的自由主义对此给出了否定的答案,它认为这不是政治的题中应有之义。而政治至善主义则主张国家鼓励人们过上善的生活,这与我们对个人自由的忠诚并不冲突。

本章仍然关注政治建构与个人自由的关系,但是从自治(autonomy)这一概念出发。自由和自治成为理解政治哲学的两把钥匙,但是自治与我们的善观念有着更为明显的构成性意义,也有助于我们更好地理解自由主义理论内部的争论。我先从自治与自由的区分开始,然后探讨自治的道德意义及其政治相关性,最后把个人自治的本质放在中立的自由主义和政治至善主义的分歧中进行观察,并提出政治至善主义的主张对个人自治作出了更好的说明,也有利于实现真正的自治。

---

① Quentin Skinner, "The Paradoxes of Political Liberty", in Stephen Darwall (ed.), *Equal Freedom: Selected Tanner Lectures on Human Values*, Ann Arbor: University of Michigan Press, 1995, p. 17.

② 以赛亚·伯林:《自由论》,第 203—204 页。

第一节　自治的概念

对自治的关注不只是基于伯林所提出的两种自由的划分,同时也是基于对一些持续发生的实践难题的回应,这些难题在根源上都与公民的良善生活有关,但在现实生活中展现为不同的形式,争论的双方往往都会一致地援引自治这个概念,因此也迫切需要我们对自治作一个更为全面的分析。比如,是否应当强制驾驶人员和乘车人员系安全带?是否应当允许人们自由地购买大麻?聚众的换偶活动是否应当以聚众淫乱罪惩处?同性之间的结合是否应当被视为与异性结合具有同等地位的婚姻?性交易是否应当合法化?国家是否应当支持公立学校?器官买卖应该被禁止吗?国家应该以资金支持艺术发展吗?[①]

当然,并不是说所有这些被激烈争论的难题都可以从自治的概念中寻找到答案,有一些甚至主要涉及的并不是自治的问题,比如国家是否应当支持公立学校。但总的来说,这些问题都与我们对自治的一般理解相关联,因为国家在这些问题上所采取的立场会影响一些人所作出的选择。如果一个人的选择受到了限制,人们往往会认为他们的自治受到了损害。但选择项的增加并不意味着所有人的自治都得到了促进,比如国家支持艺术的发展会让更多人享受到艺术的提升价值,但也有很多理由反对这一点。[②]

因此,我们需要回到自治的概念。自治是个人意义上的,它指的是一个人作为一个具有独立、自我意识的个体,所具有的自我治理(self-

---

[①] 其中的一些问题参考艾伦・沃特海默:"自由、压制和国家的限度",载罗伯特・L.西蒙主编:《社会政治哲学》,陈喜贵译,中国人民大学出版社2009年版,第42—44页。
[②] 参见罗纳德・德沃金:《原则问题》,第288页。

governance)的能力。① 然而,这样一个简单的定义除了增加模糊性之外,对我们更好地理解这个概念不会贡献太多。实际上,大多数争论都是从自我治理这个概念开始。同时,自治这个概念对于现代社会的运行来说又是如此重要,以至于道德哲学和政治哲学的讨论都把它作为一个基本的主题来对待。因此,自治的概念分析呈现出复杂性。

按照范伯格的分析,自治至少体现为以下四个方面:自我治理的能力,自我治理的实际状态,一种个人理想,以及一系列表达个人自我主权的权利。尽管这四个方面反映的是不同的层面,比如,自我治理的能力体现的是一个人实际具有或者潜在具有的状态,而自我主权的权利则体现的是自治的规范意义,但这个概括相对清晰地展现了对自治进行概念分析时所要面对的几个重要的问题。它涉及自治为什么对人来说是独特和优先的,它是否与人性紧密相关;自治为什么是有价值的,它的价值体现在哪里;人如何实现自治,国家以及法律在个体实现自治的过程中应当扮演怎样的角色。这一部分从两个方面来分析自治的独特性:我们为什么把人视为自治的行动主体(autonomous agent),以及自治与自由之间的区别是什么。

(一)自治的优先性

人类对于自身的理解,在很大程度上取决于对于他们与所处的共同体之间的关系的理解。个人自由和自治是理解这一关系的基本要素。自治这个概念并非从一开始就展现出它在道德哲学和政治哲学上的全面意义,尽管按照英国文学家路易斯(C. S. Lewis)的分析,现在通

---

① John Christman, "Autonomy in Moral and Political Philosophy", *The Stanford Encyclopedia of Philosophy*, Aug 11, 2009, Edward N. Zalta (ed.), http://plato.stanford.edu/archives/spr2011/entries/autonomy-moral/.

常被翻译成"自由"的希腊词 eleutheria 和拉丁词 liberas 在古时指的是国家的自治,免于外来力量的统治。① 把自治作为一项基本的道德和政治价值的观念是现代的一种理论发展。在康德那里,自治是他的整个学说的关键因素,或者说,康德的伦理学是建立在自治这个概念之上的。

在很长一段时间中,人们对于自治的关注只是限于道德哲学之中。杰拉尔德·德沃金(Gerald Dworkin)在 1988 年的 *The Theory and Practice of Autonomy* 一书中提出,不同于自由和平等,自治尚未经过认真和全面的哲学探讨,而仅仅停留在一些应用伦理学的讨论之中,比如医学治疗中的患者自治。然而,近二十年间的政治哲学研究显然已经把自治作为讨论的一个核心主题。② 人们在讨论自治的时候,往往把它作为一种独立的价值,探索个体实现自治所必需的条件,以及政治行动如何保障这些条件的实践。

人拥有自治这一点首先表明了个体是作为自己而活着。在形而上学意义上,人和动物都是独立的存在。然而,人与动物的关键区别之一在于,即使人受到外在的自然环境和社会环境的各项制约,但人仍是作为一个独立的、具有自我意识的个体来实践,并且把实践的后果及其相应的责任作为理解人自身的内在因素。所以,尽管我们可以说动物世界中有规则,然而只有人类世界中存在道德和法律,因为道德规范和法律规范都是一种主体性的行为规则,表现出被规范约束的主体如何理解自身和自身以外的其他人。

其次,人与动物都有情感,但与动物不同,人具备实现自治的能力。这种能力体现在一个独立的行动主体形成自我意识、作出自我决定,不

---

① C. S. Lewis, *Studies in Words*, Cambridge: Cambridge University Press, 1961, pp. 124-125.

② John Christman & Joel Anderson (eds.), *Autonomy and the Challenges to Liberalism: New Essays*, New York: Cambridge University Press, 2005.

是按照外在的支配,而是根据自己的欲求与意志。按照杰拉尔德·德沃金的区分,我们可以简单地把自治分为两种类型,一种是个人自治(personal autonomy),这是一种在内容上与道德无关的自治,它指的是个体按照自己所作出的理性选择来管理自己的生活的能力。另外一种是道德自治(moral autonomy),它指的是个体追求成为道德良善之人的那种能力,也就是说,个人把道德要求转化为自身的行动理由的那种能力。① 如果一个人基于自己的艺术天赋而选择艺术作为职业,体现了其在如何对人生进行理性定位上的自治,而一个人在知道某个区域发生天灾而决定捐赠一笔资金的时候,是在运用其自治来参与道德实践。

但这个区分并非意在给出自治的精确概念,它只是粗略地划分了个人自治能够得以实现的领域,而且个人自治与道德自治并不总是容易区分。② 无论是决定从事艺术行业,还是决定捐赠一笔财产,自治的实现都要求个体具备实际自我治理的能力,并且承担这个自治实践中产生的责任。人们的自治实践汇合成为一种理想的生活图景,人们将这种图景视为目标而采取行动。

(二)自由与自治

我们要对自由和自主作一个区分。首先,按照伯林的消极自由观念,自由指的是在没有外在干预的状态下,个人按照自己的意愿和欲望追求特定的目标。③ 在他作出选择的时候,没有人凌驾于他之上,所以他是自由地作出判断和选择。而一旦有外在的限制,比如来自别人的

---

① Gerald Dworkin, "Autonomy", in Robert E. Goodin, Philip Pettit & Thomas W. Pogge (eds.), *A Companion to Contemporary Political Philosophy* (2nd edition), Oxford: Wiley-Blackwell, 2012, p. 444.
② Jeremy Waldron, "Personal Autonomy and Moral Autonomy", in John Christman & Joel Anderson (eds.), *Autonomy and the Challenges to Liberalism: New Essays*, p. 308.
③ 参见以塞亚·伯林:《自由论》,第189页。

禁止，或者环境的束缚，那么他进行判断和选择的可能性就会受到限制。而自治的意义则体现在个体进行理性选择和价值判断的能力。

举例来说，当 A 被囚禁的时候，他是不自由的。但这个时候说 A 是不自治的就会显得怪异，因为 A 的不自由在于 A 自由出入囚室的能力受到了空间和制度上的限制。如果 A 是因为伤害了 B 而被囚禁，那么 A 在自由上所受到的限制是正当的。但 A 的自治能力并没有受到限制，因为自治关注的不是 A 在特定的场合和时间能否按照自己的意愿做出某些行动，而是在整体上看 A 是否作为一个具有自我意识的独立个体，是否能够按照自己的意愿而非外在的干预去生活。①

其次，我们可以区分基本的自治和理想意义的自治。基本的自治指的是我们可以为自己的行为负责，拥有独立地位而不受强烈辖制（比如受到胁迫），能够清楚明确地表达自己的意愿并按之行动。而理想意义的自治指的是个体在最大程度上实现本真性和免于外在的支配和扭曲性影响的状态。根据这个区分，自由更接近自治的基本意义，而与它的理想意义大不相同。自由意味着人面对并意识到多种可能的选择，而在这些选项之间作出不受外在干预的选择。

但很显然，自由也有它自身的理想意义。人们会把最大限度地实现他的自由作为一个值得追求的目标，人们渴望能够尽情地表达，尽可能地运用自己的能力和潜力。然而，这种自由的理想意义却仍然不能直接地跟善的生活联系起来。人们可以运用自由去实现善，但自由并不意味着善本身，并且拥有自由并不必然意味着人们会去追求善。良善生活不是通过别人强加在自己身上而实现，它必然经历一个理解（对与错）、选择和行动的过程，自由促进了这个过程的完成。但自由

---

① Gerald Dworkin, *The Theory and Practice of Autonomy*, Cambridge: Cambridge University Press, 1988, pp. 13-15, 19-20.

可能成功地实现这个任务,也可能会失败。

与之相反,自治的实现意味着人成功地过上了良善生活。所以,相比于自由这个概念,自治更加充分地体现了人作为一个行动主体,在追求良善生活这个基本问题上的重要道德意义和一些根本的困境。自治涉及个人理解自我利益和自我跟社会的关系的能力,这种能力支持并包含在一个人的道德判断和道德追求的过程中:我们对彼此负有什么责任?我们应该追求何种道德目标?在一个真实的世界中,人的自治受制于各种各样的外在条件,然而,不同于自由,外在条件的限制意味着对自由的压制,自由往往受惠于这些外在条件。我们需要确定自治在个体身上的真正实现与外在的环境有着怎样的关系,而这要求我们探讨自治的伦理意义和政治意义,在这两种意义上,自治展现了它的全貌,也反映了人作为人的那些根本的方面。

第二节　自治的条件

尽管自治关乎人的生命的所有方面,比如健康、事业、家庭和道德追求等,但是自治引起我们关注的更为重要的方面体现在它的道德意义上。本章在一种宽泛的意义上探讨道德自治的本质,有时也不对道德自治和个人自治作严格的区分,可以说它的内容大体包含两个部分,一是探讨作为独立道德主体的个人是如何通过自治而实现个人作为道德主体的本质的,二是思考个人如何通过自治更好地参与道德事业。相应地,我们可以从两个方面来思考这个问题。第一,人的哪些特点使得我们能够成为道德上可以自治的人?第二,我们如何能够实现道德自治?

第一个问题的答案是,我们是自由和平等的(free and equal)道德主体。① 在这个假定下,我们能够建构出自治这个观念。自我治理这个观念中蕴含了"自我(self)"这个特定的因子,而自我就包含着自由和平等这两个方面。作为道德主体,人会提出道德要求,设定道德目标,并按照道德要求来行动,实现道德目标。而只有在人作为一个自由和平等的主体的时候,道德要求的提出和实现才能成为可能。按道德行事要求我们具备认知能力和按照理由去行动的能力。

一方面,人是自由的意味着我们可以认识到自己具备理性能力并据此作出判断,理性推理和判断不是在外在干预的情况下进行的,而是依赖于自己的理性。同时,人们是按照自己的行动理由做出行动,这些理由产生于从自身观点出发而被确认的道德要求。

另一方面,作为道德主体,人们之间是平等的。人们之间的道德目标存在差异,而且我们可以给这些目标划定层次,但是作为具有道德能力的主体,他们之间在地位上是平等的。作为社会整体道德事业的参与者,每一个人都不能豁免于社会中的道德要求,同时每个人都不能主张在道德上优越于其他人,也不能成为其他人的道德权威。A 可以向 B 表达不同的道德意见,但是他不能强制 B 接受他的道德观念。

这是人的自治得以展开的前提,是一个享有自治的个体所应当具有的最为基本的条件。我们可以把这种条件称为抽象条件。与抽象条件相对应的是自治的具体条件。按照拉兹的总结,这种具体条件有三个独特的组成部分:适当的心智能力,充足的选择范围和独立性。② 一个自治的主体需要对环境有认知、理解和响应,形成自我意识,因此他需要具备必要的心智能力。同时,如果个体一生中在重大问题上都只有一个选项,

---

① 约翰·罗尔斯:"道德理论中的康德式建构主义(1980)",载《罗尔斯论文全集》,第 372 页。
② Joseph Raz, *The Morality of Freedom*, Oxford: Clarendon Press, 1986, p. 372.

或者他的所有选择事实上背后都是被人支配，那么他就不能作出真正的选择，也不能享受独立的不受干预的状态，所以他就是不自治的。

在我们接受人是自由和平等的这个抽象前提之后，如果一个人具备了必要的心智能力，并且面对着很多可以发展他的能力的选项，他不受外在的支配和掌控，可以独立地作出选择和行动，那么我们可以说他已经具备了自治地建立人生工程的前提。然而，这不等于说条件具备便能成功。心智能力的培育与一个社会的文化、教育方式紧密相关，也反映了这个社会对于自治的理解和反馈。自治的实现要求选项的存在，但是显然我们都希望别人作出正确的选择。我们希望对一个人的独立性表示尊重，但是我们更期待他在独立的基础上获得尊严。人是自由的和平等的这一点为我们的这种期待设置了背景，但没有告诉我们通过自治实现尊严的方案。也就是说，我们需要一个更全面的关于道德自治的说明。

第三节　自治、社会与强制

（一）自治与善

在对人的自治的条件进行探讨之后，接下来的问题是，人怎样才能实现道德自治。道德自治反映了人的基本的自治，即人运用自治建立生活的实际状态，这为我们分析人的自治生活的结构提供了基本的素材。如果一个人在他的生活中完全是受他人支配的，那么即使在第一个问题上也无法进行下去了。道德自治同时也反映了人自治地生活的能力，如果缺乏这种能力，那么自治就失去了意义。

理解人怎样实现道德自治，其实就是说明人的自治的一个更为深层的结构。这个深层结构指的不是自治的判断和指令的发出在我们的推理中究竟是如何实现的,比如自治与我们的欲望之间的关系是什么,自治是否会受到情感的误导。在这里我们需要跨越自治的元伦理学讨论,而转向自治的社会面向。[①] 我指的是自治这个概念的哪些面向帮助人们塑造了这个社会中的诸多重要的面向,即自治怎样塑造了我们关于良善生活的图景,以及自治在帮助我们理解社会道德上扮演着怎样的角色。由此,我们从作为道德主体的人,转向了道德主体所组成的社会。在这个转变的过程中,自治的结构呈现了出来,自治所反映的人的社会和政治困境也变得清晰。

我以拉兹对自治的分析为例,说明自治的结构。首先需要作一点说明。拉兹可能并不会坚持对自由和自治作出严格的区分,在他看来,关于自治的论证就是政治自由的基础,我们保护政治自由,是因为它建立在自治这个核心概念之上。[②] 但是这一点不影响本章前面所作的关于自由与自治的区分,因为如果我们对于自治作出清晰的、明确的界定,人们对于自由的信奉反映出同一种对于自治的理解,那么这种对自由的拥护实质上体现了自治的重要性。正是自治与自由的概念区分使得我们能够更细致地把握人在社会中实际的生活状态和如何对行动理由作出回应。

根据拉兹的观点,道德自治体现在下面三个方面:

(1)自治以善为目标。善是人的福乐的构成性因素,我们追求好的生活,实际上就是在生活中实现各种各样的善。如果自治不能导向善,那么自治对于人的意义就变得模糊不清。正是由于人可以判断和

---

① 这个问题同样是一个非常重要的问题,因为在某种程度上自治是伦理学思考的一个核心概念。在康德那里,自治是道德规范性的来源,参见克里斯蒂娜·科尔斯戈德:《规范性的来源》,杨顺利译,上海译文出版社2010年版。

② Joseph Raz, *The Morality of Freedom*, p. 400.

选择，所以善才是可以实现的。而正是因为善对于人的人生工程很重要，我们才如此看重自治这种实现善的能力。自治的实现要求存在善好的选择(choices of goods)，同时不只存在一种善好的选择，善是多元的。正如拉兹所说："自治只有在追求善的时候，才是有价值的。自治的理想只要求道德上可接受的选项的存在。这听起来像是一种非常自负的道德观点，实际上不是。一种承认自治的价值的道德理论必然支持一种多元主义的观点。它承认诸多截然不同的追求的价值，个体可以在其中自由选择。"①

（2）诚实(integrity)。一个自治的行动者应该具有诚实的品质，意即他意识到他的选项并在它们之间进行选择，而非随波逐流以致于失去它们，他必须为自己作出决定。也就是说，他必须识别出自己的选项，并忠诚于它们。② 一个人的生活是在他自己手中的，他对自己生活的理解处于不断提升的过程之中，而理解的程度越高，他就越能清楚地认识到在哪种境况之下要作出何种选择，这种选择对于他的人生的意义是什么。因此，要保证人生工程的整体完整性，他就要忠诚于自己的选择。

（3）创造价值。自治的价值不在于个体拥有这种能力本身，而在于他做出了创造价值的行动。人们创造价值，通过承诺和追求而产生一些理由，这些理由胜过人们承诺和追求背后的那些理由。这种规范性的创造，创造出了新的价值和理由。③ 如果有一个充满慈悲和善心的人，他乐于尽自己的努力来支持慈善事业，而且他也认识到慈善对于改变社会状况的重要性，并且不断地与身边的人表达他的认识。但如果他不采取任何慈善行动，那么他就创造不出有助于改变现状的价值。

---

① Joseph Raz, *The Morality of Freedom*, p. 381.
② Ibid., p. 382.
③ Ibid., p. 385.

就这一方面而言,他并没有实现自治,或者在某种意义上,他失败了。

(二)自治与强制

拉兹对自治和价值的关系作出了精彩的分析。根据这个简要的分析,我们看到,正是因为自治促使人们实现善,真诚地接受行动的理由,价值就被创造出来,良善生活也被建立起来。在这一点上,自治被赋予了道德意义和理想性。通过对自治的分析,我们形成了关于人的一种观念,即人通过贯穿时空的理性行动实现了价值,这种价值既是部分性的,比如慈善的人道价值,也是整体性的,即人作为这个世界的一个独特和有尊严的存在者所具有的对善好的理解和实践,这反过来又赋予人的自治实践以价值。

然而,一些经典的难题也呈现出来,这些难题促使我们再次对自治的本质进行反思。首先,是否存在客观的善?如果善是客观的,那么自治的道德意义反而让人怀疑。因为,对于人来说,当我们认识到善的重要性的时候,最迫切的是实现这种客观的善,而不管采取何种方式,在这个时候自治就显得不那么重要。其次,如果人是通过对自治能力的运用理解了善然后采取行动,那么自治能力的运用变得很关键。但自治涉及认知和确认(identification),而行动者的认知和确认离不开特定的历史、文化和政治环境,因此维持一种有利于善的文化和政治环境就显得非常必要。

这些问题既是道德哲学问题,也是政治哲学问题,因为它们关乎善、正义和证成(justification)问题。在这些问题上,存在着激烈的理论争议,其中与我们对自治的理解最为相关的争论,存在于中立的自由主义和政治至善主义之间。这两种理论的立场不尽相同,但是每一种立场都信守着一些最为基本的承诺。它们对社会的本质是什么,善是什么、善是否具有客观性,公民个体的自治应当如何受到尊重,政治手段在公民的道德事务上的界限等问题上都有各自不同的答案。为了更好地展现自治的概念与其在各种理论主张中的核心地位,我将这两种立场的基本主张总结为如下内容:

中立的自由主义:个体之间对善的理解和理由的响应存在分歧,国家在这些分歧之间应当保持中立。

政治至善主义:个体之间对善的理解和理由的响应存在分歧,国家应该采取行动促进人们作出导向善的选择。①

这个简单的界定是很不全面的,它遗漏了这两种立场所持有的重要主张,但是我想突出自治在这个问题上的关键角色,然后通过这个概念来还原两种立场更为全面的主张。回到自治的概念来看,自治与政治至善主义的主张有着天然的相近性。如果人的福乐的主要内容是实现善、创造价值,那么我们就可以把人的一生理解为追求完善(perfection)的过程。而政治的目标则是以实质性的方式促进公民选择和过上良善生活,比如促使人们作出正直的选择,抑制恶的产生,甚至可以强制那些弃善从恶、偏离好生活的个体回到好的生活。这恰恰体现了政治至善主义的立场。

但是这个总结会引起人的误解,它常常被用来批评政治至善主义对自由和自治的压制,因此使得政治至善主义遭受了不公的指控。②

---

① 对理由的响应这一点借用了舍尔的主张,他认为自治的概念体现在行动者的行动是由他对其境遇所提供的理由的评价而激发的行动。George Sher, *Beyond Neutrality*, Cambridge: Cambridge University Press, 1997, p. 48.

② 罗尔斯在《正义论》中批评了至善主义,但他的理解是错误的。他说至善主义是一种"目的论,引导社会安排制度和定义个体的义务和责任,从而将人们在艺术、科学和文化上的卓越予以最大化"。John Rawls, *A Theory of Justice*, revised edition, Cambridge, MA: Harvard University Press, 1999, pp. 285-286. 然而,艺术、科学和文化上的卓越是至善主义所关注的次要领域,尽管至善主义者不反对人们在这些领域可以实现更高层次的卓越,并且这种卓越有助于人的福乐的实现,然而真正的至善是在伦理意义上的。

我们要区分人的完善和至善主义(perfectionism)，前者指的是在人性意义上，人的卓越(excellence)和完美的实现。而至善主义在政治意义上指的是政治机制和行动应该在不同程度上促进人们追求客观价值，作出对好的理由的响应。人的完善反映了一种人性观，即人可以通过实践获得内在和外在、身体和精神的和谐完美。政治至善主义不必建立在这种人性观的基础之上，它可以把它的依据建立在关于善的知识或者后果论的基础之上。

许多政治自由主义者虽然在正义、权利和政治的道德基础等问题上有着不同的主张，但在反至善主义的立场上达成了表面的一致。他们认为人是自由的和平等的这个基本的前提，加上价值的多元化、极为广泛的道德观念的冲突的现实，使得至善主义的立场并不可行，因为一旦政治机构意欲支持某种好生活的主张，它就是在贬抑另一种与之相冲突的生活观念，这就产生了不公正。因此，国家应当是中立的，尊重各种观念之间的分歧，在个体对理由作出响应的时候不能加以干预，否则便是不公正的强制。因此，中立的自由主义者为国家的强制划定了界限，即国家不能基于有争议的善观念而采取行动。

在接下来的部分我会对中立的自由主义立场的一些代表性主张作出探讨，然后分析它们如何扭曲了自治的价值。以赛亚·伯林的《两种自由的概念》一文为这种立场培育了好的土壤，而后来的哲学家如罗尔斯和罗纳德·德沃金等则把它充分地建立了起来。但中立的自由主义者也在方法论上出现了一些分歧，展现出不同的理论图景。认识这些方法论上的差异，并进一步分析差异如何产生以及差异背后更深层次的问题，有助于我们认清中立的自由主义是否能够忠实于它对个人自治的承诺。

第四节　中立的自由主义

自由主义理论在两个方面上作出了努力。一方面,它对个体和政治共同体的性质作出了说明,提出个体和共同体应该具备的最重要的目标和价值是什么。另一方面,它提出了一系列的政治正当性原则,这些原则反映了政治的本质,政治行动要得到辩护,应该符合哪一些证成条件。尽管不同的自由主义理论家对于这些证成条件是什么存在争议,但是他们都忠诚于密尔所提出的那个朴素的主张:自由是珍贵的,我们应该防止它受到侵害。[①]

我们可以区分两种方案,以帮助我们区分为什么中立的自由主义者反对国家给个体施加特定的善观念,或者在相冲突的善观念之间偏向某一种。一种方案是建构性的,我们可以称之为建构性的中立自由主义(constructive neutral liberalism),它认为基于对政治的本质和目标的理解,我们把公民个体的自治建构成思考政治问题的基础,从而提出一种关于政治行动的界限的正义观,这种观念包含了国家不能干预个体自治的内容。罗尔斯和德沃金是这种方案的代表。

第二种方案是证成性的,我们称之为证成性的中立自由主义(justifactory neutral liberalism),它关注政治行动的界限,以免于干预的人的自由作为前提,主张任何对个人自由的限制都要得到证成。但基于对某一种善观念的偏好而对个体自由作出限制,并不能通过这种证成,因此我们应该接受一种中立的国家观念。下面分别分析这两种方案。

[①] John Stuart Mill, *On Liberty*, David Bromwich & George Kateb (ed.), New Haven: Yale University Press, 2003, p. 80.

(一)建构性的中立自由主义

罗尔斯恢复了一种康德意义上的建构主义,然后发展出一种建构性的正义观,这种正义观包含了对个人自治进行保护的内容。对于正义的探讨不是在寻求形而上学意义上的真实,而是关注我们的社会实践本身及其背后所隐藏的特定的原则和观念。正义问题是社会实践和社会合作问题,而人们的正义观的冲突反映了人们对实践背后的特定观念和原则的认识模糊不清。政治哲学的任务就是"向人们提出与其最核心的信念及历史传统相符合的特定观念和原则"[1]。但这不是一个发现的过程,而是建构的过程。具体来说,罗尔斯的建构主义体现在三个方面。

(1)我们可以恰当地把人建构为自由、平等的道德主体,这是我们对自我和人与社会的关系的一种正确理解。在原初状态中,寻求正义原则的各方将自己视为自由、平等的道德人,然后在这个基础上选择正义原则。

(2)人们在原初状态下选择的正义原则被理解为"作为公平的正义",即关于自由和平等的两种原则:每个个体有平等地享有基本自由的权利;社会和经济的不平等,要满足两个条件,公职和职位在公平的基础上对所有人开放,以及这种不平等应该有利于社会之最不利成员的最大利益。[2]

(3)在选定了作为公平的正义观之后,一个社会的政治制度和安排要符合这一观念,才是被证成的。

---

[1] 约翰·罗尔斯:"道德理论中的康德式建构主义(1980)",第345页。
[2] 约翰·罗尔斯:《作为公平的正义:正义新论》,姚大志译,上海三联书店2002年版,第70页。

尽管从宏观上来讲,罗尔斯的正义论关注的是基本政治制度的基础,但它实际上也是一种关于个人自治的理论。罗尔斯区分了两种自治,一种是理性的自治,指的是原初状态中各方是理性自治的建构者,他们首先认识到自己是平等和自由的,这体现了他们的理性能力。各方是平等的,有平等的权利去决定应该选择何种正义原则,同时又是自由的,他们的选择不受威胁和支配,正是这种对于平等和自由的理解使得他们选择了作为公平的正义。另一种是充分的自治,指的是个体在日常生活中,充分运用自己理性的能力。这种自治不再受制于原初状态,自治的个体对自身的条件、身份和禀赋有着充分的理解,并据此追求自己所重视的那些目的。原初状态和日常生活中的个体是一个理性自治和充分自治不可分割的、具有形成一种善观念的道德能力的主体,根据罗尔斯的观点,这种道德主体的特征是:

> 他们通常被看作是能够按照合乎情理和理性的根据来修正和改变这种观念的。因此,公民被看作是能够脱离(stand apart from)各种各样善观念的,以及能审视和评估这些善观念的各种终极目的的。①

从这一点我们可以看到,罗尔斯对道德主体和正义原则的建构支持国家中立原则。首先,自治保障了原初状态中的各方选定一种合宜的正义观念,在根据这种正义观念运行的政治制度之下,自治得到了保障,自治的意义能够前后一致,这也是正义的内在要求。简单来说,处于原初状态的各方确定了正义优先于善的基本原则,即他们不会偏好

---

① 约翰·罗尔斯:"道德理论中的康德式建构主义(1980)",第374页。

某种特定的善观念,而是尊重了如下可能性:各方在选定了合宜的正义观念之后所建立的政治框架尊重每个人对善和不同目的的追求,只要他们都接受并忠诚于基本的正义原则。所以,在一个政治共同体之中,不同的个体可以拥有不同的宗教观、婚姻观和性道德观,这些观念构建了他们对于良善生活的理解,但他们都按照他们所共享的正义感而行动。

其次,要实现充分的自治,个体就要享有对不同生活观进行价值评判的能力,并且按照自己的意愿选择自己认为正确的生活方式和善观念,他们也可以随着时间的变迁而不断修正自己的善观念。在这个过程中国家不能进行实质性的干预,即国家既不能对个体的善观念作出实质性的判断,也不能进行排序。但国家要采取一般和必要的行动保障不同主体选择自己所偏好的善观念,但又不会伤害其他人,这是平等和自由的道德人格的内在要求,也是作为公平的正义的题中之意。

相比之下,德沃金的论证对于罗尔斯的主张来说,更像是一种有益的补充。德沃金的思路仍然是建构式的,但他没有像罗尔斯那样恢复康德的契约主义传统,而是从康德那里借用了尊严的概念。尊严是人独特的方面,对于人的存在来说是内在性的。德沃金仍然建构了一个道德人的观念,但是不同于罗尔斯,他赋予了这个道德人以更多的内容。道德人不只是平等和自由的,更是具有内在价值、能够独立承担责任的。

德沃金将这个基本原则总结为人性尊严的两个面向:第一,内在价值原则,即每个人的生命都有一种特别的客观价值,这个价值关乎一个人生命中的潜能;第二,个人责任原则,即人有实现人生成功的个人责任,这样的责任包括自行判断何种人生对自己而言是成功的人生。[1]后来,德沃金将这两个原则修正为自我尊重原则和本真性原则,但他关

---

[1] Ronald Dworkin, *Is Democracy Possible here?: Principles for a New Political Debate*, Princeton: Princeton University Press, 2008, p. 11.

于道德人的建构并没有作出实质性的改变。自我尊重意味着人们要认真对待他们的生命,成功过上好的生活对他们来说是重要的;本真性意味着人们有责任确定什么是成功的生活,并按照他所赞同的融贯方式来创造这种生活。①

道德理论和政治制度是在人性尊严的两个原则的基础上建立起来的。而且,从这两个原则中我们再次看到了自治的核心地位。内在价值的实现依赖于社会创造出一个资源充足和机遇平等的环境,让每个人的潜能得以充分地发挥。而个人责任的实现则要求一个消极的环境,这个原则"赋予每个人一项责任,那就是自己接触与选择道德价值,而非屈从于他人的强制性选择"②。我们看到,德沃金并没有像罗尔斯那样,将道德价值放置在正义框架的约束之下,他似乎意识到有一些道德价值对于伦理生活的成功是重要的。然而,他认为,一个国家不能强制个体认可和接受这些道德价值,如果他们并不能从内心深处真正认可和接受的话。

这个立场被称为认可限制(endorsement constraint)原则③,它是国家中立性的一个极简的版本,但是反映了重要的信息。它包含两方面的内容。第一,有价值的生活必须出自个体真诚地认可和接受关于善和价值的判断,并据此采取行动。换句话说,个体必须认识到什么是善以及这些善是他的成功生活的必要成分,以及哪些因素会破坏他的伦理生活,他的生活价值的增加是由他所认可并经历的。第二,尽管国家可能真诚地并成功地在一些道德问题上作出正确的判断,从而识别出

---

① 罗纳德·德沃金:《刺猬的正义》,周望、徐宗立译,中国政法大学出版社2016年版,第226页。
② Ronald Dworkin, *Is Democracy Possible here?: Principles for a New Political Debate*, p. 85.
③ Steven Wall, "Perfectionism in Moral and Political Philosophy", *The Stanford Encyclopedia of Philosophy*, Oct 10, 2012, Edward N. Zalta (ed.), http://plato.stanford.edu/archives/win2012/entries/perfectionism-moral/.

哪些选择是善的,哪些不是,比如国家能够通过技术和伦理认识到安乐死是错误的选择,但是,如果个体不能真正认可和接受一些价值判断,那么国家就不能将这些价值判断强加在个人身上,因为这种强加并不能真正改变个体生活的内在价值。

所以,尽管认可限制原则认识到国家在公民的伦理生活中可能扮演实质性促进角色,但仍然忠实于中立的自由主义承诺。从罗尔斯和德沃金的复杂理论建构中我们可以提取出自治的道德意义。罗尔斯更倾向于把自治作为政治建构以及更为具体的正义原则的形成条件,而德沃金则更看重自治是人在良善生活中取得成功的核心要素。如果对自治的辩护是成功的,则不论是在政治制度的建构上,还是在成为一个充满道德活力的共同体上,国家的中立角色都是必须要得到捍卫的。

(二) 证成性的中立自由主义

中立自由主义的建构性策略把国家中立的基础建立在道德主体被建构出来的有实质内容的道德自治之上。与之相对,证成性的中立自由主义则把国家中立的道德基础建立在国家干预的证成性条件之上,这些条件不同于自治,但与自治紧密相关。自治是政治思考的起点,也是国家需要采取行动加以保护的一种价值。然而,国家采取行动本身意味着某种干预,所以即使是以保护自治的名义,这种干预也必须能够被证成。这个关于国家干预的证成性理念表达了证成性自由主义的两个基本主张,即根本性自由原则(fundamental liberal principle)和公共证成原则(public justification principle)。这两个原则由杰拉尔德·高斯所提出和辩护,下面我分析这两个原则的内容以及它们如何支持国家的中立角色。

第一个原则是根本性自由原则。高斯对人的自治的两个条件,即人的自由和平等采取了一种强意义的理解。自由意味着个体自由地设定目标并据此采取行动,因此自由的道德个体提出道德要求并据此行动,他们不只追求自我的目标,也追求道德目标,这是道德主体的内涵。对于 X 来说,一项道德要求的提出意味着"X 应当按照 M 而做出行动 A"。但道德要求的提出必须符合两个条件:(1)X 是基于自己对 M 的理性接受而采取行动,X 不受制于任何道德权威 Y,Y 不能强制 X 接受一项道德义务;(2)M 必须从 X 的视角被证实(validated)之后才能成为 X 的真实的行动依据。① 而道德主体的平等意味着主体之间拥有平等的道德人格,他们是道德事业的平等参与者。

道德主体的自由和平等导出一个基本的道德原则——该原则可被视为自由主义政治哲学最基本的承诺,并被作为进一步理论建构的基础——非强制原则(non-coersion principle):

(1)X 强制 Y 做某事或对 Y 施加强力,在初步意义上(prima facie)是道德错误的;

(2)在足够证成的情况下,X 可以拥有道德权利对 Y 施加强制或强力。②

根据非强制原则,任何个人 X,无论是基于何种好的理由,比如健康、道德目标或宗教追求,对 Y 施加强制的时候,在道德上都是错误的,除非这种强制能够得到证成。所以,证成的责任是在于施加者 X,而不是接受者 Y。Y 的行动能力(agency)具有优先性,这不是一个形而上学的真理,而是现代社会得以运行的基本条件,是任何人都不能否

---

① Gerald Gaus, "The Moral Foundations of Liberal Neutrality", in T. Christiano & J. Christman (eds.), *Contemporary Debates in Political Philosophy*, New Jersey: Wiley-Blackwell, 2009, p. 84.

② Ibid., p. 89.

认的。① 在这种更强意义的自治条件的基础上,高斯提出了根本性自由原则,即对行动所作的所有干预都需要被证成。具体来说,它包含两个方面:

(1)一个人没有义务证成他的行动;

(2)对一个人的行动所作的干预或限制需要被证成,未经证成的干预或限制是不正当的,因此在道德上是错误的。②

第二个原则是公共证成原则。如果对行动的任何干预和限制都需要被证成,那么国家意义上的干预和限制也是如此。国家扮演着公共角色,它不只向单个人发出命令、指示,还指向整个群体,它作出的是带有强制性的社会性安排。但它的指令仍然是针对一个一个的行动主体,因此这些指令必须能够被每一个人的道德推理有效化,否则就不能成为单个个体的行动理由。因此,国家的强制应当符合根本性自由原则,只是会以公共证成原则的形式出现:

(1)公民没有义务证成他们的行动;

(2)国家对公民行动所作的干预或限制需要被证成,未经证成的干预或限制是不正当的,因此在道德上是错误的。

但同时也需要注意的是,国家形式的干预不同于个人形式的干预,前者更为复杂,因为当 X 对 Y 施加干预的时候,X 可能采取的形式是直接和明显的:身体的阻止、警告或威胁。我们可以从这些外在的、有形的形式来评估 X 的干预。然而当国家对 Y 施加干预或限制的时

---

① 高斯认为人们无法提出一种反对意见来反对这个主张,他在一篇论文中详细讨论了可能的反对意见,并作出了批驳。Gerald Gaus, "Liberal Neutrality: A Compelling and Radical Principle", in George Klosko & Steven Wall (eds.), *Perfectionism and Neutrality: Essays in Liberal Theory*, Washington DC: Rowman & Littlefield, 2003, pp. 139-140.

② Gerald Gaus, "The Place of Autonomy within Liberalism", in John Christman & Joel Anderson (eds.), *Autonomy and the Challenges to Liberalism: New Essays*, p. 274.

候,它可能采取的形式会更加复杂,比如国家对吸烟者吸烟行为的干预不只是在一些场合禁止人们吸烟,也可以提高香烟的税率。因此,国家干预的程度本身也是一个与国家在公民事务中所承担的角色紧密相关的问题,但这个问题与干预的证立不直接相关,因此在后面部分再作探讨。

在根本性自由原则和公共证成原则确立之后,国家的中立角色就显得顺理成章了。按照高斯的分析,自由主义的国家中立性的内容是:

> 国家机构在对公民施加强制,或对这种强制作出授权的时候,必须在公民和任何其他公民之间保持中立:国家官员的强制的证立不能根据公民在评价性标准上理性和反思性的差异而区别地对待他们。①

这种证成性的国家中立观可以从三个方面来看。首先,按照高斯的界定,国家的中立性针对的并不是公民所具有的善观念,而是公民自身,即国家应该在公民个体之间保持中立,而不是在公民所持有的关于良善生活的观念之间保持中立。所以中立的关键不是在 X 和 Y 对 M 的评判标准之间的差异保持中立,而是当 X 和 Y 就 M 的评判标准出现分歧的时候,国家不能基于这种分歧而区别地对待 X 和 Y。② 高斯认为澄清这一点可以减少很多的争论,因为国家现在的任务不是争论在 M 问题上是否能够找到正确的答案,而是一旦出现这种分歧,那么国家就必须在 X 和 Y 之间保持中立。

---

① Gerald Gaus,"The Moral Foundations of Liberal Neutrality", p. 91.
② Ibid., p. 83.

其次,证成性的观念背后预设的是国家权力的实施本身也是需要证成的,而不能被假定为已经被证成,这使得证成性的自由主义和建构性的自由主义之间出现了比较大的差异,因为后者预设了国家权力是被证成的观念,而前者天然地对权力保持警惕。所以,国家中立性的背后是一个国家权力的界限的问题。甚至可以说,国家中立性其实并不是一个真正的问题,因为国家的权力基础本身就是需要充分证成的,所以就更难以在公民的道德事务上作出实质性的判断。这也是高斯把自由主义政治中立性视为一种极端原则(radical principle)①的原因。这里似乎是支持一种无政府主义的立场,但实质上不是,因为它相信国家权力是可以被证成的,只是要有充分的理由。

最后,证成性的国家中立观并不意味着国家在公民的道德事务上不能承担任何角色,而是说国家在中立的基础上维护社会道德事业的繁荣。这听起来似乎矛盾,但实则不是。如果回到自治这个概念,矛盾就会消失。在高斯看来,根本性自由原则和公共证成原则背后的假定都是康德意义上的个体的道德自治这个观念。个体的道德自治的含义在于,个体按照他所意愿的(willed)道德理由而行动的能力。如果一种国家干预是根据公共理性而被公共证成的,那么它就是道德上正确的,具有道德效力,从而获得了行动的道德理由。理性的行动者应该接受这种干预,也就是说,把它作为内在的行动理由。因此,自治的个体在根本意义上是道德自治的,因为他按照他所接受的、被公共证成的道德理由而行动。② 从这一点来看,公民个体是自治的,国家也是中立的,这两个主张之间不是冲突的,而是一致的。

---

① Gerald Gaus, "Liberal Neutrality: A Compelling and Radical Principle", p. 137.
② Gerald Gaus, "The Place of Autonomy within Liberalism", p. 273.

第五节　政治至善主义

相比于中立的自由主义,支持政治至善主义的立场内部在方法论上并没有显得意见多么一致,同样存在着比较大的分歧。然而,这两种主张之间的争论并非立场之争——为了论辩而论辩,设想出两种对立的立场,然后看哪种立场能够胜出,然后据此设计出一系列应该采取的方案。相反,这种哲学探究是为了寻求自治的真实本质。既然自治是人的良善生活的核心要素,那么自治在何种政治条件下能够得到最好的维护和促进就十分重要。关于这些政治条件的辨析和定位,即政治哲学的任务。

中立的自由主义者基于对个人自治的尊重而提出了一种关于国家强制之证成的理论主张。一种政治理论的提出必然需要一种动机,显然这种动机不是为了制造一种我们无法实现的乌托邦,而是让人们在现实世界中最好地实现良好生活的目标和抱负。但是我们不是在一种描述的意义上讨论这种动机,而是在一种规范的意义上去建构,人们应该拥有何种目标和抱负,从这些目标和抱负的实现来看,哪一种理论主张提供了最好的说明。① 中立的自由主义主张,任何促进某种善的至善主义式的强制形式,都是不能得到辩护的。国家在什么是善的问题上保持中立,在规范意义上反映了政治行动的最佳目的。

前面已经指出,这个立场乍看起来与我们对政治的理解并不相符,政治思考长久以来都拥护某种形式的政治至善主义立场。退一步来

---

① 关于这个区分,可参见德沃金的详细阐述。Ronald Dworkin, "Foundations of Liberal Equality", in Stephen L. Darwall (ed.), *Equal Freedom: Selected Tanner Lectures on Human Values*, Ann Arbor: University of Michigan Press, 1995, p. 192, note1.

讲,如果我们能够证明,哪怕国家可以正当地采取一项至善主义的举措,那么中立的自由主义立场就可以被否定。但是,此处并不会采纳这种投机取巧的方案,而是从根本原则上提出政治至善主义最好地说明了政治的本旨。这个简单的结论当然需要极为复杂的论证,我将从三个方面展开。首先,我以拉兹的理论作为范本进行讨论,展现一种弱意义的至善主义立场。其次,在对拉兹的理论进行修正的过程中,结合对自治的最新理论探讨,为一种温和的政治至善主义立场辩护。最后,对中立的自由主义理论进行回应和反驳,当然,前两个方面所作的辩护也是一个批评和反驳的过程,但上一部分讨论的几种方案也需要一个直接的回应。

(一) 拉兹论自治与至善主义

拉兹对于自治的分析体现了一种较弱意义的至善主义立场。他认同我在前面对于政治至善主义的简单界定,即个体之间对善的理解和理由的响应存在分歧,国家应该采取行动促进人们作出善的选择。拉兹在对自治的本质作出讨论的基础上,认同自治的价值与政治至善主义是具有内在一致性的。按照本章第三节对于自治的初步界定,即自治以善为目标,需要诚实这种品质,以及创造价值等,那么国家应该促进人们过上自治的生活。中立的自由主义者也会接受这一主张,但拉兹进一步指出,这种自治观必然意味着国家要采取一种至善主义的立场,即国家负有义务来维持一种框架条件,来辅助人们多元化的自治生活。至善主义并非一个标签,而是国家要发挥其功能,必然要呈现的一种性质。

我们可以从三个方面来分析这种至善主义的国家角色:

(1) 自治的价值。尽管拉兹并没有明确说明自治具有工具性价值,但他主张"自治的生活只有在用来追求可被接受的和有价值的工程和关系的时候,才是有价值的"。这体现在几个相关联的判断上。首先,自治本身对被选择的选项,甚至可用的选项的好坏是盲目的,真正的价值来自选项的好与坏。其次,即使自治意味着个体在好的选项与坏的选项之间作出选择,这些坏的选项也不会对自治的价值作出贡献。因此,自治的价值体现在选项的价值上。

根据这个判断,我们要保护自治的价值,就应当鼓励人们追求那些有价值的工程和关系,而工程和关系都是人生选项的潜在内容,因此要让人们更好地享受福乐,就应在两个方面保障自治生活的品质。一是保护个体能够作出的可能选择的范围不受限制,二是政府应该"促进生活和行动受政府影响的人们的生活的道德品质"①。这两个方面是以自治为基础的道德的内在要求。

(2)损害原则。自治的价值支持损害原则作为行动的道德原则,因为损害是与自治相关的。成功的自治生活包含着对于有价值的关系的追求,那么人们一方面要选择有价值的关系和工程而不受到干预和剥夺,另一方面也要在关系中尊重其他人的自治。因此,损害原则就建立在自治的基础上,它的含义比密尔的损害原则更为宽泛一些,即阻止对任何人(包括行为主体自己)所造成的损害是对该主体进行强制性干预的唯一正当基础。② 这个原则表明,国家强制力的运用是因为损害的产生,但损害本身也是个模糊的概念。一种行为在何种意义上会造成损害? X 对 Y 的干预,比如损伤了 Y 的身体,影响了 Y 的自主选择,这是一种损害。同时,如果 X 负有义务促进 Y 的自治,那么当 X 不

---

① Joseph Raz, *The Morality of Freedom*, p. 415.
② Ibid., p. 413.

履行这项义务的时候,这也是对 Y 的损害。①

(3)至善主义与强制。以自治为基础的至善主义道德观要求国家创造条件,促进人们作出好的选择,比如增加他们的选择项或者改善他们的处境,那么至善主义是否与损害原则相冲突? 拉兹否认了这种冲突的存在。他认为,强制本身就是对强制之对象的自治的一种贬损,使用强制不能促进自治,反而是对自治的压制。因此,若不是为了保护其他人的自治或者为了促进该对象将来的自治,强制的手段就不应该被运用。因此,损害是使用强制的唯一正当理由。② 对损害原则的讨论帮助我们澄清损害与自治之间的关系。自密尔以来,理论家对政治自由的理解只是免于强制的自由,别无其他含义。而在拉兹看来,这是一种错误的信念。真正的问题在于,政治强制本身也是对被强制者的自治的侵犯。③

(二)温和的政治至善主义

拉兹的理论代表了一种弱意义的至善主义政治观。他并非像罗尔斯那样将政治的道德基础建立在一种建构性的抽象共识之上,而是直接建立在人们对政治的真实理解的基础上。换句话说,我们不需要假定一个社会中的个体对于政治制度如何安排的问题有着极为深刻的分歧,从而要求他们回到一种信息匮乏的背景之下重新对政治作出最好的定位。相反,政治本身即为了保护个体更好地过上良善生活,既然国家应当保护公民的健康、生命与安全,那么它自然而然地也应该促进公民过上好的生活。我们可以把拉兹的这种策略称为自然的论证策略,

---

① Joseph Raz, *The Morality of Freedom*, p. 417.
② Ibid., p. 419.
③ Ibid., p. 421.

以区别于罗尔斯等人的建构性的论证策略。①

如果暂时搁置拉兹所受到的来自中立的自由主义者的批评,我们看到,他的理论同样也受到了来自其他政治至善主义者的批评。批评意见大致有两种,一种意见关注拉兹的理论承诺,即他对损害原则的辩护削弱了他对至善主义立场的忠诚,因为他主张国家对好生活的促进不能采取强制形式,除非为了减少对自治的损害,所以损害原则是以自治为道德基础的。正是因为自治是政治自由的基础,并且自治蕴含了对善的追求,所以至善主义是合理的。然而这背后却预设了两种关于自治的理解。损害原则实质上是一种证成国家强制力之实施的原则,国家强制的证成基础在于自治价值的权利性,而政治至善主义的基础在于,自治是人的良善生活的一个重要方面,是一种每个人都应追求的伦理理想,至善主义的政治行动可以促进自治的实现,而非对自治权加以保护。②

另一种意见则与关于至善主义的更为深层的探讨相关,即如果至善主义是能够得到辩护的,那么国家至少要在一些关键问题上采取实质性的立场,我们可以把这种立场称为"保守的政治至善主义"。它的主张可以体现在:社会共同体中有一些基本的善,关于个体的福乐和繁荣的那些基本方面,比如生命、友谊、宗教和婚姻等,当个体自治地追求这些善的时候,他才算是成功地过上了良善的生活。因此,国家应该采取合理的措施保护这些基本善,在必要的时候,强制的运用也是合理的。③ 因此,损害原则不是证成国家强制的唯一正当原则。

---

① 拉兹在另一处进一步明确地表达至善主义的这种自然性。Joseph Raz, "Facing Up: A Reply", *Southern California Law Review*, Vol. 62, 1989, pp. 1230-1232.

② Steven Wall, "Moral Environtalism", in Christian Coons & Michael Weber (eds.), *Paternalism: Theory and Practice*, Cambridge: Cambridge University Press, 2013, p. 101.

③ John Finnis, *Natural Law and Natural Rights*, Oxford: Oxford University Press, 1980, chapter 4.

第一章 政治至善主义与自治的价值

显然,从这些批评来看,拉兹的理论需要修正,但需要正确的方向。不同于中立的自由主义的批评,政治至善主义内部的争论更主要是要让国家在公民的良善生活问题上的角色变得更清晰。在这一部分,我们可以采取一种温和的政治至善主义立场,从而推进拉兹的弱意义的版本。换句话说,一种更具有说服力的版本应当比拉兹所辩护的方案更强,但它仍然是温和的。这种温和的版本并不必然会反对在某些道德事务上国家应该采取立场坚定但手段温和的方案。简单地说,温和的政治至善主义是我们探讨政治证成和政治行动之界限问题的框架结构,它承认存在其他更为激进的理论方案的可能性,但它是进行政治思考的起点。

许多批评政治至善主义的主张认为它与显而易见的多元主义相冲突。然而,相比于中立的自由主义,政治至善主义对自治的价值作出了更好的辩护,这一点体现在至善主义如何对价值多元主义作出成功的说明上。多元主义包含较广的范围,在这里我主要关注价值多元主义。尽管价值多元主义的概念仍然存在着一些争议,但它可以被看作是一个被许多政治理论共同支持的判断,因为它既是现代社会的一个关键特征,也是思考自由和自治问题的一个重要的前提。[①] 正是因为存在着多种可供选择的价值和形式,自由选择才被视为重要的。否则,如果只有一种正确的判断,比如存在着一种有价值的生活方式,一种唯一正确的宗教观,那么我们就应该按照这种判断去生活,因此自治就变得没那么重要了,很多现代社会所独有的难题也就很容易得到解决。

按照史蒂文·沃尔(Steven Wall)的总结,价值多元主义体现在以

[①] 当然,我并非主张多元主义就是一项毫无争议的理论前提。即使在支持国家中立的自由主义阵营内部,多元主义也不是毫无争议的,一个著名的分歧就是伯林与罗纳德·德沃金关于"刺猬与狐狸"的对立。

下三个方面:

(1)存在着多种相冲突的善(活动、存在状态、关系、性格特征等),它们对良善的人类生活有贡献;

(2)所有这些善并非都能化约为一种共同的善,或者结合进一种生活之中;

(3)在一些需要作选择的情境下,在相冲突的善之间的选择不能被理性地决定。[①]

这是对价值(或道德)多元主义的一个简单的概括,我们暂时假定中立的自由主义和政治至善主义都接受这个总结。它承认了善的客观性和多元性,以及在需要对不同的善作选择的情况下,理性不能最终地决定应该选择哪种善。因此,它反映了一种道德冲突的情形,这也经由我们生活的世界所印证。那么政治实践应该如何面对这种多元主义的处境?对此中立的自由主义者有两种策略。一种策略是把多元主义作为自由主义所支持的政治行动的证立基础,另一种是把它作为自由主义的结果。[②] 本章关注的是自由主义的证立基础,因此我只讨论第一种策略。

第一种策略是支持国家中立的理由之一,即在情境 q 下,选择 c_1 和 c_2 之间不能得出一个理性的最终判断,并且这两种选择都是有价值的,那么,国家不能在两者之间有偏好,而要保持中立,如此便尊重了个体所作出的自治选择。然而,这个主张在国家对善问题作出判断和促进善之间的区分有所混淆。国家在相冲突的价值判断之间不能作出实质性的判断,并不等于国家不能采取手段促进人们作出善的选择,这二

[①] Steven Wall, "Neutralism for Perfectionists: The Case of Restricted State Neutrality", *Ethics*, Vol. 120, No. 2, 2010, p. 235.

[②] 这两种策略的提出参见斯蒂芬·加德鲍姆:"自由主义、自主性与道德冲突",载应奇编:《自由主义中立性及其批评者》,江苏人民出版社 2007 年版,第 256 页。

者之间存在着较大的差异。按照拉兹的主张,竞争性的价值多元主义促进了自治的实现。① 正是存在竞争性的、不相容的选择 c_1 和 c_2,个体的能力和对善的追求才会被赋予意义。同时,举例来说,价值多元主义意味着在结婚和作修女这两种生活方式之间不能作出最终的孰优孰劣的价值判断,然而国家仍然可以在个体之间进行选择,比如在进入婚姻的情况下,促进他们更好地对理由作出响应,实现这种价值,比如确立一夫一妻制而非多偶制的婚姻形式。②

此外,我们也可以支持一种受限的中立原则(restricted neutral principle),来为政治至善主义辩护。这一原则包含着受限的意义上的中立内容,但它本质上是一种温和的至善主义的主张。受限的中立原则指对于生活在特定政治社会的人们来说,如果有两种或以上的良善生活的理想是合适的,如果这些理想在该政治社会是有支持者的,如果这些理想不能被理性地进行优劣排序,那么国家在促进政治社会的善的意义上,应当在证明这些善的情况下在它们之间保持中立。③

显然,受限的中立原则不同于国家中立原则,因为它是在国家有义务促进善的意义上受到限制的。首先,它确认了价值多元主义的事实,并且把这一事实作为政治安排的依据,比如对善的确认和证明,而国家中立在原则上并不主张国家从事这项工作。但它不排除一些善观念要优于另一些善观念的可能性,在这种情况下,它主张国家不能采取中立的态度。实际上,正如拉兹所指出的,"在国家中立与多元主义之间存在逻辑上的缝隙"④。因为,多元主义包含着在道德观念的冲突中有一

---

① Joseph Raz, *The Morality of Freedom*, p. 406.
② George Sher, *Beyond Neutrality*, p. 65.
③ Steven Wall, "Neutralism for Perfectionists:The Case of Restricted State Neutrality", p. 238.
④ Joseph Raz, opcit, p. 133.

方能够胜出的可能性。

其次,中立的自由主义把多元主义作为依据,其中的一个理由在于防止国家偏好某一种善观念而歧视其他善观念。然而,这个担忧是不合理的。按照受限的中立原则,有一些善观念之间不能进行理性的排序,然而这并不意味着国家完全不能偏好某种善观念。足球运动和戏剧都是良善生活的重要组成部分,但它们之间不能进行优劣的排序。国家可以通过一种公平程序的随机选择来决定对哪项活动进行资助,这并不会造成歧视和压制。[①]

再举一个更为典型的例子。中立的自由主义者和至善主义者都把自治作为政治行动的道德基础,但是前者主张,基于对个人自治的尊重,国家应该尊重他们所选择的善观念和价值判断,而不能偏重某种善观念或者强制他们改变观念,甚至不能去判断人们对生活方式的选择到底是真实作出的还是受到了其他非自治性因素的影响。但至善主义者无须这么消极,因为根据受限的中立原则,国家可以在促进人们的自治生活这个问题上发挥更积极的作用,换句话说,在受限的意义上,国家可以以其他形式表达对个体自治的尊重。比如,国家要维护个体更好地实现自治的有价值的社会环境,正如沃尔所指出的,如果社会的实质多数能够从支持某种社会环境的至善主义政治行动那里获益,那么国家采取这种行动就是合宜的。[②]

(三) 对中立的自由主义的回应

上面对中立的自由主义的一些批评是非常不完全的,这些批评并

[①] Steven Wall, "Neutralism for Perfectionists: The Case of Restricted State Neutrality", p. 243.

[②] Ibid.

没有触及中立的自由主义理论背后的那些方法论主张,比如罗尔斯和高斯都提供了一整套关于政治与社会的理解方式以及政治行动的证成方案,如果我们只是指责他们对自治的理解是不恰当的,可能仍然无法撼动国家中立的这一信念。但显然,根据前面的分析,国家中立的观念确实不能得到支持,无论它背后有着怎样善意的考虑和担忧。在这一部分,我专门针对建构性和证成性自由主义的方法论主张作出批评。

首先来看罗尔斯的建构性的中立自由主义。尽管他关于原初状态和无知之幕的设计受到了很多批评,但仍然有很强的吸引力。既然在无知之幕之下的人们一致地同意选择作为公平的正义观作为社会的基本政治框架,那么他们就认可,在真实的政治世界中,无论人们处于怎样的优势或劣势处境,政治制度的设计都应该尊重每个个体的自由和平等的地位。这包括他们所作的关于生活方式的选择,他们如何运用自身的才赋和能力,以及如何塑造善的观念。在这种意义上,正义优先于善,因为在无知之幕之下,人们不能在善的问题上形成一致的认知,这是理性自治的限制所在。而在正义所维持的政治世界中,正义框架又保证了个体能够充分自治,这意味着他们在一种正义观念的支配下按照各自的善观念生活。①

然而,这种理性自治和充分自治的二分法却不具有说服力,而且会带来很多混淆。理性自治使得个体在一种受限制的意义上确定性地选择正义原则,而非实质性的善观念,因为他们本身并不能够具有清晰的善观念。然而,理性自治的主体是在无知之幕下的每个个体,个体必然是具有自我意识的,即个体要进行评估、判断和确认。这种自我意识不会随着他们进入政治社会而消失,否则理性自治与充分自治就会割裂,

---

① 参见约翰·罗尔斯:"道德理论中的康德式建构主义(1980)",第349页。

自由平等的身份也需要重新界定。而既然正义原则是首选，那么在个体的自我认同之中，正义原则在道德上比善观念更具优先地位，并且是个体观念的构成性要素。所以，当他们进入政治社会而自治地选择生活方式的时候，正义原则仍然具有支配地位。

在这里，我们看到了一种危险，即理性自治所选择的支配性正义原则实际上却削弱了充分自治。按照罗尔斯原本的意图，充分地自治并不是按照正义原则去行动的能力，而是在正义原则的约束之下按照个体所理解的善观念去成为一个成功的道德人。但理性自治所予以内在化的正义原则仍然会继续支配个体的充分自治，并且占据主导地位。实际上，如果罗尔斯仍然坚持此种意义上的充分自治的存在，那么这种充分自治就否定了个体按照自己的理性能力修正、审核和评估善观念的意义。换句话说，充分自治并不是一种真正的自由主义意义上的自治。在这个意义上，对自治的尊重不能为国家中立提供足够的支持。

罗纳德·德沃金的策略不同于罗尔斯，他没有将自治的意义放置在正义优先于善的限制性框架之下，而是直接把自治与人的尊严内在地结合起来，因此也就省去了一些方法论上的论证负担。人的尊严是政治思考的一个基本理论承诺，没有理论家会否认这一点，但是我们应该如何尊重和保护人的尊严？现实的宪法和法律实践采取了各种各样的规定来保证人的尊严不被恶意地损害，比如反对种族和性别歧视，保障教育平等等。这些举措背后隐含的是对个人平等价值和责任的尊重，但它们同时也需要受制于认可限制原则，即如果改变行动者理由的措施不能被行动者真正确认和接受，那么这些措施无助于促进他们过上有尊严的生活。

这个原则乍看起来很有吸引力。它认可了有尊严的生活的价值，同时主张这种生活必须是由个体自治地、真实地享有的，它体现了人的生活的伦理整全性。它反对国家基于对良善生活的确认而作出的直接干预,比如改变那些没有选择有尊严的生活的人的生活方式。它也反对间接促进善的举措,比如减少一些错误的选择项,比如国家对色情行业的禁止,可以让人不去作出这个错误的选择。在德沃金看来,只有保留好的和坏的选项,让个体过一种挑战模式的生活,才能实现伦理的整全性。否则,如果这种挑战"被他人提前压缩、简化和删减,那么挑战就会变得无趣且没有意义"①。因此,至善主义式的干预和促进是无益和不恰当的。

然而,认可限制模式并没有完全排除至善主义,相反,它可以接纳至善主义的政治方案。这种模式展现了一些复杂性,比如,在挑战模式下,人们可能并不像德沃金所期待的那样成功地承担起个人责任并追求伦理整全的生活,尽管这并不必然意味着家长主义式的干预(告诫和警示)就是恰当的,但它表明了挑战模式和伦理整全性之间的张力。此外,德沃金并不同意良善生活的要素是由人的主观判断所决定的。因此,如果一种生活方式是由诸种善所构成的,而一个人低估了这种生活方式,并选择了另一种被他高估的生活方式,他就真实地活出了这种生活,从而获得了伦理整全性。然而他所选择的这种生活方式是一种越来越坏的生活,它的善要远远少于第一种生活方式中的善。在这种情况下,第一种生活方式要优于第二种,尽管它缺乏伦理整全性。②

这为至善主义留下了空间。实际上,认可限制原则可以被视为受限的中立原则的相似版本。真正会给伦理整全性造成挑战的是国家干预的程度和模式,而非国家干预本身。国家采取措施限制一些坏的选

---

① Ronald Dworkin,"Foundations of Liberal Equality",p. 271.
② Richard Arneson,"Liberal Neutrality on the Good: An Autopsy", in George Klosko & Steven Wall (eds.), *Perfectionism and Neutrality: Essays in Liberal Theory*, Washington DC.: Rowman & Littlefield, 2003, p. 204.

择,并不会削弱挑战模式的力量,反而会让这种挑战变得更为真实(authentic),从而为个体创造运用自治的更好环境。因为认可限制原则主张个体只有内在地按照自己的判断去生活的时候,才能实现伦理整全性,然而,如何理解这里的"内在"?当一个人出于习惯而每周去听音乐会的时候,他是内在地行动吗?是的,因为他是出于自己的意愿。然而,他并没有真正地认可这一行动中的价值。因此,他并非在自治地追求价值,也无法实现伦理整全性。①

高斯似乎对至善主义提出了比较大的挑战。如果公共证成原则是正确的,那么我们需要重新定位政治的角色。因为,如果国家促进善的措施不通过公共证成原则的检验,那么国家不仅不是至善主义的,甚至其权力也必须受到极为严格的限制。然而,高斯错误地定位了根本性自由原则的根本性地位,该条原则也不能提供对自治的完备说明。同时他也夸大了公共证成原则在证成国家行动上的力量。

根本性自由原则主张个体无须证成他的行为,别人对他的行为的干预才需要证成。该原则把证成的负担转移到干预者身上,这是一个比较自然的判断,然而并非全面。干预需要得到证成,同时失败的干预或者不作为同样也需要证成。借用沃尔的概括,我们把它称为"对称命题",即干预的行为和干预的失败同样需要证成。② 这个问题牵扯到道德的性质,不只是干预他人的行为需要被道德评价,个人自愿地不做某些行为的不作为本身也需要被评价。这些不作为一般来说指的是不去促进某些善、不去保护某些价值。

举例来说,很多国家实行的好撒玛利亚人法案规定当某人处于危

---

① Steven Wall, *Liberalism, Perfectionism and Restraint*, Cambridge: Cambridge University Press, 2007, pp. 189-192.

② Steven Wall, "On Justificatory Liberalism", *Politics, Philosophy & Economics*, Vol. 9, 2010, p. 129.

第一章　政治至善主义与自治的价值

险境地时,旁观者有义务施以援手,后者的援助行为可以免除其在援助过程中造成伤害的责任。根本性自由原则的支持者可能会说,在这种情况下,我们只能说干预者的干预得到了证成。这就误解了在这种处境下,恰恰是不干预的行为需要被证成。证成的负担落在了旁观者的不干预这一对象之上。他们也会批评说,干预行为的证成和不干预行为的证成之间并非对称关系,因为干预是一种积极地改变行动者处境的行为,因此更受制于道德评价,而不干预则是消极地维持一种道德处境,让事情自然地发生比积极地带来不好的结果在道德上更不好。① 因此,不干预比干预更容易得到证成,这二者是不对称的。

即使我们暂时承认这种个人行为中的不对称,但在国家行动的领域,对称命题就显得更具有说服力。如果对称命题在公共领域是正确的,那么公共证成原则就存在缺陷。因为,在国家层面,除无政府主义者外,国家必然要作出各种各样的制度安排,国家要承担各种不同的责任,国家的任何不作为本身就是不能被证成的、不同于个人行动的一种道德处境,在经济领域中尤其如此。因此,如果主张在这种情况下,作为和不作为之间存在着严重的不对称,是很怪异的。正如内格尔(Nagel)所说的,"不干预与干预一样都需要证成:每一种安排都需要与其他任何一种真实的可能性相比较,从而被证成"②。

从另一个角度来看,公共证成原则会受到严重的挑战。高斯是把该原则建立在一种康德式的道德自治的基础之上的。一种干预是被证成的,只有在个体接受该干预为他的理由的情况下才能成立。也就是说,道德自治要求干预是一种内在的理由,当每个人把它作为内在理由

---

① Steven Wall, "On Justificatory Liberalism", p. 130.
② Thomas Nagel, *Equality and Partiality*, New York: Oxford University Press, 1991, p. 100.

的时候,干预才是被公共证成的。这里面包含着两个要求,一是个体是"完全理性的",二是干预被所有人视为行动理由。"完全理性的"指的是"理性人考虑所有相关可用的证据,在评估它们的时候不会犯错,作出所有的正确推理,因此不会受制于各种扭曲的审思和行动"[1]。在经过这些理性活动之后,干预所提供的理由能够被理性人所接受,那么干预就是被证成的。

设想一种情形(C),政府基于黑人通过接受更好的教育而改变其自身命运这个理由(R),制定法律赋予黑人享受教育优待的权利(A)。假定 X 不接受 R 作为他支持 A 的理由,但如果他了解了黑人在历史上曾经遭受不公待遇这一信息(I),他就会接受理由 R。Y 不接受 R 作为他支持 A 的理由,但如果他没有对黑人心存偏见这一缺点(D),那么他就会接受理由 R。[2]

在这个例子中,如果 X 和 Y 是完全理性的,他们就会接受理由 R,支持措施 A。然而,尽管 X 没有充分地得到信息 I,Y 没有克服他的心理缺点 D,我们仍然说 X 和 Y 应该接受理由 R。换句话说,R 所支持的 A 是能够得到证成的。由此,我们看到,国家的干预行动并非建立在完全理性人理性地接受其理由并把它作为内在理由的基础之上。干预行动会促进个体所拥有的善,改变他们自身的处境,比如通过对 A 的法律执行,X 获取了信息 I,Y 改变了他的缺点 D,从而使得他们变得更为理性,更能过上自治的生活。这实际上是至善主义国家行动的逻辑。因此,我们看到高斯的公共证成原则实际上是至善主义的一种理想的行动结果,而非证成国家行动的基础。

---

[1] Gerald Gaus, "The Place of Autonomy within Liberalism", p. 290.
[2] Steven Wall, "Perfectionism in Politics: A Defense", in T. Christiano & J. Christman (eds.), *Contemporary Debates in Political Philosophy*, New Jersey: Wiley-Blackwell, 2009, p. 110.

第六节　结语

　　本章尝试从政治哲学的角度探讨自治的本质,主张在对政治行动采取一种至善主义的理解的情况下,我们更能把握到自治对于良善生活的意义,从而更好地定位自治这一种价值在政治思考中的位置。政治社会中的宪法和法律是政治至善主义的一个实践平台,也是自治得以被保护的制度性框架。因此,对于政治至善主义意义上的自治的保护,最终要落实在法律实践之中。本章对自治所作之探讨的一个目标是,为法律实践中涉及个人自由之界限的难题提供一个框架性和背景性的价值语境,为确立法律介入道德生活的道德原则奠定基础。

第二章
刑法的道德界限:基本原则

乔尔·范伯格是美国二十世纪最著名的法哲学家和刑法哲学家之一,他的《刑法的道德界限》四卷本系列①探讨了一个极富哲学意味的刑法主题:将一种行为认定为犯罪,是如何获得道德正当性的?这套书在二十世纪八十年代经牛津大学出版社陆续出版以后,在法哲学和刑法哲学领域引起了极大的反响,被视为犯罪化问题的最重要的著作。时至今日,他的著作已经成为英美刑法理论学界无法回避的经典,任何从哲学视角讨论犯罪和刑罚的研究都不可避免地要回顾和审视范伯格的立场。而范伯格也因其在刑法哲学、行动的哲学理论和法哲学等多个领域的杰出贡献,被誉为美国二十世纪最伟大的哲学家之一。②

---

① Joel Feinberg, *The Moral Limits of Criminal Law*, Vol 1: *Harm to Others*, New York: Oxford University Press, 1984; *The Moral Limits of the Criminal Law*, Vol. 2: *Offense to Others*, New York: Oxford University Press, 1985; *The Moral Limits of the Criminal Law*, Vol. 3: *Harm to Self*, New York: Oxford University Press, 1986; *The Moral Limits of the Criminal Law*, Vol. 4: *Harmless Wrongdoing*, New York: Oxford University Press, 1988. 中译本分别为:乔尔·范伯格:《刑法的道德界限(第一卷):对他人的损害》,方泉译,商务印书馆2013年版;《刑法的道德界限(第二卷):对他人的冒犯》;《刑法的道德界限(第三卷):对自己的损害》;《刑法的道德界限(第四卷):无害的不法行为》,方泉译,商务印书馆2015年版。

② J. Angelo Corlett, "The Philosophy of Joel Feinberg", *The Journal of Ethics*, Vol. 10, 2006, p. 131.

相比之下,国内法学界,特别是刑法学界对于范伯格的关注并不太多。① 在这个背景之下,范伯格著作的引介能够直接为国内法哲学和刑法学的学术争论提供哲学层面的辅助和借鉴。我国社会目前处于秩序重塑和法治空间再造的转型期,呈现出风险社会的诸多特征,因此在很多领域亟需刑法的规制,以减少损害和降低风险。然而,由于刑法本身固有的压制性,在适用刑法时又面临着过度犯罪化的风险。在这种张力之下,有两个问题变得尤为迫切,第一,怎么才能在刑事制裁的扩张性和刑法规制的谦抑性之间保持平衡?第二,一种行为的入罪或出罪如何能具备正当性?引发国内激烈讨论的恶意欠薪、虐童、代孕和卵子交易等行为的犯罪化争议,就体现了对第二个问题的追问。范伯格对于刑法的道德界限的探讨,可以在很多角度给我们提供有价值的参考和指引。

由于刑法是一种特殊的法律实践机制,表明了国家对待犯罪行为的严厉谴责态度,因此刑法的道德界限问题突出地表明国家权力在犯罪化问题上的特殊道德处境:国家权力的实施是必要的,但需要满足正当性要求。犯罪化原则为国家动用刑罚权力划定了边界,但同时也对国家权力行使的一般实践具有启发意义,特别是国家在道德事务上的角色问题。本章首先基于范伯格的框架,探讨在为刑法划定边界时,哪些原则能够得到辩护,并在后续章节中探索如何用这些原则来分析通过法律强制实施道德的边界问题。

---

① 在《刑法的道德界限》中译本出版之前,范伯格被翻译成中文的著作只有一本,参见范伯格:《自由、权利与社会正义:现代社会哲学》,王守昌等译,贵州人民出版社1998年版。对范伯格的思想进行专门研究的论文只有三篇,参见周国文:"刑罚的界限——Joel Feinberg 的'道德界限'与超越",西南政法大学博士论文,2006年;方泉:"犯罪化的正当性原则——兼评乔尔·范伯格的限制自由原则",《法学》2012年第8期;庞永红:"论J.范伯格的社会正义理论及其意义",《伦理学研究》2012年第2期。

第一节　犯罪化的正当性原则

犯罪化是国家以刑法对特定行为的制度性回应，通过定罪和处刑表明社会共同体对该行为的谴责和否定。一旦一种行为被刑法认定为犯罪，比如危险驾驶、恶意欠薪或传播谣言，就意味着做出该行为的主体在没有免责事由的情况下要承担刑事责任，即承受刑罚。按照范伯格所说，刑罚给犯罪人"贴上来自社会最严厉的耻辱标记，彻底摧毁其人生、职业及家庭规划"①。因此，国家的刑法实践是一种负担性的权力实践，国家要动用公共资源对犯罪行为加以调查、公诉和审判，最后将痛苦施加于犯罪行为人。在弗莱彻看来，这种实践体现了人类状况的巨大神秘性，即为什么人会实施十恶不赦的犯罪行为，为什么我们可以因为人实施了这些犯罪行为而谴责和惩罚他们？②这种神秘性的一个内容是，国家对犯罪人的定罪和惩罚面临着正当性危机，"如果某个特定禁止性规范超越了道德合法性的界限，则其本身就是一项严重的道德犯罪"③。

犯罪化的正当性理论将犯罪和惩罚视为国家权力的证成性实践，根据这种证成性视角，国家将一种行为视为犯罪并加以惩罚，应当通过正当性的检验以获得道德基础。在罗尔斯的《正义论》发表以后，国家权力的正当性问题成为政治和法律思考的一个核心性关注。基于一种康德式的个人自治观，罗尔斯主张，我们应该提出能够让理性和平等的自律个体在反思平衡的过程中合理接受的公共正义原

---

① 乔尔·范伯格：《刑法的道德界限（第一卷）：对他人的损害》，第2页。
② 乔治·弗莱彻："刑法理论的性质与功能"，江溯译，载陈兴良主编：《刑事法评论》2009年第1期，北京大学出版社2009年版，第174页。
③ 乔尔·范伯格，前引书，第2页。

则,这种正义原则为国家的干预和强制提供了正当性依据。① 然而,罗尔斯只是在一般意义上思考国家强制的正当性问题,而范伯格则将正义的寻求贯彻在刑法领域。刑法实践的一个核心问题是:哪些行为应该被犯罪化? 刑法教义学的答案是,侵犯刑法所保护之法益或者具有社会危害性的行为是犯罪行为。然而,刑法的证成性视角要超越于刑法教义学,而体现为宪法秩序层次上的追问:国家将一种行为视为犯罪,并且对犯罪主体施加惩罚,其背后的证成性力量来自哪里? 道德正当性问题是刑事实践的根基问题,能够为刑法教义学研究提供哲学性反思视角,也塑造了社会共同体对于刑事正义的情感认同和文化理解。

范伯格在《刑法的道德界限》系列中对这个问题作出了全面的回答。他在四卷书中分别讨论了能够为犯罪化提供道德辩护的四种原则。这四种原则分别是:(1)损害原则,刑法的正当性在于防止(或者消除、减少)对行为人之外的其他人的损害,损害是不法行为对利益的阻碍;②(2)冒犯原则,刑法对防止针对行为人之外的其他人的严重冒犯往往是必要的,并且可能是结束该冒犯的有效途径;③(3)法律家长主义,刑法对防止对行为人本人(生理的、心理的或经济上的)的损害是必要的;④(4)法律道德主义,根据行为固有的不道德性,对该行为的禁止在道德上是合法的,即使该行为对行为人或他人既未造成损害,也未形成冒犯。⑤ 作为一个深受密尔自由精神之激励的自由主义者,范伯格的立场是,只有损害原则和冒犯原则能够为刑事立法提供正当性

---

① 约翰·罗尔斯:《政治自由主义》,万俊人译,译林出版社2000年版,第94页。
② 乔尔·范伯格:《刑法的道德界限(第一卷):对他人的损害》,第34页。
③ 乔尔·范伯格:《刑法的道德界限(第二卷):对他人的冒犯》,第1页。
④ 乔尔·范伯格:《刑法的道德界限(第三卷):对自己的损害》,第2页。
⑤ 乔尔·范伯格:《刑法的道德界限(第四卷):无害的不法行为》,第2页。

辩护,而法律家长主义和法律道德主义则不具有正当性。

范伯格按照"先立后破"的论证思路,在第一卷和第二卷中将损害原则和冒犯原则的证成性力量释放出来,维护了自由主义的立场,同时也为对法律家长主义和法律道德主义的批判做好了充分的铺垫。第三卷和第四卷对后两种原则加以批判,再次夯实他的自由主义立场。在《刑法的道德界限(第三卷):对自己的损害》中,范伯格区分了软的法律家长主义(soft paternalism)和硬的法律家长主义(hard paternalism)。软家长主义指的是国家有权防止非自愿的个体做出的自我损害行为,而硬家长主义指的是为了保护个体免受自愿选择的损害,刑事立法即使违背他的意愿,也是必要的。① 他认为基于硬家长主义的强制和惩罚虽然是为了自我损害的行为人的利益,但与自由民主社会所珍视的个人自治相冲突,因此不能作为刑事立法的道德基础。② 同样,法律道德主义不能确定何种道德标准应该以强制的形式加以执行,因而显得边界模糊和内容空洞,也应该被拒绝。③

鉴于范伯格在这四卷书中将这四种原则与英美的刑法实践相结合,作出了大量细致入微的哲学分析,但本章只能关注他的论证脉络和价值立场,而不得不舍弃大量精彩的分析细节。后面部分首先对范伯格关于损害原则和冒犯原则的分析作一个简要的回顾,然后对他的基本立场进行检讨。在检讨的过程中,我指出损害原则和冒犯原则并不能有效地排除法律家长主义和法律道德主义的正当性,因此范伯格的自由主义立场面临着矛盾:要么放弃冒犯原则而严守损害原则,要么放弃自由主义立场而接受法律家长主义和法律道德主义。

---

① 乔尔·范伯格:《刑法的道德界限(第三卷):对自己的损害》,第11页。
② 同上,第25页。
③ 乔尔·范伯格:《刑法的道德界限(第四卷):无害的不法行为》,第11—12页。

第二节　损害原则的基本立场

在人类社会共存和合作的过程中,由于人的意志的脆弱性、自然环境的不可控和社会的风险性,损害是一种常态。空气被污染、食物变质、被公司开除等通常都被视为损害的形式。然而,要对损害作哲学界定,就必须跳出这个词的日常用意。按照范伯格的分析,损害有三种意义。一种是延伸或衍生意义上的损害,即损害是在间接的意义上作用于受损害者,比如被冻坏的庄稼受到了损害,但真正受损害的还是庄稼的种植者。① 第二种意义上的损害就是原生性的,即对利益的阻挠、阻碍或者破坏。② 第三种意义上的损害是关系性的,指的是一个人对另一个人的不法行为(wrongs)造成的利益的干涉,比如未经同意而经过他人的土地,损害了他人在土地上的自由利益。③

在范伯格看来,第一种意义的损害是可以排除的,因为这种损害是依附于第二种意义的损害。刑法正当化的损害原则所指的是第二意义和第三种意义的交叉部分,即不法行为对利益的阻碍,以及阻碍利益的不法行为。④ 存在合法的对利益阻碍的形式,比如参与合法的商业竞争而导致的财产损失,参加对抗性体育运动而负伤,地震等自然状况带来的损害。也存在不对利益造成阻碍的不法行为,比如 A 承诺要送给 B 一件贵重项链,最后反悔。但这种情形很难说没有造成任何损害,因为 A 赋予 B 一项请求的权利,A 的反悔侵犯了这项请求权。

据此,对损害原则的关注就转移到利益这个词上。利益是我们的

---

① 乔尔·范伯格:《刑法的道德界限(第一卷):对他人的损害》,第 31 页。
② 同上,第 33 页。
③ 同上,第 34 页。
④ 同上,第 36 页。

幸福和福祉的构成部分,促进利益就是促进人的幸福,而破坏和阻碍利益就是阻碍幸福。但利益的种类太多,所以必须加以区分。范伯格区分了两种利益形式,一种是人的终极目标和远大抱负,比如创作一部成功的小说或者解决重大科学难题等。另一种是人生各个阶段的生理健康和精神状态上的善好利益,比如"身体的完整和功能的正常;没有痛苦和灾难,没有奇形怪状的残缺,没有心智反常,精神稳定,没有无端的焦虑和怨恨,能够参与正常的社会交往,享受并维持与他人的友谊,拥有最低限度的收入以保证衣食无忧,可以容忍的社会环境与自然环境,以及在干涉和强制之下保有的一定自由"①。

这种综合性的状况可以被称为福利性利益,当人们缺乏这些利益或者在这些利益上受损的时候,个人的福祉就无法实现。有三种途径可以促进福利性利益,一种是直接一致地促进某一种利益,第二种是有意制造出与利益主体已有的某些利益相互"竞争"的新利益,第三种是通过调和策略制造出一个一般化途径,推进主体的长远利益。② 个体作为自治性的行动主体,对自己的福利性利益的形成和发展作出理性判断,然后制定合理的方案促进福利性利益的实现。国家和社会在整体上承担着促进和保护福利性利益的重要角色。

与之相应地,存在着三种干涉个人利益的方式:(1)调整某项利益使其与其他利益形成冲突或竞争,或者改变环境,使得可以促进两项或者多项利益相互竞争的有限的资源更加匮乏;(2)降低或取消对利益的保护性分散;(3)直接损害某项福利性利益,如健康利益或者财产利益,使个人丧失增进各类外部利益的可能。③ 刑法之中所规定的大量

---

① 乔尔·范伯格:《刑法的道德界限(第一卷):对他人的损害》,第37页。
② 同上,第41—42页。
③ 同上,第42页。

的犯罪形式中包含了这些干涉利益的情形,比如盗窃、故意伤害和诈骗等。当有人以这些方式对他人的利益作出干涉的时候,国家就有好的理由对这些人进行惩罚。

需要指出的是,这里的好理由既非充分理由,也非必要理由,而是一个弱的规范理由,依据这个理由对行为进行犯罪化可以在道德上获得正当性。① 但一种行为的犯罪化要依据损害原则获得完全的正当性辩护,就必须考虑损害的道德重要性、犯罪化的成本及刑事保护的可执行性。因此,在不同的地域,被加以犯罪化的行为会存在差异,这也体现了刑事立法的地方性。因此,并非存在严重的利益干涉就要诉诸刑法手段,比如侵权行为对利益的损害。此外,将一种行为规定为犯罪也并不意味着这种行为必然是对利益的干涉。存在着损害原则不能处理的一些情形,刑事立法在其中也是必要的,范伯格将这种情形所涉及的原则称为冒犯原则,作为损害原则的补充。

第三节　作为补充的冒犯原则

除了对福利性利益造成破坏或妨碍的行为,还有一类行为并不会给个人的利益造成实质性的损害,但仍然会受到法律干预,这种行为被称为冒犯行为。简单地说,冒犯行为就是引起他人产生不快的精神状态的行为。② 冒犯行为在社会中持续不断地发生,并且后果并非可以忽略的,因此应该成为法律管理的对象。冒犯原则支持国家对冒犯行为进行干预,该原则认为刑罚可能是防止行为人以外的人受到严重冒

---

① 乔尔·范伯格:《刑法的道德界限(第一卷):对他人的损害》,第210页。
② 乔尔·范伯格:《刑法的道德界限(第二卷):对他人的冒犯》,第2页。

犯的有效且必要的途径。①

冒犯行为同损害行为一样，对应着广泛的行为模式。但与损害行为相比，冒犯行为具有一些特殊性。损害的核心意义体现在个人的福乐性利益上，我们可以通过利益的增损来识别损害的发生，但冒犯却很难说有一个核心意义。冒犯与情感有关，但情感的含义太过广泛，人类有无数种情感，并且很多是主观性的，不好捉摸且转瞬即逝，比如厌恶、惊恐、烦躁、恶心、不安等，因此要对冒犯作一个客观的界定就比较难。

从概念上说，冒犯行为包含着两个要素：一是客观条件，即不快的精神状态确实是由不法行为所引起；二是主观条件，即受冒犯者产生了不快的精神状态。冒犯行为的另一个概念意涵是，它可能会导向损害行为，这虽然不是一个必然的结果，但却是冒犯行为的一个重要特征。在这种意涵之下，对冒犯行为进行干预就显得必要。比如，在居民区附近建造了一座工厂，最开始居民只是闻到刺鼻的气味，这影响了他们的生活，但一段时间过去之后，刺鼻的气味已经危害到他们的健康。在这种情况下，冒犯行为就转化成了损害行为。然而，这也说明了另外一点，即冒犯行为通常来说比损害行为要轻，因此在犯罪化的问题上，存在更多的争议空间。

为什么没有带来损害的冒犯行为应该成为刑法的管理对象？要回答这个问题，我们不能再对冒犯作抽象的探讨，而要进入生活场景，总结常见的冒犯行为的种类。范伯格区分了六类冒犯行为，它们分别是：(1)对感官的直接冒犯，由恶臭、噪音和刺眼的色彩等引起；(2)恶心与嫌恶，比如吃令人作呕的食物；(3)道德、宗教或爱国情感上的刺激，比如对宗教人物的羞辱、对国旗的践踏；(4)羞耻、尴尬和焦虑，比如公开

---

① 乔尔·范伯格：《刑法的道德界限（第二卷）：对他人的冒犯》，第1页。

场合的性交;(5)恼怒、厌烦和沮丧,比如无休止地大声说话而令身边人不能得片刻的安静;(6)恐惧、怨愤、羞耻和恼怒,比如种族主义的表达。①

在现实生活中有大量的实例,可以引起这六种不快的情感。人们会尽力避免这些冒犯行为引起不快,比如远离这些场景,尽量专心而不受干扰。但显然,人们并不总是能成功地回避这些滋扰。在这种情况下,我们期待法律加以干预。但正如前述,法律的干预必须要有一个谨慎和合理的限度,以免对个人自由施加不当的压制。存在一些衡量标准,可以帮助我们在冒犯的严重性和冒犯行为的合理性之间取得平衡。按照范伯格的建议,冒犯的严重性取决于以下因素:(1)冒犯的幅度,包括强度、持久度和广度,在这三个方面越强烈,冒犯就越严重;(2)合理避免标准,在对本人无重大不便的前提下,越是难以避免,冒犯就越严重;(3)同意原则,若被冒犯状态为自愿导致,或其风险由受者自愿承担,则并非冒犯;(4)异常敏感性的折减,若被冒犯状态源于异常敏感性,则其严重程度应予折减。②

根据这四种标准,当冒犯极其严重,且让受众无法避免的时候,冒犯行为受到惩罚就是合理的。但是,冒犯行为的判断是一个权衡的过程,对冒犯行为进行定性的根据是冒犯的严重性,也存在着一些权衡因素——冒犯行为的合理性——可以削弱冒犯的严重性。这些因素比如:冒犯行为对个人的重要性和社会价值,自由表达的重要性,冒犯行为存在替代的可能性很低,冒犯是否出于恶意,冒犯实施的地点的普遍性。③ 这些标准决定了冒犯行为的合理性程度,在判断冒犯行为是否

---

① 乔尔·范伯格:《刑法的道德界限(第二卷):对他人的冒犯》,第11—15页。
② 同上,第38—39页。
③ 同上,第48—49页。

应当受到惩罚上起到权衡的作用,但它们本身不能决定冒犯的可罚与否,因为任何一种冒犯行为都多少具有一点合理性,从性质上来说这种内在合理性只能权衡而非改变冒犯的可罚性。

冒犯原则作为支持对严重冒犯行为进行刑事惩罚的道德正当性原则,本身包含着内在限制。它排除了那些过于琐细的冒犯情形,并且认可复杂的权衡机制的存在,以免对于冒犯严重性的高估带来对自由的过度压制。同时它也认为在对冒犯行为进行干预的实践中,习惯和公共舆论能够扮演比刑法更好的角色。只有在作出权衡之后,仍然认为冒犯行为的确严重到需要运用刑法手段进行干预的时候,国家采取行动才是必要的。

第四节　损害原则的道德基础

在范伯格看来,损害原则和冒犯原则的结合,构成了刑法犯罪化的完整道德基础。损害是对利益的破坏,一旦失去某些利益,个人就难以实现福祉,因此对损害的防止是必要的。而冒犯尽管并不会带来利益的减损,但冒犯行为给人带来的精神的不快,如果达到足够的严重性,那么对这种行为进行干预也是合理的。第三卷和第四卷在对自我损害的行为和无害的不法行为进行分析的过程中,范伯格进一步确立了自由主义的立场。他主张,个人自治是我们社会的核心价值,我们应该尊重一个人筹划人生、选择目标、采取某种道德立场的能力和选择。① 损害原则和冒犯原则为个人自治划定了界限,在界限之内,个人自愿做出的对自己造成损害、不利于个人美德的塑造或者只是违反社会道德标

---

① 乔尔·范伯格:《刑法的道德界限(第四卷):无害的不法行为》,第59—60页。

准的行为,比如吸食大麻、出卖卵子、自杀或卖淫、参加换偶活动等,并不会对其他人带来损害或冒犯,因此这些行为不应被犯罪化。正如范伯格所批评的,"若刑法真有教化作用,则强调个人美德的重要性可以一方面使公民成为良心上的卫道士而自豪,另一方面却对他人漠不关心"①。

《刑法的道德界限》四卷本陆续出版之后,引发了大量的好评和批评。当今最有影响力的一些哲学家和法学家,比如达夫(R. A. Duff)、理查德·阿尼森(Richard Arneson)和拉里·亚历山大(Larry Alexander)等人都专门撰写书评,对其中的一卷或几卷进行讨论和回应。该系列引发的批评意见主要有三类。一类是对范伯格的自由主义道德立场的批评。作为王牌原则的损害原则,背后是对个人自治的尊重和保护,这种立场发端于密尔,也被当代的许多自由主义哲学家所发扬,比如罗纳德·德沃金和罗尔斯,但对个人自治的尊重是否意味着我们只能接受损害原则和冒犯原则,却仍然值得质疑。第二类批评针对冒犯原则。根据范伯格对冒犯原则的探讨,他看起来是持有一种功利主义的立场,这种立场与损害原则背后的价值考量存在着潜在的冲突,因为范伯格的损害原则并不等同于密尔的损害原则。② 第三类批评来自法律家长主义和法律道德主义的支持者,他们主张范伯格对法律家长主义和法律道德主义的批判并不能成立,而且他的自由主义道德主张也为这两种原则留下了空间。对这些批评意见进行综合之后,我们可以从损害原则的思想渊源、价值诉求和宪政意义等方面加以检讨。

损害原则的思想渊源可追溯至密尔。密尔提出损害原则的主要考

---

① 乔尔·范伯格:《刑法的道德界限(第四卷):无害的不法行为》,第309页。
② R. A. Duff, "Harms and Wrongs", *Buffalo Criminal Law Review*, Vol. 5, No. 1, 2001, pp. 13-14.

虑在于,由个人来选择过怎样的人生,可以最好地实现个人幸福的最大化。因此,在个人不对其他人的利益造成伤害的情况下,国家应该尽可能地收缩自己的权力界限。刑事惩罚也是为了警告人们不要再去做伤害他人利益之事。① 显然,这在密尔的时代是具有革命性意义的信条,他努力将人从传统的自我遮蔽之中解放出来。但是这种功利主义的道德考量却面临着极大的困难。首先,个人幸福的最大化并不必然能够通过个人完全地自治来实现,在很多情况下,外在的干预会让人们生活得更好。其次,密尔对伤害的宽泛界定,反而可以将损害原则扩展至法律家长主义的合理性,比如密尔对醉酒的可罚性的肯定。所以,坦恩(C. L. Ten)认为,密尔其实支持一种弱的家长主义的立场。②

范伯格的损害原则试图避免密尔的这种困境,它依据的道德考量在于个人自治的重要性,这是一种"自由优先的假设",即自由应当作为默认值,而强制永远需要正当理由。③ 而自由则落实在范伯格所详尽讨论的福利性利益,即人们借着自由而实现的那些基本的物质和精神方面的福祉,这种福祉又是实现人生终极目标的必要条件。当他人的行为损害了这些福利性利益的时候,个人自由就受到了阻碍。刑法惩罚就是表明他人的干预行为对福利性利益所产生之破坏的严重性。但是这种"利益路径"仍然面对着诸多困难。第一个困难在于对自治价值的尊重并不能排除法律家长主义干预的正当性。丹尼·斯克希亚(Danny Scoccia)提出,自治的欲求要符合两个条件,一是经得起批判性反思的检验,二是与行为人的个性相匹配。但行为人在实现自治欲求的时候,可能会出现他所作的选择并不能准确地表达这种欲求的情况。

---

① 这一点在边沁那里得到最集中的体现,边沁主张惩罚的目的就是为了防止犯罪,参见边沁:《道德与立法原理导论》,时殷弘译,商务印书馆2000年版,第224页。
② C. L. Ten, *Mill on Liberty*, Oxford: Oxford University Press, 1980, p. 110.
③ 乔尔·范伯格:《刑法的道德界限(第一卷):对他人的损害》,第8页。

因此，斯克希亚提出，如果行为人有着高度自治的欲求，但他的选择却不能准确地表达那些欲求，并且如果他完全理性就会同意对他的干预，那么对他的干预就不会破坏他的自治。①

第二个困难在于损害原则不能解释一些可以被国家正当地予以惩罚的无损害行为，比如非法侵入。亚瑟·利普斯坦（Arthur Ripstein）对此提出了批评，并提供了损害原则的替代性原则——主权原则（sovereignty principle）。主权原则主张对行为的唯一正当性限制是保护自由个体之间的相互独立性的限制。② 如果 A 非法侵入 B 的房屋并加以使用，但未对房屋及其布置造成任何损害，即没有任何对利益的阻碍。这种非法侵入仍是应受惩罚的，但并非损害原则（包括冒犯原则）涵盖的情形。损害不能成为惩罚发生的触发点，因为社会中损害无处不在，无法成为刑法的特别关注。而且在非法入侵这样典型的犯罪实例中，利益无法成为判断可罚性的因素。相反，主权原则应当作为替代性原则，来解释为什么特定类型的损害以及无损害的不法行为应当受到惩罚。因此，损害原则没有反映出刑法实践背后真实的道德基础。

杰弗里·墨菲（Jeffrie G. Murphy）则从另一个角度对损害原则的道德基础进行了批评。墨菲认为，范伯格所辩护的看起来有说服力的自由主义立场必须在下面这三个问题上实现协调，才能应对反对意见的挑战：（1）损害原则，法律强制只有在阻止公民侵犯其他人的权利的目标上才能被证成，其他任何强制的基础——特别是促进个人美德的意图——都破坏了个人的基本道德权利；（2）报应主义，惩罚至少部分地应该在应得（desert）的基础上施加，即基于个人犯罪的可谴责性

---

① Danny Scoccia, "Paternalism and Respect for Autonomy", *Ethics*, Vol. 100, No. 2, 1990, p. 328.

② Arthur Ripstein, "Beyond the Harm Principle", *Philosophy & Public Affairs*, Vol. 34, No. 3, 2006, p. 229.

(blameworthiness);(3)基本权利宪政主义,民主规则是非常重要的,但当它的实践损害到至关重要的自由的时候,有时必须受到严格限制。所有的自由都是重要的,但只有部分自由重要到需要在宪法层面作为基本权利加以保护。①

然而,在墨菲看来,范伯格的自由主义无法在这三点上真正实现协调。在二十世纪六十年代,范伯格提出了表达功能的刑罚观,即刑罚是为了表达社群对于犯罪行为的谴责和指控,②因此这也是报应主义的一种特定形式。然而,根据报应主义的基本主张,犯罪的惩罚是与其罪责性相关的,而罪责性与行为的道德邪恶性(wickedness)也是相关的。同样的犯罪行为,行为者个人的道德品性和缺陷的不同影响着刑罚的严重性程度。③ 如果按照自由主义者的主张,在确定何种行为是可责的而应受刑罚惩罚的时候,对利益的损害是进行判断的正当理由,而道德因素不起作用,而像范伯格这样的部分自由主义者却支持报应主义,这两种立场之间存在着冲突。

另一方面,以损害原则为基础的自由主义无法与基本权利宪政主义相容。现代民主实践往往把一些基本的自由权列为最重要的权利选项,从而以基本权的形式加以保护,除非有更重要的利益需要加以保护,否则这些权利不应受到侵犯。比如言论自由作为一项基本自由,是因为言论自由具有重大的社会和政治价值。但其他形式的基本自由则并不因其社会价值和政治价值而受珍视,而是因为这些自由是良善生活的组成部分,换句话说,它们与某些基本善相关,比如宗教自由和性

---

① Jeffrie G. Murphy,"Legal Moralism and Liberalism", *Arizona Law Review*, Vol. 37, 1995,p. 78.
② Joel Feinberg,"The Expressive Function of Punishment", *The Monist*, Vol. 49, No. 3, 1965,p. 400.
③ Jeffrie G. Murphy,opcit,p. 78.

自由。① 后者的情形给损害原则造成了挑战。如果损害原则把国家权力限制在对侵犯自由的行为进行干预，却不去干预那些破坏这些自由背后之道德善的行为，那么其背后的理由是什么？墨菲说，除了实用性的理由之外，他看不到原则性的理由。②

第五节　冒犯原则与法律道德主义

范伯格所提出的冒犯原则面临着两方面的批评。一方面，尽管范伯格为可被惩罚的冒犯原则设置了极高的衡量标准，以至于似乎在现实生活中很少有此类行为，但冒犯行为本身所带来的规范关系的变化似乎并不足以引起犯罪化的发生。另一方面，可能存在着更深层的道德考量，使得我们对冒犯的理解不只限于它所带来的精神不快和心理干扰的可接受性，也包括冒犯行为所涉及的更为基本的价值冲突。为了捍卫自由主义的犯罪化立场，范伯格对冒犯和法律道德主义作出了严格的区分，拒绝将法律道德主义作为刑事立法的依据。因此，对法律道德主义的讨论成为必要。

从第一个方面来看，冒犯行为如果只是带来精神上和心理上的不快，那么引起人们精神不快的范围会非常广泛，即使范伯格设置了很高的检验标准，但冒犯的关键仍然是基于人们的情感反应，而非其他的判断因素。因此，冒犯与对冒犯的否定性评价之间存在着规范性的裂缝。当 A 冒犯 B 的时候，B 不是基于 A 冒犯 B 这个理由 R 而提出抗议，而必须依赖于独立的理由 R' 进行评价。根据范伯格的主张，R' 是一个依情况而定的（contingent）理由，它与人们的处境紧密相关。比如，B 是

---

① Jeffrie G. Murphy, "Legal Moralism and Liberalism", p. 86.
② Ibid., p. 87.

一个犹太人,正在参加一个犹太人的聚会,而 A 穿着一件带有纳粹符号"卐"的衣服出现在 B 面前。在这种情况下,R' 可以表述为:在犹太人聚会的地方,"卐"标志的出现是对犹太人情感的极大冒犯。

然而,如果 R' 只是一个视情况而定的理由,则它与被冒犯者 B 所产生的精神不快之间的规范性关系就不足以支持对冒犯者 A 进行惩罚。斯迈斯特(A. P. Simester)和赫尔希(Andrew von Hirsch)提出了类似的批评。他们认为,范伯格的冒犯的违法性必须来自冒犯行为的不法(wrongdoing)。如果一种行为只是引起人们的不悦和烦恼,这不足以构成对这种行为进行惩罚的基础。在他们看来,这种行为必须是不法的。① 而要对冒犯行为的不法性进行评价,必须参照其他的评价因素,比如社会习惯(social convention)。社会习惯不只是人们在社会中所形成的习惯性的社会态度、观念和行为方式,其背后同样蕴含着一些规范性的考量,比如尊重。

他们提出,应受刑罚的冒犯行为不只是冒犯性的,而且要涉及损害。因此,损害原则可以在一定程度上运用到冒犯行为之上,因为某些行为的犯罪化并不一定要求该行为带来直接的损害。同时,严重的冒犯行为可能带来损害。② 因此,一种独立的冒犯原则并非进行刑法的道德界限的理论化所必需的,范伯格的冒犯原则既缺少了行为的不法性这一重要因素,也难以成为一种独立的正当化原则。③

斯迈斯特和赫尔希的批评引发了另外一个对冒犯原则的挑战,即冒犯与无损害的不道德行为之间的关系。前面提到,他们认为冒犯行

---

① A. P. Simester & Andrew von Hirsch, "Rethinking the Offense Principle", *Legal Theory*, Vol. 8, 2002, p. 273.

② Ibid. , p. 288.

③ 但斯迈斯特和赫尔希并没有建议取消冒犯原则或把它并入损害原则之中。他们仍然认为有好的理由按照冒犯原则来决定冒犯行为的犯罪化。Ibid. , p. 292.

为的不法性要依照其他的独立因素进行评价,比如社会习惯,而社会习惯不只是哈特意义上的社会流行道德,也包含了批判道德的可能。如果冒犯行为违反了人们所共享的道德观念,那么冒犯行为的不道德性在确认该行为的可罚性上是否扮演着重要的角色? 范伯格对此给出了否定的答案,他在对深度冒犯(profound offense)的分析中体现了这种立场。对深度冒犯的考察是进一步审查冒犯原则之道德基础的关键。

按照范伯格的主张,深度冒犯有五个特征:(1)深度冒犯行为引起人们深层的情感反应;(2)并不必然要求被冒犯者直面冒犯行为;(3)被冒犯者不是在感官或低阶情感上受到冒犯,而是整个人都受到冒犯;(4)深度冒犯源自人们决定其高阶情感的某种本质原则;(5)深度冒犯至少是部分非个人性的,甚至全然是非个人性的,被冒犯者认为被冒犯的是他内心深处的道德情感,而这种情感不是他所独有的。① 深度冒犯的例子有很多,但它们之间并没有太深层的交集,比如侮辱国旗、践踏尸体、污损宗教偶像和乱伦等。范伯格对深度冒犯的主张是,如果深度冒犯公开地干扰他人,并且符合严重性的标准,那么可以对这些行为进行惩罚,但惩罚的依据并不是行为的不道德性。如果这些行为是私下进行的,即使有人因为知晓这些行为而感到被冒犯,这些行为也不应该受到惩罚。

然而,这个立场面临着严重的挑战,我们可以称之为法律道德主义的反击。尽管范伯格不能接受对无害的不道德行为加以惩罚的法律道德主义立场,但他未能成功地调和冒犯原则与法律道德主义之间的冲突。在深度冒犯的问题上,范伯格作出了两个区分,对可以被刑法惩罚

---

① 乔尔·范伯格:《刑法的道德界限(第二卷):对他人的冒犯》,第63—67页。

的冒犯行为和深度冒犯作出分辨，从而为冒犯原则进行辩护。一是被感知的行为和被知晓的行为之间的区分，二是因违反规范而产生冒犯的行为和因冒犯而违反规范的行为之间的区分。① 这两个区分支撑了他对深度冒犯的排斥，因为深度冒犯是被知晓的，而非被感知到的冒犯，也是因违反规范而产生冒犯的行为。

范伯格作出第一种区分的基础可能有两种。一种是被感知的冒犯和知道别人的冒犯行为之间存在特征上的不同，另一种是感知不同于知晓，感知使得冒犯结果个人化，从而使被冒犯者的苦衷被视为冒犯者作用于特定个人的过错。② 然而，根据第一种可能，对于深度冒犯来说，这个区分并无意义，因为即使在冒犯行为被感知的情形下，比如公共场合的性交，被冒犯者也是基于道德规范而非基于自身的心理状况而感受到冒犯，因此二者并无特征上的差异。第二种可能也不能成立，因为公开的冒犯难以将冒犯行为个人化，如前面的例子，公开的不道德行为不会在行为者与被冒犯者之间建立纯粹的个人化关系，因为其受众是不确定的潜在人群。

第二种区分可能挽救范伯格对于深度冒犯的立场，但这种区分也使得冒犯原则陷入困境。在范伯格看来，公开的冒犯之所以引起人们的不快，是因为这些行为引起了人们心理和精神上的不适，而非违反了某些社会规范。而深度冒犯是因为违反了规范而引起某些人的冒犯，因此这二者之间存在差异。然而，这个区分是不合理的。首先，范伯格所列举的大部分的冒犯行为与社会规范相关，之所以人们情感上产生反应，是因为社会规范已经塑造了他们的情感。其次，如果两个人在

---

① Larry Alexander,"Harm, Offense and Morality", *The Canadian Journal of Law and Jurisprudence*, Vol. 7, 1994, p. 208.

② Ibid.

公开场合性交,大量的旁观者并不觉得冒犯,但这种行为仍然是冒犯性的,因为它冒犯了那些知道这一事件而根据社会道德规范深受冒犯的人。① 因此,从特征上看,冒犯行为可以是因违反规范而产生冒犯的行为。

对这两种区分的讨论显示出冒犯原则的内在张力。如果冒犯原则拒绝法律对深度冒犯的干预,那么这种原则自身也就趋于瓦解。而冒犯原则一旦纳入深度冒犯,那么它就滑向了法律道德主义,即认可一种行为之所以会引起冒犯,不是因为它对人们造成的心理冲击,而是因为它的不道德性。

当然,这只是从消极的意义上证实法律道德主义的合理性,因为冒犯行为的不道德性可能只是基于社会的共享道德而作出的判断,国家能否根据共享道德观而对违反这种道德的行为进行惩罚,则是一个需要详细考察的独立问题。在哈特与德富林之争中,基于共享道德和批判道德的区分,哈特对德富林背后的法律道德主义立场作出了批判。② 然而,在桑德尔(Michael Sandel)、菲尼斯(John Finnis)和乔治(Robert George)等哲学家的辩护之下,法律道德主义又重新显示出强劲的理论力量。③ 桑德尔基于社群主义的哲学立场对罗尔斯、范伯格等人的中立自由主义思想作出了批判,对塑造公民个体自我理解和认同的共同体价值进行了有力的申辩。④ 而菲尼斯和乔治则从共同善这个自然法理论的核心概念出发,主张个人自治必须放置在共同善的框架之下来理解,国家有责任帮助公民个体更好地实现共同善,在必要的时候可以

---

① Larry Alexander, "Harm, Offense and Morality", p. 211.
② H. L. A. 哈特:《法律、自由与道德》,第 22 页。
③ 对法律道德主义的介绍,参见郑玉双:"法律道德主义的立场与辩护",《法制与社会发展》2013 年第 1 期。
④ 参见迈克尔·桑德尔:《民主的不满:美国在寻求一种公共哲学》,曾纪茂译,江苏人民出版社 2008 年版。

通过强制的手段改变个体破坏共同善的行为，因此法律道德主义在原则上能够得到支持。①

第六节 结语

尽管范伯格是以刑法的道德界限之名义对国家强制干预个体之自由的限度进行探讨，但他所提出的四项原则不仅限于刑法实践之中。在社会实践中，危害无处不在，有些是可容许的危害，比如自然事件造成的危害和个人自愿担负的危害，有些是需要加以避免和预防的危害，比如环境污染对身体的危害等。危害涉及利益的增减，但其核心内涵是道德意义的，即危害行为引发社会共同体的道德评价，这也是社会和国家对个体行为进行干预的一种依据。冒犯原则、法律家长主义和法律道德主义是为国家干预提供正当支持的其他原则，但在理论上存在更多的争议。一方面，这三个原则在结构上与损害原则存在着重叠，在概念上难以明确区分，甚至会消解损害原则的独立地位。另一方面，不同原则背后隐含着不同的政治道德立场，以范伯格为代表的自由主义者基于对自由和个人自治的支持而反对法律家长主义和法律道德主义，认为这两种立场对个人自治构成威胁。然而，自由主义立场既扩张了损害原则的适用范围，也忽视了个人所承载的共同善的维度。损害原则的内涵极为丰富。我们可以像范伯格那样对与个人生活相关的各种利益类型进行分类，但这种分类无法展示每一种类型背后的道德意义，即各种利益类型如何贡献于个人的基本善。如果如自由主义者所主张的，个人自由和自治在个体追求基本善的过程中发挥着关键作用，

---

① John Finnis, "Legal Enforcement of 'Duties to Oneself': Kant vs. Neo-Kantians", *Columbia Law Review*, Vol. 87, 1987, pp. 433-456.

那么我们无法忽视共同体或者社会在塑造个人自由和自治之内涵上扮演的角色。政治至善主义与中立论之间的对立再次出现,既在个体自治之边界上体现,也在国家基于特定原则对个人自治进行强制的限度上体现。由于法律家长主义和法律道德主义这两个原则鲜明地体现出政治至善主义与中立论之间的激烈对抗,因此本书接下来分别探讨法律家长主义和法律道德主义是否能够成为支持法律介入道德生活的正当原则。

第三章
法律家长主义

在关于刑法道德界限的四种原则的讨论中,损害原则和冒犯原则的道德意义通常来说不会引发太大争议,但法律家长主义和法律道德主义却争论不断。法律家长主义是具有深切实践意义但又广受争议的政治道德原则。中立的自由主义反对法律家长主义,主张国家应该在公民个体的自治实践面前保持中立,如果个人的选择和行动对其他人的利益和福祉不造成损害,那么国家就不应进行干预。即使国家阻止个体自我损害的行为能够保护个人利益,这种做法仍然损害了个体的自我决定权或尊严。因此,中立的自由主义刑法学家主张只有损害和冒犯原则是刑事立法的正当性原则。① 在实践领域,该立场主张对吸毒、商业代孕、器官买卖和自杀等行为予以除罪化或合法化。然而,按照政治至善主义的主张,国家为了防止个体对自身利益造成损害而加以干预,可以促进个体更好地实现自治和尊严。因此,损害和冒犯两种原则并不能穷尽刑事立法的空间。在诸多涉及自我损害行为的社会争议领域,法律家长主义仍然具有理论吸引力。在本章中,我为刑事立法领域的法律家长主义辩护,主张在原则上国家为了个体利益而对自我损害的行为或其关联行为进行刑事制裁是正当的。本章写作思路如

---

① 范伯格是其中最有力的代表,参见乔尔·范伯格:《刑法的道德界限(第一卷):对他人的损害》,第 28 页。

下:首先对法律家长主义的基本立场和价值基础进行辩护,然后在此基础上探讨法律家长主义如何能够在法教义学的框架下被妥善安置,最后分析法律家长主义如何在身体损害行为和自杀行为的犯罪化问题上提供理论说明。

第一节　法律家长主义的立场与辩护

(一)法律家长主义的基本立场

法律家长主义是家长主义在法律领域的具体运用,即国家为了公民的益处而以法律的形式对公民自我损害的行为进行干预或限制。西方法哲学领域就法律家长主义的正当性基础已经进行了大量细致的论争。相比之下,国内的讨论倾向于将法律家长主义作为合理前提而运用到具体实践领域之中,比如对诉讼程序、福利政策和医疗伦理的讨论之中,①而在考验法律家长主义之正当性的刑法领域却几乎不展开。相反,刑法学者在对被害人同意的理论问题和自杀、安乐死等道德争议问题的分析上,将法律家长主义作为重要理论之一。② 因此,要推进法律家长主义的理论探究和实践运用,需要先对法律家长主义的概念结构作出澄清。

按照经典的罗马法谚,"*Volenti non fit injuria*",同意即无不法,如果A同意B做出某些对A的利益有损害的某些行为,那么B的行为并无

---

① 参见孙良国:"法律家长主义视角下转基因技术之规制",《法学》2015年第9期;吴元元:"法律父爱主义与侵权法之失",《华东政法大学学报》2010年第3期。国外从这个视角进行探讨的代表性作品,参见理查德·H.泰勒、卡斯·H.桑斯坦:《助推:我们如何做出最佳选择》,刘宁译,中信出版社2009年版。

② 参见车浩:"自我决定权与刑法家长主义",《中国法学》2012年第1期。

不法。按照范伯格的分析,软的家长主义主张,当 A 是基于受胁迫、对信息存在误解而同意的时候,A 并非真正地出于自愿,这种情况下可以对 A 和 B 的行为加以干预和禁止。而硬的家长主义则并不考虑 A 的同意,为了保护 A 免于利益受损,应当对 A 和 B 的行为加以禁止。软的家长主义实际上是保护行为人免于一种不是出自他的意愿的外在损害,它非常接近于损害原则,但实质上是一种反家长主义的原则。① 硬的家长主义则是真正意义上的家长主义,它表现为对自由的强制性干预,支持国家为了保护和促进行为人的利益(福利性利益、身体利益和生命利益)而对其自我损害的行为加以干预或惩罚,不论行为人是否真实地同意该行为。

(二)法律家长主义的批判

中立的自由主义者基于不同的政治价值对法律家长主义作出了批判,其中具有代表性的立场是基于个人自治的中立自由主义。该立场主张个体在自我裁断的领域享有绝对的主权,这种主权甚至比个人福祉更为重要,因为个体自治表明了个人对自己的根本权威,而法律家长主义则冒犯了这种权威。这种立场的代表性学者有罗尔斯、范伯格、赫尔希和乔纳森·琼等。②

以范伯格的主张为例,他认为成熟和理性的人就只关乎个人利益的事务所作的完全自愿的选择是如此珍贵,以至于其他人无权只是为

---

① 乔尔·范伯格:《刑法的道德界限(第三卷):对自己的损害》,第 13 页。
② 参见约翰·罗尔斯:"道德理论中的康德式建构主义(1980)",第 374 页;Andrew von Hirsch,"Direct Paternalism: Criminalizing Self-Injurious Conduct", *Criminal Justice Ethics*, Vol. 27, 2008, pp. 25-33; Jonathan Quong, *Liberalism Without Perfection*, Oxford: Oxford University Press, 2010, Chapter 2。

了这个人"自己的善"而对他进行干预。① 如果法律家长主义允许政府为了行动者个人的好处而对他自我损害的行动进行干预,那么行动者实际上并不享受对自己事务和人生的主权性管理权。个人生活的善即个人的自我实现的那些重要方面,比如身体的健康、财产的无损和人生目标的实现,但个人的善与个人自我治理的主权在概念上是相互独立的。自治与自我成就同等重要,因此,自我决定权是完全非衍生性的(underivative),与个人自我成就这种善在道德上具有同等的基本地位。② 在中立的自由主义的理论框架下,自治作为基本的政治价值,体现出自我治理之个体在个人良善生活构建中的能力和能动性维度。

(三)法律家长主义的辩护

中立的自由主义对法律家长主义立场构成了严重的挑战。然而,我们可以对自治的概念和价值内涵进行重构,从而为法律家长主义进行辩护。首先,对个人自治或自我决定权的理解依赖于"自我"这个概念,然而从自我之中并不能建立起关于个人主权的绝对意义,正如查尔斯·泰勒所指出的,自我存在于道德空间之中,"不仅与他的道德和精神事务的立场有关,而且也与确定的社群有某种联系"。③ 自治作为人的福祉的结构性要素,反映了人的主体性实践与关乎人的福祉的基本善的函数关系,国家在保护自治上所承担的实质性责任,实质上是自治

---

① Joel Feinberg, *Rights, Justice and The Bounds of Liberty*, Princeton: Princeton University Press, 1980, p.116.
② 参见乔尔·范伯格:《刑法的道德界限(第三卷):对自己的损害》,第63页。
③ 参见查尔斯·泰勒:《自我的根源》,韩震等译,译林出版社2001年版,第63页。

这一良善生活的价值面向所提出的内在要求和创造出的一种动态的、主体间性的场域。①

其次,按照丹尼·斯克希亚(Danny Scoccia)的提议,我们可以区分两种"尊重自治"的情形。一种是以范伯格为代表的选择观,即使行为人的选择不是完全理性的,只要他是自愿的,那么对他的选择加以干预就破坏了他的自治。而第二种选择观认为,如果行动者的选择是不理性的,如果他在完全理性和信息充足的情况下同意国家的干预,那么国家对他的错误选择的干预就是被允许的。② 按照这种选择观,如果国家的干预可以使行为人恢复对于自治的价值的认识,那么这实际上是在提高他的自治能力。当行为人否定了身体、精神等自治性条件的价值时,为了对他的自治表示尊重和保护,对他的行为加以干预是恰当的。

最后,法律家长主义赋予国家干预和惩罚的正当性,呈现出的是共同体借助国家角色而在个体良善生活上所发挥的塑造作用。③ 而国家在哪些事务上可以对个体的错误选择加以纠正,以及在何种限度下限制或惩罚是恰当的,需要进入法律家长主义的教义学实践进行考察。

第二节 法律家长主义的教义学安置

(一) 辩护梯度的上升

尽管法律家长主义在原则上能够得到辩护,但仍然存在着该原则

---

① John Christman,"Relational Autonomy and The Social Dynamics of Paternalism",*Ethical Theory and Moral Practice*,Vol. 17,No. 3,2014,pp. 369-382.
② Danny Scoccia,"Paternalism and Respect for Autonomy",p. 318.
③ Steven Wall,"Moral Environmentalism",in Christian Coons & Michael Weber (eds.),*Paternalism:Theory and Practice*,pp. 93-114.

如何在法律的教义学框架中被安置的难题。法律教义学作为一种帮助我们理解法律规范之自主运作的观念体系,致力于解决两个问题,一是在法律实践的复杂的社会和文化面向中将关于法律规范的一般性命题提炼出来,二是探讨这些命题的真值条件。① 法律推理不同于道德推理的一个重要特征在于,"法律不但涉及狭义上的道德问题,而且还涉及现实的问题和伦理的问题,并让相互冲突的利益达成妥协"②。因此,法律必须以明确、清晰和可供法官进行司法推理的形式出现,以保证法律的命题形式不被现实扭曲。同时,法律判断的真值条件并不来自法律本身,而是经由辩护梯度的上升,进入法律背后的价值网络之中对政治和法律之道德性的基础进行检讨。③

首先,法律实践以命题的形式呈现,即在特定时空环境中,某个特定的法律判断是真的,并能产生规范效力。例如在我国,医生协助患者进行安乐死是故意杀人、持有毒品是犯罪等是真的法律判断。从教义学的视角来看,刑事法律秩序也是创造性的宪法秩序的内容。如达夫所言,刑法理论必须诉诸关于国家的正当目标与义务的主张,并解释这种刑法机制如何能服务于其目标或协助国家免除这些义务,这种主张的关键部分是对如下问题作出说明:国家应当如何对待它所主张权威

---

① 参见罗纳德·德沃金:《身披法袍的正义》,周林刚、翟志勇译,北京大学出版社2009年版,第2页。在探讨法律的教义性特征时,本章并非仅限于在德国法哲学的语境之下使用"法律教义学"这个术语,将之视为在既定的权威性实在法体系下对法律进行解释和体系化的过程;而是进入法哲学争论之中,运用德沃金所提出的法律的教义性概念,在更为宽泛的法哲学意义上对法律的本质与法律实践背后的价值之间的规范关系进行分析,从而将法律教义学的理论目标定位为对法律命题和法律命题背后的真值条件的探求。法律教义学从而也可被视为法哲学事业的一部分。

② 参见于尔根·哈贝马斯:"论法治国家与民主之间的内在关系",载罗伯特·达尔等著:《宪政与民主》,佟德志编,江苏人民出版社2008年版,第230页。

③ 参见罗纳德·德沃金:《身披法袍的正义》,第61页。

的那些人。① 这种宪法秩序将个体的基本内在价值阐释为一些规范性的一般化抽象原则，比如公民在法律面前一律平等、国家应该保护个人权利和促进公民福祉等。其次，宪法秩序在法律实践中被具体化为人们应当如何实现善的具体标准和相应的责任。法律家长主义为国家对自我损害之行为的干预提供证成和指引，因此是宪法秩序的一部分，也在法律实践中被具体化为行动理由，比如不能吸毒、不能帮助他人自杀等。据此，法律家长主义构成了作为共同体之自我构建的法律判断的实质性内容。

其次，既然法律命题是社会共同体在创造的意义上的自我构建，那么法律命题的真值并不由法律内部提供，而是需要进入法律实践背后交织的价值网络，这个过程即是辩护梯度的上升。辩护梯度的上升并不意味着突破法律的教义学体系或者更改具体的法律规定，而是在面对引发道德争议的疑难情形时，将法律实践视为一种理论内置性的实践，从而对法律实践的深层内在结构进行巡礼。② 而一旦进入辩护梯度上升的过程，我们就会开始追寻关于社会共同体的基本价值的本质。根据前面对于法律家长主义的探讨，在辩护梯度上升的过程中，我们能够为一种紧系于共同善的自治和尊严观作出辩护。在反思批判的层面上，法律家长主义成为一种合乎实践合理性的道德原则。这意味着在理论意义上，我国宪法对人权的保障、德国基本法第1条所规定的个人尊严以及美国权利法案对自由的保护可以被理解为一种至善主义的宪法秩序。

最后，法律家长主义在法教义学体系下的安置并不排除社会理论

---

① R. A. Duff, "Towards A Theory of Criminal Law?", *Aristotelian Society Supplementary Volume*, Vol. 84, No. 1, 2010, p. 3.
② 罗纳德·德沃金，《身披法袍的正义》，第60页。

的参与。如托依布纳所主张的,法哲学必须要与社会理论相结合,"其根源在于社会的加速功能分化,在功能分化的过程中,社会各个不同的理性领域强烈地独立化,从而导致不再能获得跨越各个理性领域的从其中可发展出全社会统一性法理念的立场"。① 经济学、社会学和统计学等领域的知识成果应该转化为法律家长主义实践必须参考的资源。比如有研究指出,在安全带立法中,国家的强制不但没有像立法者期待的那样降低交通事故率,反而会导致驾驶人更为冒险地驾驶,从而增加了事故发生。② 社会科学中的研究会给立法带来影响,然而,社会科学和自然科学中的研究并不能对立法起支配作用,是立法活动本身构建了社会共同体的行动依据。比如在转基因食品的立法问题上,立法者的法律立场与科学实践的知识立场之间存在着张力,"立法者在制定法律时并非必须将科学家的看法放在首要的位置,所以转基因问题并不是一个由科学家垄断意见的科学问题,反而是一个由立法者单独决定的领域"③。

(二)被害人同意的理论定位

法律家长主义在法律教义学中得到最佳安置的状态,体现为对自我损害行为的惩罚的辩护。自我损害行为的惩罚在刑法教义学中涉及多个方面。其中最重要的是被害人同意的体系地位问题。我国刑法学对于法律家长主义的关注主要围绕被害人同意的理论定位,其主要争议在于被害人同意作为排除不法的事由是否具有正当化依据。第二个

---

① 贡塔·托依布纳:"社会理论脉络中的法学与法律实践",纪海龙译,《交大法学》2015年第3期,第74页。
② 参见郭春镇、郭瑰琦:"立法的被'俘获'与'逃逸'——从'安全带法'看社会科学知识对立法的影响",《法制与社会发展》2010年第3期,第136页。
③ 陈景辉:"面对转基因问题的法律态度——法律人应当如何思考科学问题",《法学》2015年第9期,第122页。

方面是被害人同意问题的实践面向,即自我损害行为的刑法评价,如何在刑事法律实践中将自损行为加以犯罪化,这个问题需要对自我损害行为的行为结构和道德处境进行分析。

被害人同意指的是法益主体同意他人以一种刑法上禁止的方式对自己的法益予以处置。① 但实际上也应把主体对自身造成损害或陷入风险的情形视为被害人同意,因为同意的概念的要义体现为个体对某事发生的意愿,而非同意所处的关系语境。同意是个人自治的判断的一个重要方面,即个体通过理解和反思形成自我意识而对人生工程的事项作出的决定。被害人的同意是接受对自身利益损害的决定,需要满足能力、独立性和意识方面的要求,因此排除了自愿性不足、虚假同意、外在的强迫性作用力和认识不足等情形。② 真实有效的同意没有外在的强迫、干预和信息遮蔽。

按照范伯格的界定,损害是财产利益、健康利益和生命利益的减损,会对个人的福祉产生不利影响,因此损害承载着道德意义。③ 对同意的道德价值的定位影响了理论家对犯罪化问题的立场。比如拉兹将这种自损的实践形式视为没有价值的实践,因此并不是真正的自治。④ 我国很多学者持有中立的自由主义立场,主张被害人同意恰恰是个体自由的道德价值的彰显,因此应作为阻却违法事由。例如,方军博士主张将利益衡量作为同意的正当化根据,其实质在于"坚持被害人的人格自由发展,重视法益主体对法益的自由支配和自己决定权。对于法

---

① 车浩:"论被害人同意在故意伤害罪中的界限——以我国刑法第234条第2款中段为中心",《中外法学》2008年第5期,第708页。
② 对自愿性不足、虚假同意和同意无效等问题的讨论,参见范伯格:《刑法的道德界限(第三卷):对自己的损害》,第21—26章。
③ 参见乔尔·范伯格:《刑法的道德界限(第一卷):对他人的损害》,第28、36页。
④ 参见约瑟夫·拉兹:《公共领域的伦理学》,葛四友主译,江苏人民出版社2013年版,第141页。

治国刑法来说,保障个人自由应当是刑法领域所有政策和规范目标设定的初衷和归宿"。①

然而,根据前面对自治和个人尊严的分析,坚持被害人的个人自由发展并不意味着个人对自身事务享有绝对的决定权,如果进行利益衡量,个人自由并非总能胜出。国家在损害问题上比个体享有更大的认识论优势,并且在公民的福祉和道德事务上负有责任。那么为什么要将自损行为犯罪化?以被害人同意来自他人的故意伤害为例,学界多围绕重大伤害和公序良俗两种立场展开。支持重大伤害论的张明楷教授认为"当自己决定权的行使会给法益主体造成重大不利时,如果其承诺伤害的行为没有保护更为优越的利益,那么,法益主体所作出的放弃保护的判断,就不具有合理性"②。而支持公序良俗原则的车浩教授则主张以公序良俗原则对被害人同意作出限制,该原则在我国刑法第234条第2款"以特别残忍的手段致人重伤造成严重残疾"中得以体现。③ 然而,重大伤害论和公序良俗论都不足以支持对同意的道德否定。首先,损害的刑法评价并非基于损害结果,而是基于损害的不法性(wrongfulness)。④ 因此,轻微伤害和重大伤害之间只存在程度差异,而非道德评价的不同。其次,公序良俗原则作为一种"以一般社会民众而不是以被害人为判断主体的、以一般民众的伦理观念和道德情感的忍受度而不是以被害人自身的法益侵害程度为表达内容的概念"⑤,在

---

① 方军:"被害人同意:根据、定位与界限",《当代法学》2015年第5期,第42页。
② 张明楷:"组织出卖人体器官罪的基本问题",《吉林大学社会科学学报》2011年第5期,第90页。
③ 车浩:"论被害人同意在故意伤害罪中的界限——以我国刑法第234条第2款中段为中心",第721页。
④ 参见乔尔·范伯格:《刑法的道德界限(第一卷):对他人的损害》,第36页。
⑤ 车浩:"论被害人同意在故意伤害罪中的界限——以我国刑法第234条第2款中段为中心",第722页。

犯罪化原理上重新陷入了哈特所提出的流行道德和批判道德的争议之中。①

要解决这个难题,需要进入辩护梯度上升的过程,对犯罪化的原理作出说明。按照迈克尔·摩尔(Michael Moore)的主张,犯罪化是对应受谴责和惩罚的不道德行为的制度性回应。② 一种行为的不道德性在于它破坏了作为共同体之道德根基的共同善,而共同善是个体繁荣与福祉的根本方面,比如生命、健康和社会性等,对共同善的尊重、保护和追求构成了共同体成员的道德义务的来源,也是共同体建立法律制度的道德基础。③ 刑法界定了个体偏离和破坏共同善的不道德行为,包括对他人共同善的破坏和对己义务的违反。④ 刑罚则是对个体偏离共同善的内在回应。根据生命、健康和社会性等共同善的内在意涵,个体对自身的身体和精神利益的故意损害都是对共同善的破坏,因此刑法应当对该类行为和相关的协助行为作出否定评价,以保护个体追求善的能力和尊严。经由共同善概念而重塑的个人自治和尊严概念反映的不再是原子化的个体,而是在关系维度之中被社会化的反思性主体。同意作为个体自我治理的实践形式,并非内在主义的心理状况,而是一种社会-关系性现象。个体作为一个社会存在,在社会语境中通过意志表达意向和选择,因此同意承载道德和社会美德意义。⑤

在这个意义上,被害人同意并非道德正当的个体化自治实践,而是

---

① 关于流行道德与批判道德的区分,参见 H. L. A. 哈特:《法律、自由与道德》,第 21 页。

② Michael Moore, *Placing Blame: A Theory of the Criminal Law*, Oxford: Oxford University Press, 1997, pp. 33-35.

③ John Finnis, *Natural Law and Natural Rights*, chapter 5.

④ Ibid., p. 261.

⑤ Marina Oshana, "Personal Autonomy and Society", *Journal of Social Philosophy*, Vol. 29, No. 1, 1998, pp. 88-89.

受到严格伦理限制的政策性理由。尽管在刑法教义学中,被害人同意往往成为阻却行为违法性的重要理由,但基于法律家长主义的基本立场,被害人同意一旦超出必要的伦理限度而对基本善和个人尊严造成损害,那么被害人同意就失去了政策上的辩护性。

第三节　身体损害行为的犯罪化

根据前述论证,被害人同意并不能真正阻却不法,而是基于政策的限制将很多自我损害的行为排除在犯罪化的范围之外。哪些限制因素是合理的,以及在何种情况下需要突破被害人同意的阻却而对行为加以犯罪化,需要对具体行为的行为结构和伦理考量进行评析。自我损害的行为大致分为两类,一是身体损害,二是自杀。身体损害又包括生理性的自我损伤和自陷风险,社会生活中比较典型的有吸毒、参与赌博、出卖器官和卵子、参与损伤性暴力运动、参与人体实验、自残等。当然还有更为复杂的形式,比如强奸中的被害人同意,以及为了骗保或逃避刑法责任而故意自残。在衡量是否对这些行为进行干预或惩罚的时候,需要综合考虑各个因素,比如干预对个人自由是否造成过重的负担和是否承担较高的认识论任务,在立法成本上是否会造成成本-收益的严重失衡,以及是否恪守刑法谦抑性原则而不轻易将行为犯罪化。

此外,被害人同意中的责任分配是法律家长主义原则的衍生性内容,也是犯罪化理论的组成部分。被害人同意中的法律责任包含两个方面,一是在损害行为的道德重要性超过对个人自由的政策性保护考量的时候,当事人应当承担责任。二是在责任分配时,遵循两个基本原则。第一,如果损害完全是被害人个人执行的,则一般不应作出刑法评价,正如霍布豪斯所言,"如果我们不强迫一个人去争取他自己的利益,这并不是因为我们不关心他的利益,而是因为我们无法用强迫手段来促进这种利益"①。第二,如果损害行为由第三方协助或组织,则第三方应该承担刑事责任。

(1)器官买卖。器官买卖因涉及个人是否可以自主地出卖自身器官而引发激烈的社会和伦理争议。国外对它们的法律规制因为文化和法律传统等因素而存在着较大的差异。器官买卖由于对出卖人身体潜在的风险和伤害而成为被害人同意的典型事例。我国刑法修正案(八)增设了组织出卖人体器官罪,但仍然没有消除关于器官买卖合法化的争议。② 合法化的支持者认为,出卖者自愿地承担风险,并从中获得实质性利益,是一种有效的资源配置,比如在"全国最大贩肾案"中,出卖者都是"着急用钱而没有正当职业的人",通过卖肾得到金钱利益。③ 然而,被害人的同意和器官供需市场结构本身所蕴含的功利主义考量并不能排除出卖者的行为应受的伦理评价。有一些学者从共同体成员道德反感(moral distress)的角度质疑器官买卖的合法性。④ 然而构成器官买卖行为的道德判断基础的并不是道德反感本身,而是这种反感背后的被害人出于工具性目的对自身共同善的故意破坏及其所造成的伦理失衡。正如前述案件所表明的,这种伦理判断在实践中通常会以弱者为了金钱利益而出卖器官的准剥削性交易结构呈现,在交易实践中存在的并非平等交易,而是扭曲的强弱不对称和

---

① 霍布豪斯:《自由主义》,朱曾汶译,商务印书馆1996年版,第73页。
② 参见陈云良:"人体移植器官产品化的法律调整",《政治与法律》2014年第4期。
③ "全国最大贩肾案宣判 主犯获刑12年",北大法宝:http://www.pkulaw.cn/case/pal_21110623253458761.html? match=Exact。
④ Eduardo Rivera-Lopez, "Organ Sales and Moral Distress", *Journal of Applied Philosophy*, Vol. 23, No. 1, 2006, pp. 41-52.

信息失衡机制。①

这个立场有助于解决两个问题,一是器官的自愿捐献虽然也会对身体造成重大伤害,但是基于对他人生命和社会性等共同善的尊重,因此具有正当性。二是通过比较出卖器官和代孕对个人尊严的损害程度,可以对有偿代孕的犯罪化处境加以评估。

(2)有偿代孕。国外对代孕的规制有私法自治型、政府管制型和完全禁止型三种。② 在我国,根据新闻报道,代孕黑市乱象丛生,但政府管制却缺乏法律依据。尽管我国卫生部于2001年制定的《人类辅助生殖技术管理办法》中禁止有偿代孕,但由于刑法和计划生育法等未对代孕行为作出规定,因此对代孕行为的法律评价处于悬置状态,在司法实践中法官对代孕合同的效力认定也并不一致。比如在湖南常德市鼎城区人民法院审理的一起代孕案件中,法官判决代孕协议有效,孩子的抚养权归求孕方。③ 而福建省厦门市思明区人民法院在一起代孕生子抚养权案件中却将孩子的抚养权判给代孕方。④ 在2015年湖北省和广东省对商业代孕行为进行打击的执法行动中,执法机关也只是对违法机构和人员进行行政处罚,而并没有使之承担刑事责任。⑤

有偿代孕主要不涉及身体的损害,而是女性生育功能的工具化所

---

① Debra Satz,"The Moral Limits of Markets:The Case of Human Kidney",*Proceedings of the Aristotelian Society*,Vol. 108,2008,pp. 269-288.
② 王贵松:"中国代孕规制的模式选择",《法制与社会发展》2009年第4期,第119页。
③ "女子代孕引发夺子大战 法院判决代孕协议有效",中国网:http://www.china.com.cn/info/baby/2010-08/18/content_20732209.htm。
④ "'代孕合同'有违公序良俗被判无效",法制网:http://epaper.legaldaily.com.cn/fzrb/content/20121101/Articel08002GN.htm。
⑤ "湖北通报3起典型代孕案件 官方称打击代孕将常态化",人民网:http://politics.people.com.cn/n1/2015/1214/c70731-27927733.html;"广东拟用一年整治代孕买卖卵子 涉犯罪者将被追究刑责",中国新闻网:http://www.chinanews.com/jk/2015/01-20/6984129.shtml。

带来的尊严贬低和剥削的问题。有偿代孕对个人尊严的贬损主要体现在代孕者为了金钱利益而把生育功能工具化以及相应的伦理和健康风险。① 相比于出卖器官所造成的损伤,代孕行为所导致的身体损害更小,但伦理风险更大。这种伦理风险不是对社会道德秩序的冲击,而是对家庭价值这种共同善的破坏。然而,代孕出现的主要原因之一就在于很多不能生育的夫妻希望建立完整的家庭,因此代孕看起来具有现实合理性。比如美国哲学家阿米·古特曼等在对著名的"Baby M"案件的分析中,主张"有些类型的契约生育是可以允许的,代孕母亲也应该保留一种至少是联合监护的权利,同时代孕合同应该是尽可能自愿的和免于剥削的"②。然而这种折中的立场并不能解决代孕的伦理难题,因为联合监护的权利在制度设置中难以操作,而且自愿和免于剥削在代孕方处于经济劣势的情况下也难以实现。因此,有偿代孕应予禁止,有偿代孕的组织者应受惩罚。由于我国刑法对代孕未作出相应规定,因此应增设人工辅助生殖犯罪,以应对代孕行为失序的治理困境。③ 在涉及代孕子女抚养权的案件中,法官应根据公序良俗原则,以文化上保守但规制上宽容的推理模式作出保护代孕孩子利益的裁判。

(3)竞技体育活动。竞技体育活动是人类体验游戏之善的重要活动,与生命和游戏等共同善紧密关联,但体育活动存在一定程度的损害风险。竞技体育活动中不可避免地会出现身体的碰撞和损伤,法律在规范竞技体育活动中的伤害行为时应结合体育活动的特性而作出合理

---

① Elizabeth S. Anderson,"Is Women's Labor a Commodity?",*Philosophy & Public Affairs*,Vol. 19,No. 1,1990,p. 75.

② 阿米·古特曼、丹尼斯·汤普森:《民主与分歧》,杨立峰等译,东方出版社2007年版,第290页。

③ 参见刘长秋:"代孕的合法化之争及其立法规制研究",《伦理学研究》2016年第1期。

应对，比如体育规则、参加者的身份和体育活动的激烈对抗性。① 一般来说，参加者对自身或其他参加者造成的伤害具有合法性，对此存在三种理论依据：正当业务行为说、被害人同意说和正当风险说。② 本章支持正当风险说，主张参加者在体育活动中的行为虽然会带来伤害，但体育活动是实践游戏之共同善的重要途径，而游戏内在地包含了风险要素，因此体育中的伤害并不与生命的共同善相冲突。

然而，在以下几种情况下，游戏之善被破坏，体育活动中的伤害就失去了合法性：第一，活动本身具有高度的危险性，比如飙车和生死决斗等，这种活动自身即失去了合法性，而基于法律家长主义的立场，其应受刑法规制。第二，行为人出于恶意，故意违背比赛规则损害他人的行为，由于行为人具有伤害的故意，又实施了伤害他人身体的行为，应该构成故意伤害罪。第三，行为人出于严重过失或间接故意而严重损害他人身体健康的行为，应当以故意伤害罪或过失致人重伤罪论处，但这种情况应当排除在竞技规则允许的范围内。③

（4）人体试验。人体试验是医疗技术进步的必要内容，是"为了获得新的医学知识，了解一项医疗技术、药品或医疗器材对人体造成的反应，而以人体或人体的一部分为对象所进行的医学试验研究的行为"④。由于人的有限知识对于新技术和新药品的潜在结果无法作出终局判断，人体试验虽然能够对这种结果作出科学探索，但也将受试者置于风险之中。与体育活动相类似，人体试验的正当性来自对生命之

---

① 参见郑佳宁："竞技体育侵权行为的法律构成"，《体育学刊》2015年第4期，第24页。
② 参见林亚刚："竞技体育中伤害行为的刑法评价"，《政治与法律》2005年第2期，第88—90页。
③ 同上，第93页。
④ 参见程红："人体实验的刑法学分析"，《中外法学》2010年第6期，第900页。

善的保护和科技背后的知识、实践合理性等共同善的尊重。因此,受试方的同意是对被允许的风险的接受,而非对生命和健康之善的破坏。但在实践中如何评估风险,以及如何判断受试者的知情同意,仍然存在争议,非法进行人体试验或试药的事例也是屡见不鲜。① 在"江四峰非法行医案"中,2001 年,执业医生江四峰在医院不具备试验资格的情况下,将处于临床试验阶段的碘-125 粒子密封放射源植入晚期结肠癌患者任某体内,致使任某出现肠瘘后死亡。尽管江四峰具有合法执业资格,却在 12 年后被控以非法行医罪和故意杀人罪,此案引发激烈争议。② 该案反映出我国人体试验法律规制的缺失和司法裁判的无法可依。医生以人体为对象进行医疗试验,在何种情况下应该就损害后果承担责任?受试方的知情同意是否能够免除医生的责任?

根据法律家长主义的立场,人体试验应遵循保护人的尊严和有限自治的原则。尊严原则要求组织者在试验过程中不把受试方视为单纯的实验工具,而是具有内在的道德价值的尊严主体。有限自治原则主张受试方应该作出基于知情了解的真实同意,但其同意不能延伸到使人的身体和尊严陷入极大风险的试验,比如在上述案件所出现的重伤或死亡,以及引发伦理危机的非法试验,比如生殖性克隆人试验和人兽杂交试验。在这类试验中,受试方所作出的同意无效,而试验组织者应当承担刑事责任。鉴于我国刑法未对人体试验作出专门规范,因此有增设非法进行人体试验罪之必要。

---

① "安徽望江数十农民莫名成为'试药人'",《法治日报》:http://epaper.legaldaily.com.cn/fzrb/content/20101029/Articel04003GN.htm。

② "涉嫌对病人实施非法人体试验 有证医生被控非法行医罪",《南方周末》:http://www.infzm.com/content/101421/。

第四节 自杀行为的犯罪化

（一）自杀的违法性

自杀是个体自主地决定放弃个人生命，使得承载个人自治权的人格体消灭，并且自治权本身也丧失的行为。我国法律对自杀采取放任自流的态度，但在司法实践中协助自杀被认定为故意杀人罪，因此引发自杀的违法性之争。比如在引发广泛社会关注的"亲儿弑母案"中，广东番禺邓某在其重病在床的母亲要求之下，购买农药让他母亲喝下以致死亡。广州市番禺区法院刑事审判庭对该案作出一审宣判，以故意杀人罪判处被告邓明建有期徒刑三年，缓刑四年。① 同样,安乐死合法化问题不断进入公共视野。我国法律目前禁止医疗机构实施安乐死，在我国首例安乐死案件中，陕西汉中传染病医院医生蒲某应被害人夏某之子王某的请求，对夏某实施安乐死。尽管法院最终根据情节判决蒲某和王某无罪，但此案确立了医疗机构在帮助病人实施安乐死上所应承担的责任。② 当前社会对安乐死的需求越来越强烈，但安乐死立法仍然停滞不前。

支持自杀行为合法化的学者主要从自由主义立场进行辩护。王钢博士提出自杀并非对生命法益的侵犯，因为生命法益所保护的并不只是生命存续或者说自然耗损的状态，也包括个人根据自己的价值观念与目标设定自主地对生命加以支配和利用，从而发展自身人格、达成自

---

① "广州'孝子'弑母案一审宣判 邓明建领缓刑四年"，新华网：http://www.chinanews.com/fz/2012/05-30/3927720.shtml。

② "我国首例安乐死详尽报道 王明成与'安乐死'"，新浪网：http://ah.sina.com.cn/news/2015-01-27/detail-iczcmvun5444532.shtml。

我实现的(潜在)自由。① 因此,自杀的选择只要符合自杀者承诺的要求,而自愿地做出自杀的行动,那么这种结束自己生命的行为就是正当的。持相同立场的周光权教授援引考夫曼的主张,认为自杀行为处于法外空间,即法律秩序对相关行为放弃评价;自杀不是法律领域的负价值行为,而仅仅是属于法律上不考虑违法、有责判断的法律空白领域之内的放任行为。②

然而,自杀的违法性之争一直悬而未决,争论的核心在于自杀的本质究竟是个人自治或尊严的实践,还是损害生命权的不道德行为?上述两种支持自杀合法性的立场都站不住脚。王钢博士主张生命法益所保护的价值在于个人对生命的支配和利用而得以发展人格和实现自由,然而这种生命价值观并不能导出个人对生命的自由处置权。生命的意义和尊严在于个体发挥自治能力去实现共同善的过程中所体现的独特内在价值,这种独有的价值以我们的生命体为载体,但生命体不只是工具,也与我们的内在价值结合成为一个统一性的存在。③ 因此,结束生命体的自杀行为是对这种统一性的破坏,从而也损害了个人尊严。相比之下,法外空间说更为温和。考夫曼认为自杀既非违法,亦非合法,所以法律的态度应是既不禁止也不允许。④ 然而法外空间说仅能解释和回应个人完全涉己且自愿的自杀问题,但对更为复杂的协助自杀和安乐死所引发的社会问题和政策问题则束手无策。如果在伦理学意义上自杀损害个人的基本价值或人格尊严,那么作为宪法秩序之核

---

① 王钢:"自杀的认定及其相关行为的刑法评价",《法学研究》2012年第4期,第160页。
② 参见考夫曼:《法律哲学》,刘幸义译,法律出版社2005年版,第321—322页;周光权:"教唆、帮助自杀行为的定性——'法外空间说'的展开",《中外法学》2014年第5期,第1174页。
③ John Finnis, *Human Rights and Common Good: Collected Essays Volume 3*, Oxford: Oxford University Press, 2011, p. 220.
④ 参见考夫曼:《法律哲学》,第326页。

心价值的生命权就要求我们的法律制度对自杀问题作出全方位的规定。

本章主张,根据法律家长主义的基本立场,自杀之违法性的道德基础在于自杀行为破坏了生命这种基本善,个人无权对生命权进行处分,那么国家应该对自杀行为进行干预。因此自杀具有违法性,教唆和协助自杀的行为是犯罪。对自杀之违法性的辩护可以从两个视角进行,一是进入辩护梯度上升的过程,确立生命之价值优先于个人选择的根基地位,因此法律应当优先保护生命这种共同善。如钱叶六博士所提出的,"生命是包括自己决定权在内的一切权利或者价值的本源或者基础,因而有必要从最为厚重的保护的立场出发,应例外地承认家长主义的介入,亦即即便是自己自主地处分自己的生命,也是对个人生命法益的侵犯,从而不为法所允许"①。二是在教义学框架下对生命权进行安置。尽管我国宪法没有对生命权作出明确规定,但通过宪法中的人格尊严条款、人权条款和刑法中关于故意杀人罪的规定,可以构建出关于生命权不受自身和他人侵犯的教义学框架,从而完善我国的宪法秩序,为立法和司法提供支持。

对自杀的法律规制涉及自杀的自愿性、协助自杀的法律定性和安乐死的立法问题。自杀行为背后的动机有很多,有厌世情绪、经济压力、病痛折磨和精神疾病等各种因素。自我损害行为的自愿性与外在环境之间存在着复杂的关系。死亡是不可挽回的,因此自愿作出的终结自己生命的决定,或者甘冒死亡危险的决定,在其他条件等同的情况下,必须适用极其严格的自愿判断标准。② 在自杀的情形中,要对自杀者的自愿性作最为严格的判断,相应地,外在的胁迫或欺骗的标准就相

---

① 钱叶六:"参与自杀的可罚性研究",《中国法学》2012年第4期,第104页。
② 乔尔·范伯格:《刑法的道德界限(第三卷):对自己的损害》,第131页。

应降低。比如邪教教主唆使信徒为了某种宗教性期待而献上生命,即使信徒合理地坚信这种期待会实现,他的自杀仍然是非自愿的,在这种情况下实施教唆的教主应被定为故意杀人罪的间接正犯。

但如果自杀的选择的确是没有外在强迫或欺骗的完全自愿,则面临着自杀者和协助者的责任分配问题以及在刑事司法中如何定罪的问题。自杀者是对己义务的违反,即个体自身负有的参与而非破坏共同善的义务,而教唆或协助自杀违反了涉他义务,即在共同体生活中不破坏他人实现共同善之机会的道德义务和正义要求。[1] 因此自杀和协助自杀并非共犯,自杀不具备可罚性,而协助自杀应受惩罚。如钱叶六博士所主张的,"自杀因源于自己决定,其违法性低,不值得处罚;从刑事政策的视角来看,也欠缺处罚自杀的必要性和合理性"[2]。但自杀的不可罚性不单是因自杀者的自我决定,而更主要的是因为惩罚的本质是对共同体成员相互关系的不正义的回应和恢复,以维持合理平等和公平的理性秩序。[3] 对待自杀者,可以通过处罚自杀协助者来表明国家对自杀者生命法益的保护及对其自杀行为的谴责,另一方面通过鼓励社会成员承担道义责任和健全救助体系来表明国家的至善主义关怀。

(二)安乐死合法化问题

台湾著名主持人傅达仁因不堪胰腺癌的长期折磨,于 2018 年 6 月份在家人陪同下前往瑞士,在医生协助下接受安乐死,结束了自己的生命。傅达仁长期在台湾地区推动安乐死、尊严死的合法化,但屡屡受挫。他选择以实际行动向世人表明这个议题的独特意义。其家人于近

---

[1] John Finnis, *Natural Law and Natural Rights*, p. 261.
[2] 钱叶六:"参与自杀的可罚性研究",第 99 页。
[3] John Finnis, *Natural Law and Natural Rights*, p. 262.

期公布了傅达仁接受安乐死的视频,引发了大量的社会关注。从视频内容来看,傅达仁在生命的最后时刻由家人陪伴,家人的关爱和死亡的平静消解了生死别离的痛楚,整个过程显得温馨和庄重。然而,无法排除有人在看到这个视频之后所产生的内心震撼和可能的不适。安乐死这个古老而沉重的话题,不断地以类似形式刺痛社会的神经。

安乐死是自杀的一种,本质上是一种协助自杀。虽然自杀的对与错依然存在争议,但由于自杀在法律上的不可罚,所以除了其背后隐含的贫富差距、抑郁症等社会议题,自杀本身并未得到太多伦理学和法学上的关注。然而,安乐死这种特殊的自杀形式却长期占据最具争议的话题排行榜。特别是在西方学界,有大量的笔墨花费在对安乐死的正当性与合法性的讨论之上。虽然按照不同的分类标准,安乐死的形式有多种,比如积极安乐死和消极安乐死,自愿安乐死和非自愿安乐死,但这些区分不过是基于接受安乐死者的主观意愿程度和参与者的角色而作出的细分,安乐死的关键在于一方在另一方的协助下主动地结束自己的生命。傅达仁的事例是安乐死最为典型的情形,即不堪忍受病痛之折磨和侵扰的病患在医生或医疗机构(也可能包括家人)的协助下结束自己生命,以阻断痛苦、获得尊严。

安乐死是自杀议题的特殊形式,是帮助处于极度身体病痛和精神痛苦中的个体结束生命以消除痛苦或实现尊严的行为的统称,因此也被称为人道死亡或尊严死。安乐死问题在很多国家的立法和司法实践中都面临很多困境,在我国亦不例外。德国刑法语境中将安乐死分为三类:积极的直接安乐死,即为了减轻患者痛苦,刻意终结其生命或者加速其死亡;积极的间接安乐死,为减轻患者痛苦采用虽然符合医疗行业规范,但却可能具有缩短生命之副作用的药物为之进行医疗镇痛;消极安乐死,基于无望康复的患者所确实表达了的或者推定的意志,放弃或者中断可以延长其生命的治疗措施,从而使其有尊严地自然死亡。①在英美哲学讨论中,安乐死一般也被分为三类:自愿的安乐死,个体请求他人结束自己的生命;非自愿的(non-voluntary)安乐死,即未经请求而结束忍受极度病痛的人的生命;无意愿的(involuntary)安乐死,作为非自愿安乐死的种属,指的是在病患有能力作出请求但没有请求时就被杀死。安乐死与自杀行为有重合,比如消极安乐死或自愿的安乐死情形。但安乐死与一般意义上的自杀却存在着极大的差异,因为尝试安乐死的个体往往在生命终结的边缘忍受极大痛苦,或者已经无法再体验到生命的价值和尊严,因此关于自杀的哲学原理很难在安乐死问题上直接适用。要将安乐死问题在法律制度和社会语境中妥善处置,需要法律、医学和社会科学等各个领域的理论资源。本部分尝试以法律家长主义的一般原理来对安乐死问题中的医生协助自杀问题作一个初步的分析。

安乐死问题是一个道德难题。从法律视角来看,安乐死在很多国家都带来了立法和司法上的困难,但安乐死立法通常都避免陷入无穷尽的道德争辩之中,而且形成了相对灵活的法律教义以应对实践中的复杂情形,比如德国关于协助自杀的相关立法,中国的司法实践在填补刑法的教义学漏洞中所形成的有特色的解决方案等。② 然而,无论是从刑法视角解决安乐死问题所用到的许多概念,包括个人选择、行动能力和刑事责任等,还是从宪法角度所争论的安乐死与基本权利之间的关系,都蕴含着特定的道德理解,或者与人作为一个道德主体的地位紧密相关。从本源上来看,无论是受死者,还是协助者,都被放置在一个

---

① 参见王钢:"德国刑法中的安乐死——围绕联邦最高法院第二刑事审判庭 2010 年判决的展开",《比较法研究》2015 年第 5 期,第 90—91 页。
② 罗翔:"未知死,焉知生——一个关于安乐死的提问",澎湃研究所:https://www.thepaper.cn/newsDetail_forward_2233776。

特定的道德结构中而受到评价,人的主体地位、人与社会共同体之间的关系和人与人之间的道德关联等方面,都塑造着这个道德结构,并引发大量深刻、不可调和的分歧。

同当今时代许多反复争论的道德议题不同,安乐死涉及的是人的生命存续这个根本性问题。安乐死问题争论的核心是人的生命这一价值,当然地也就具备了在宪法层面上讨论生命权的基础,但单纯援引生命价值并不能解决其争论。安乐死的英文词"Euthanasia"的希腊词源的意思是"幸福地死亡",也即让生命的结束这件事情以一种体现道德意义的方式进行。在现代语境下,安乐死的定义范围被限制,虽然其仍然指向协助自杀,但主要指的是病患在特定的医疗处境下所作出的死亡选择。安乐死包括昏迷中的病患家属替代病患作出的安乐死决定(即消极安乐死),但学界主要争论的还是在医疗语境下意识清醒的病人所作出之决定的道德评价问题。只有这个问题得以解决,病患家属替代决定或者病患事先通过遗嘱表明接受安乐死的意愿等情形才会更加清晰。

在简单的辨析之后,我们可以把安乐死的道德困境概括为:一个处于生命绝境或者极端痛苦中的人是否可以自愿地作出决定,在家属或者医生的协助下,结束自己的生命,并获得道德上的辩护?

现代以前反对安乐死的代表性主张来自托马斯·阿奎那和康德。阿奎那认为人的生命的主权来自上帝,所以人没有权利结束自己的生命,否则就是违背上帝的诫命。康德的主张保留了宗教色彩,但只诉诸人自身的价值。在康德看来,自杀与人的最高责任相违背,因为这种做法破坏了人的所有责任的基础。[1] 与阿奎那和康德的立场针锋相对的

---

[1] Immanuel Kant, *Lectures on Ethics*, translated by Louis Infield, New York: Harper & Row, 1963, pp. 147-154.

是功利主义,这种立场常常被用来为自杀和安乐死辩护,尽管功利主义的代言人密尔反对自杀的正当性。当代的理论家在论辩时不再依赖于抽象的原则,而是确定某一个道德分析的支点,对安乐死所涉及的关键伦理判断进行建构。

除了宗教理由,反对安乐死的道德正当性的立场可以区分为以下主张:(1)生命神圣性,人的生命具有客观的、不受侵犯的内在价值和神圣意义,任何人都不应当损害生命的神圣性,即使生命处在极端的不利状态之下;(2)人的自我义务,人对自身承担特定的伦理义务,包括不损及自身利益和伤害自身生命,自杀违反了这一义务;(3)道德滑坡,如果允许处于绝症中的个人自由地决定结束生命,那么也应当允许处于昏迷之中(比如植物人)或者无法决定的人(比如出生即遭遇严重残疾的婴儿)的代理人替代他们作出结束生命的决定,也应当允许那些虽然并未处于生命绝境但仍然自愿地寻死的人结束自己的生命。

支持安乐死的立场并非与前面的立场一一对应,而是基于不同的考虑提出了支持的论证,(1)自治(autonomy)论证,人是自治主体,可以自主地安排和构建生活,也可以自主地维续或者接受自己的生命;(2)尊严论证,在绝症和病痛之中受折磨或者在昏迷状态中靠医疗手段维持的生命失去了生命本该有的尊严,而结束这种生命则可以恢复和彰显其尊严;(3)最佳利益论证,安乐死符合病痛之人的最佳利益,这种利益可能是体验性的,也可能是更深层的反思性利益。

上述提到的思想家会依赖其中的一种或几种论证来捍卫其支持或者反对安乐死的立场。他们所提出的各种主张之间是错综交织的,虽然时有交锋,但更多是将安乐死问题纳入自身的理论体系之中并加以检验。比如菲尼斯和罗纳德·德沃金都主张人的生命的内在价值,但菲尼斯认为这种内在价值构成了人尊重和保护生命的具有绝对意义的理由,而德沃金则认为生命的价值体现在人的客观重要性和人参与到其中的方式,一旦人的存在状态失去了客观意义上的重要性,那么生命的内在价值也就失去了。所以二人针对安乐死得出了截然不同的结论,菲尼斯反对任何形式的安乐死,而德沃金则为之辩护。

从各种立场的基本主张来看,支持和反对安乐死的论辩基本上是围绕个人自治和尊严这两个概念而展开。即使有一些思想家并未直接借助这两个概念,但他们的主张最终还是会落实到这两个概念的价值核心之中。因此,下面的讨论围绕这两个概念展开,梳理一下各种论证之间的分歧和面对的挑战。

个人自治是一项重要的政治价值,它不同于自由。自由的意义在于人的行为的边界,而自治则重在个人创造、构建和塑造自我生活的倾向和能力。自治是一种非常便利的能够用来为安乐死辩护的策略。如果个人可以自主地决定他的兴趣爱好、教育去向、职业生涯和生活伴侣等关键性的生活事务,那为什么他不能够决定自己的生命在何时终止,特别是当他觉得他余下的日子已经体现不出任何对生活进行掌控和塑造的可能性?傅达仁的选择让人看到一个人在决定终止生命时所体现出的对自己命运的掌控和生命的主权。如果在安乐死问题上个人自治可以发挥关键作用,那么个人自治这种价值的道德意义就变得更为完整和充实。

范伯格是这种立场的捍卫者,他主张在原则上个人自治的价值内涵包含着个体在自己生命上的主权。范伯格认为按照康德对自治的界定,实际上在自治与自杀之间并无冲突,康德对自杀的反对如同"强迫症般的奇谈怪论"。① 其次,对自治的讨论必然要提及这种价值的对立

---

① 范伯格:《刑法的道德界限(第三卷):对自己的损害》,第104页。

面,即法律家长主义。法律家长主义的基本内涵是国家可以通过法律对个体进行惩罚,使他们免于遭受自陷的损害。范伯格区分了硬的家长主义和软的家长主义。硬的家长主义指的是国家只要发现个体的选择和行为会对其造成损害,那么国家就应该干预,比如法律强制要求系安全带、禁止吸毒和决斗等。软的家长主义认为,国家只有在个体因为陷入误解或者受骗之中而损害自己时,才能对个体进行干预或强制。范伯格认为软的法律家长主义实际上只是损害原则的一种变形,本质上并不是家长主义。按照软的法律家长主义,基于病人的同意和自愿而实施的积极安乐死应该被法律所准许。

范伯格所捍卫的自治观有很多的支持者,另外一个自治理论的杰出思想家,杰拉尔德·德沃金对自治作出了更为细致的分析,[①]他同样支持医生协助之下的安乐死,他认为"避免不必要的疼痛和痛苦,以及按照自己的基本价值决定自己的生命如何终结的能力"是符合道德要求的。[②] 而罗纳德·德沃金虽然并未过多地使用自治这个概念,但他对尊严的分析中也强调了自治的重要性:"自尊原则要求在某种意义上你将自己看成是自治的,你自己必须认同那些建构你的生活的价值……你必须判断什么是为自己生活的正确方式,并抵制任何旨在篡夺这一权力的强制。"[③]

关于自治的本质,哲学上有大量的讨论。但就范伯格的自治观及其与安乐死的关联性而言,有一些理论上的难题必须要克服。自治的难题主要体现为三个方面:自治的价值源头、自治实践的识别标准与判断负担。个人自治并非因为它的自治性(autonomousness)而具备价值,

---

[①] Gerald Dworkin, *The Theory and Practice of Autonomy*.
[②] G.德沃金、R.G.弗雷、S.博克:《安乐死和医生协助自杀》,翟晓梅、邱仁宗译,辽宁教育出版社2004年版,第74页。
[③] 罗纳德·德沃金:《刺猬的正义》,第290页。

否则就会带来严重的困境。一般认为个人自治与价值或善相关,正如拉兹所讲的,只有自治有助于自治者的福利,我们才重视自治,我们把生活是自治的这个事实看作增加了它的福利。① 也就是说,个人自治的真正价值来自个人通过自治实现其福祉。在这个意义上,个人自治的识别和判断就不只是在对个体的选择倾向和心理状态进行判断,也是在对个人选择之价值意义和其背后的价值网络的关联性进行道德判断。按照一些理论家关于自治的讨论,这意味着个人的自治性判断和考量是具有社会性的,它们从社会之源那里汲取到判断的依据和素材,并且其价值在于个人的生活福祉。按照沃尔的主张,个人自治的价值来自其对好的生活的贡献,自治的实现本身并非最终目的。②

我认为从对自治的讨论中可以得出,自治这种价值本身无法作为安乐死之正当与否的最终依据。尽管这听起来是陈词滥调,但傅达仁的选择表明了自治话语在修辞上为安乐死合法化提供支持的重要情感力量,它表现出一个人在作出生死抉择时所体现出的自我主宰的决胜感。然而,自治价值不应该有这种情感效果。即使我们不援引与自治相关的生命、尊严和集体德性等价值,自治本身在医疗语境下已经陷入了困境。那些处在绝望境地、任由药物和治疗方案所支配的病患在肉体和精神折磨之中所形成的判断既缺乏良好的理性基础,也难以享受到各种价值给他们的生活福祉所带来的益处。在这种情况下,主张病痛者基于自治而自愿地接受积极安乐死,即使结论上能获得支持,但其推理也是不成立的。

范伯格用了很多篇幅讨论实施积极安乐死的病人的自愿性问题,他借助哲学家雷切尔斯提出的一个最低方案,即"承认仁慈地杀害可

---

① 约瑟夫·拉兹:《公共领域的伦理学》,第141页。
② Steven Wall, *Liberalism, Perfectionism and Restraint*, p. 145.

以作为对谋杀指控的抗辩,正如正当防卫可以作为抗辩事由",提出判断病患自愿和实施安乐死的理想方案。① 然而,在这种语境下,病患的决定,是出于对医生、病情所作之专业判断的回应,对自身之生命质量的判断,还是对亲属的负担的感受?究竟如何能够体现出自愿性?德沃金区分了临终之人对生命的体验性权益和批判性权益,体验性权益是在生活之中的经历性活动所享受到的利益,比如运动的乐趣,批判性权益指的是对于生命来说具有反思意义的那些利益。② 德沃金认为批判性权益与人的完整性有关,只有完整的人生才是值得过的。这个主张有积极和消极两层含义,积极方面在于结束生命可能符合病人最好的批判性利益,消极方面体现在政府和公众并无能力替他们判断在绝症和痛苦之中的最佳利益是什么,他们难以想象斯蒂芬·霍金在轮椅上所作出的巨大贡献,也无法体会一个生命在苟延残喘中的绝望和无助。因此,由政府来阻止病人或家属在安乐死事务上的自主选择并不合理。

前面提到,如果个人自治不结合尊严等其他价值,那么其对安乐死的道德判断的作用非常有限,而且也会陷入滑坡论证的挑战之中。尽管现在滑坡论证很少被作为一个独立的理由,但不论是支持还是反对安乐死的主张,都需要将滑坡论证纳入考虑之中。滑坡论证有两种类型:逻辑意义和实证意义的滑坡论证。逻辑意义的滑坡论证容易论证,比如如果我们允许积极安乐死,那么也应该允许消极安乐死,但这一推理也容易被推翻。实证意义的滑坡论证会成为强化反安乐死立场的一个理由,比如有研究指出荷兰安乐死在合法化之后的实施人数逐年攀

---

① James Rachels, *The End of Life: Euthanasia and Morality*, Oxford: Oxford University Press, 1986.
② 罗纳德·德沃金:《生命的自主权》,郭贞伶译,中国政法大学出版社2013年版,第259—260页。

升,而且逐渐从积极安乐死转向消极安乐死。① 滑坡论证并不像很多论者认为的那样不堪一击,虽然其他社会因素会改变滑坡的状况,比如法律改革。② 当然这种实证证据究竟在何种程度成为安乐死禁令的理由,仍然需要回到关于安乐死的道德论辩之中,其中大多数都是围绕尊严而展开。

基于个人自治论证安乐死正当性的一个局限在于它必须依赖于某种关于生命之价值和尊严的更为实质的论证。当代诉诸生命之善好和价值来反对安乐死的旗手是菲尼斯。菲尼斯有天主教背景,但他受阿奎那启发而提出的新自然法理论却是一种世俗学说。菲尼斯主张生命是一种客观和基本的善,而基本善和实践合理性为人的实践推理和道德理由提供了基础。生命这种人所共有的基本善好的体现是人性(humanity)。在菲尼斯看来,人性是人作为一个鲜活的、实在的生命体所具有的生活能力,体现在自由选择、创造、合作和享受的全部生命历程之中。③ 人的尊严正是人性的外显。对生命和内在于生命福祉中的善好的尊重要求人不能作出任何终止生命的选择来破坏这种善。无论是病患者本人,还是家属和医生,都不应该违背这一符合实践合理性的道德理由。菲尼斯同时也批判了安乐死的支持者背后的两个错误预设:(1)在某些情况或环境下的人之生命不再具有任何内在价值和尊严;(2)如果某人的生命被有意地终止,那么世界会变得更好。

德沃金同样援引生命的价值和尊严概念,但他的论证与菲尼斯迥然有别。德沃金认为生命的价值体现在两个方面,一是生命固有的客

---

① John Keown, "Euthanasia in the Netherlands: Sliding Down the Slippery Slope", *Notre Dame Journal of Law, Ethics & Public Policy*, Vol. 9, No. 2, 2012.
② Penney Lewis, *Assisted Dying and Legal Change*, Oxford: Oxford University Press, 2007.
③ John Finnis, *Human Rights and Common Good: Collected Essays Volume* 3, p. 219.

观重要性,二是人本真地参与到有价值的生命的构建之中。二者结合也构成了人之生命的独特价值,即尊严。① 尊严构成了人的伦理和道德生活、政治和法律生活的道德支点,同时也是政治正当性的基础。如前所述,在安乐死问题上,德沃金认为病患自己和家属能够就病人自己的生命存续是否能体现和有助于人的客观重要性来判断是否可以终止病人的生命;安乐死在某些时候能够体现人的生命的神圣性,因此也能维护人的尊严。

安乐死有时被称为"尊严死",指向的不是生命的终结维护了尊严价值,而是死得体面和无痛苦,正如傅达仁在亲人陪伴之下无痛苦地度过了生命的最后时刻。但从伦理学上来看,能够证成安乐死之正当性的唯一出路是诉诸尊严,否则所有倾向于安乐死的社会和法律政策都会处于道德真空之中。然而,正如石黑一雄在《长日将尽》中所讲的,"尊严如同女人的美,分析它是没有意义的"②。尽管菲尼斯和德沃金都提出了强有力的尊严观,但尊严究竟有着怎样的内涵,以及如何进入关于安乐死的道德推理之中,却仍然存在着很多争议。

正如其自然法理论一样,菲尼斯关于生命之价值的论证面对的困境是基本善的善好如何推导出道德实践的一系列原则和理由。生命是不可侵犯的,那么在战争中杀人是正当的吗？如果说尊严是存在于人的参与和创造生活的能力之中,那么是否意味着一个人在完全没有此能力的状态下,他的尊严就降至最低甚至丧失？菲尼斯对此的回应是处于孕育、昏迷或者濒死之中的人在人的具体实在形态上是不完整的,但不能据此否认他们的内在价值。支持安乐死的人是以处于生命边缘的人已经不具备价值为前提作出的判断,因此他们实际上是对人的价值

---

① 罗纳德·德沃金:《刺猬的正义》,第224页。
② Kazuo Ishiguro, *The Remains of the Day*, London: Faber & Faber, 1989, p.33.

的否定,所以是不正当的。

德沃金基于人的尊严而作出的人的道德责任的判断能部分地回应这一指控。尊严构成了别人如何对待本人的道德理由。在医疗伦理学的语境中,按照德沃金的主张,无论是家属还是医生,他们的道德责任都在于维护病人的生命完整性,即他们是否能够体现出生命的重要性,这一责任不是直接来自人的生命完全排斥干预的不可侵犯性,而是处于病痛中的个体实现其重要性的必要性。在这个意义上,医生为那些甘愿摆脱痛苦而终结生命的人提供协助,是在践行他作为一个医治者应有的责任。医生的角色是极为复杂的,他们一生之中要处理无数关乎生死的疑难情形,但在界定医生的道德责任时,核心要素不是人的生命的客观价值——毕竟医生面对的大多是生命残缺的个体——而是基于病患的尊严而产生的道德理由。

但基于德沃金关于人的尊严的两条原则,界定医生协助实施安乐死的正当性的论证是没有说服力的。如果我是一个医生,你是一个病患,我基于专业的医疗知识对你的疾病作出诊断和治疗,我的责任是来自我医生的身份。医生的身份包含着两层含义:一是我认同我的角色并基于我的能力以专业的方式进入这种实践之中,二是我通过治疗创造着医疗实践的内在价值。为什么说一个重症之人被治好这件事是好的?因为我的医疗技术的恰当运用改变了对方的身体状况。他的生命价值得以彰显,是因为我的技术实践与他的病理以一种合乎理性的方式碰撞。如果说我的医疗责任是因为我应当以尊重他的自尊和本真性的动机来对他进行诊疗,这既改变了我在医疗实践中进行道德推理的方式,也加重了我的道德判断负担。

在这个意义上,以病患有接受协助自杀的道德权,或病患之尊严给医生提出了协助的道德责任为依据论证医生协助自杀的合法性都不合理。安乐死合法化只能以一种非道德论证的方式改变医生与病人之间的责任关系,并强化医疗机构在判断协助自杀之边界的垄断权。这样做只会强化滑坡论证的效力。有些国家(比如荷兰和瑞士)当然可以接受安乐死合法化所带来的各种结果,但其背后的道德难题并没有得到解决。

反对安乐死的论证是否具有说服力?从前述内容看,各种反对的立场仍然不能让人完全满意。但提出一个新的框架确实存在很大的难度,这也是近几年安乐死的理论争论和立法进程都迟滞不前的原因。不同于同性婚姻等道德争议和基因编辑等技术争议,安乐死涉及人的生死困局,因此在伦理上可以持续争论,但法律上的每一个决定都会带来重大的、甚至是难以预料的后果。① 如何从伦理视角面对安乐死所引发的社会问题,比如对那些在绝望之中等待死亡之人的关怀和救助,确实是一个棘手的问题。有两个因素可以缓解这些问题。一是基于生命之价值而形成的怜悯和关怀准则,可以通过完善医疗救助来更多地体现对临终和绝症之病患的人道关怀。二是基于一种温和的家长主义立场,国家应当基于病患者的福祉而制定更为健全的医疗伦理指引原则,以及完善社会救助,直至进行成熟的立法。这些当然是不够的,但对安乐死伦理反思的目的就是激发出以尊严为中心的伦理解决方案。

傅达仁赴瑞士接受安乐死,是因为他在台湾地区推动安乐死合法化的尝试不断受挫。实际上,在全世界,允许安乐死的国家和地区属于极少数。在一些国家,比如德国,安乐死的合法化问题通过立法和联邦法院的判例加以解决,但近几年德国安乐死的法律实践也出现了一些变化,德国法院放弃了对积极安乐死和消极安乐死的区分,而采取了将

---

① Thomas D. G. Frost, Devan Sinha & Barnabas J. Gilbert, "Should Assisted Dying be Legalised?", *Philosophy, Ethics, and Humanities in Medicine*, Vol. 9, No. 3, 2014.

中断治疗的安乐死予以合法化的做法。在中国,自1986年第一例由医生实施的安乐死事件以来,公开报道中并无医生协助自杀的案例,但亲属协助自杀的事例不断出现。法官以一种不同于西方世界的责任认定方式解决这些案例中法律与情感的纠缠难题。傅达仁事件再次引发社会对安乐死问题的关注。很多评论指出当前我国的社会条件使得安乐死合法化的时机还不成熟,比如医疗保障的缺失和传统的亲情伦理观念的束缚。但这也可能是一个托词,我国社会正在经历巨变,技术的进步(比如基因编辑技术)正在深刻改变医疗方式和社会互动方式。或许我们处于这样一个时代,安乐死是一个必须要以法律面对的社会议题,然而关于安乐死的伦理争论还未完全展开。

第五节 结语

本章对法律家长主义的基本立场作出了辩护,并对刑事立法领域中涉及自我损害行为之惩罚的社会争议作出了回应。国家能否对损害自身福祉和利益的自损行为进行干预或惩罚,追问的是国家在公民良善生活中所应承担的责任,法律家长主义给这个问题提供了肯定性答案。法律家长主义作为一种证成性的政治道德立场,在社会共同体实践背后的价值网络中占据着重要且独特的位置。自治和尊严是公民良善生活的核心要素,也是现代社会政治实践的道德力量来源,然而通过本章的澄清可以看到,自治和尊严在更为根本的意义上是通过共同善展现其道德力量的。法律家长主义是国家在公民共同善事业上所担负的实质角色的反思性力量,在公民个体事务的繁荣与国家政治行动的本旨之间建立有机的关联。这种关联在法律实践中展现为法律家长主义的教义性安置,即经过辩护梯度上升的过程,通过探求为人的行动提供理由的法律命题之真值而进入法律实践背后交织的价值世界,同时在构建法律命题的立法和司法活动中将法律家长主义的基本立场嵌入法律秩序之中。这种教义性安置在法律命题的意义上体现为被害人同意的理论定位,而在刑法的具体实践中则体现为自我损害行为的犯罪化问题。通过对被害人同意的理论原理进行分析可以得出,法律家长主义与犯罪化原理能够融贯地结合,因此能够在有偿代孕、器官买卖和自杀等议题上提供有效的立法指引。法律家长主义在道德立场和实践适用上能够充分地展现出其价值和力量。

第四章
法律道德主义

2016年初,"快播涉嫌传播淫秽物品案"(后文简称"快播案")公开审理,引发了激烈的社会争议。① 尽管庭审和社会舆论围绕着快播公司的技术平台是否放任了淫秽物品的传播而展开,然而推动这一案件陷入舆论漩涡的真正力量,是社会公众对淫秽物品的道德态度的急剧转变。淫秽物品不再被视为"洪水猛兽",而是能够带来感官快乐的生活材料和免除禁制、偏见和权力压抑的力量。这种转变同样也获得了学理上的支持。比如有学者主张,淫秽的本质是宪法应予保护的性表达自由。② 美国已故法理学家德沃金也曾追问,人们有阅读淫秽作品的权利吗?在他看来,人们拥有道德权利或政治权利,禁止他们出版、阅读或者沉迷于淫秽图书和影片是错误的。③

从"快播案"之争可以看出,技术的发展创新和社会交往形式的变迁改变了公众原先所依赖的价值系统和推理形式,使人们过去作出的很多选择陷入道德争议之中,而这些社会道德困境具有深刻的宪法和

---

① 王峰:"快播案涉黄四大争议焦点",http://m.21jingji.com/article/20160108/herald/089ca3b1da6508652ab0b114091cb2a3.html。
② 参见张清、许蓓:"淫秽的宪法分析——性表达自由的视角",《法律科学》2011年第2期。
③ 罗纳德·德沃金:《原则问题》,第464页。

道德意涵,它们关乎权利与社会共同体的关系以及权利的道德基础。①在社会转型的背景之下,近几年国内反复出现的一些与"快播案"相类似的具有公共意义的道德纷争,比如虐待动物、以行为艺术为名义的公开性展示、聚众性活动、网络平台上的裸聊和商业代孕等现象,引发了激烈的社会争论,也在叩问法律治理的程度和界限。这些争议虽然内容各异,但都存在一个共通的道德和法律困境:如果行为只是违反或冒犯了社会道德观念,而没有具体的和可实证化的损害,那么这些行为是否应当受到法律评价或者干预?

在法律实践中,这些争议贯穿在公序良俗原则的适用和不道德行为的犯罪化难题之中。公序良俗原则的司法适用呈现出比较混乱的局面,裁判者自身也无法对公序良俗给出一个清晰的界定。②而不道德行为的犯罪化问题则更能刺激社会争议的神经。自从 2010 年南京某大学的马尧海副教授因组织换偶活动而被判处聚众淫乱罪以来,有关此类行为的争议反复出现。③ 该争议的核心问题在于:基于现有的实证数据和价值多元化的社会境况,换偶、裸聊等不道德行为并不会对他人造成实际的损害,其不道德性只是来自对通行社会道德观念的违反,因此法律对此的干预或惩罚就面临着正当性难题。

本章以法律道德主义为线索,对道德争议的本质、法律干预道德生活的正当理由以及立法和司法如何回应道德争议等问题进行分析。法律道德主义主张国家应当以法律的形式促进社会成员过上有价值的生

---

① 参见刘茂林、秦小建:"人权的共同体观念与宪法内在义务的证成——宪法如何回应社会道德困境",《法学》2012 年第 11 期。
② 参见李岩:"公序良俗原则的司法乱象与本相",《法学》2015 年第 11 期。
③ 2010 年,"马尧海聚众换偶案"在南京秦淮区法院进行了公开宣判。马尧海等 22 人以聚众淫乱罪被追究刑事责任。马尧海对自己行为的社会危害性和违法性始终缺乏清醒的认识,被从重处罚,获刑 3 年 6 个月。其他人由于认罪态度较好,被判缓刑到 3 年 6 个月不等。据了解,他们成为 20 年来第一批因为"聚众淫乱罪"而获实刑的人。

活,因此在必要的时候可以对不道德行为进行强制。① 法律道德主义在宪法意义上可以体现为国家在社会文化生活中扮演的辅助角色,而在部门法中则体现为对特定行为进行合法性判断的道德理由。然而,社会成员在道德价值判断上的广泛分歧和国家干预道德生活的手段的妥当性等问题不断给法律道德主义带来挑战。法律道德主义要为国家对社会道德事务的治理提供依据,就必须回应这些挑战。

第一节 道德争议的本质与伦理客观性困境

(一)道德争议的本质和困境

从实践理性的角度来看,道德争议的本质是社会中的人们对做出某一行动的道德理由的对与错存在理性分歧。实践行动的结构是个体基于某些理由而做出某种举动。理由赋予行动以合理性和正当性。② 道德争议的出现,意味着人们对做出某种道德行动背后的正当性理由产生了分歧,比如换偶活动的参加者认为,换偶是一种性自由实践,性自由是人作为自由的个体所应该具有的正当权利之一。反对者则认为,换偶行为违反了社会风尚,社会风尚提供了批判该行为的正当理由。

历史变迁、文化融合和技术发展等都加剧了道德争议的出现,全球化时代的到来给传统的道德观念带来了极大的冲击。例如美国最高法院 2015 年在 Obergefell v. Hodges 一案中将同性婚姻合法化,彻底改变了美国社会传统的一夫一妻婚姻结构。科学技术的发展也不断重塑人

---

① 参见郑玉双:"法律道德主义的立场与辩护",《法制与社会发展》2013 年第 1 期。
② Robert George, *Making Men Moral*, Oxford: Oxford University Press, 1995, p. 8.

们的观念,网络裸聊、代孕等行为依赖的就是互联网技术和辅助生殖技术的进步。人们做出行动的实践理由和道德推理发生改变,道德争议的治理难题由此出现。2002年引起广泛社会关注的"四川泸州遗赠案"的判决将婚姻关系之外的情人关系视为违反公序良俗,从而否定了将遗产赠给情妇的遗嘱的效力。① 十几年以来,尽管法院在类似案件中仍然会尽可能地尊重公序良俗原则,但社会对于婚外情等行为的态度已经出现了极大的转变,所以公序良俗原则的司法效力也受到进一步的追问。

这个难题的理论面向体现为三点。(1)道德理由具有客观性,还是只是人们的情感或社会意识的主观表达?(2)如果存在客观和确定的道德理由,那么人们如何知道这些理由?(3)国家是否应当以及如何帮助人们选择正确的道德理由?这三个面向分别涉及道德争议的法律治理的理论难题的三个层次:元理论问题、规范问题和教义学问题。② 元理论问题追问的是支持人们做出某种行动的道德理由是否具有确定性和客观性,按照道德实在论的主张,道德理由是实在的,具有确定性和客观性。③ 反实在论者则否认这一点,主张道德争议是道德世界的真实本质。④ 关于道德争议的元理论问题影响着规范问题,规范问题包含两个方面:一是人们应该如何过上道德生活,二是国家在公民的道德事务中应该承担的角色。教义学问题则是规范问题的延续,如果国家在公民的道德事务中应扮演实质性的角色,那么国家如何通过立法、司法和法律解释来回应广泛的道德争议?这三个层次的展开

---

① 张学英遗嘱继承纠纷案,(2001)泸民一终字第621号民事判决书。
② 陈景辉:"法理论为什么是重要的",《法学》2014年第3期。
③ 迈克尔·史密斯:"道德实在论",载拉福莱特编:《伦理学理论》,龚群译,中国人民大学出版社2008年版,第18—42页。
④ 反实在论的代表性学者是约翰·L.麦凯。参见约翰·L.麦凯:《伦理学:发明对与错》。

以元理论问题为起点,因此要解决道德争议的难题,首先需要面对道德实在论与反实在论之争。

(二)道德争议否定伦理确定性吗?

道德争议的解决不同于法律争议,因为道德争议背后并没有类似法律的权威来源。一个观看淫秽视频或者参与换偶活动的人可能的确会从中获得快乐,但社会通行的道德判断会与这种快乐相冲突。这导致了伦理不确定性(ethical indeterminacy)的难题。① 淫秽视频的消费者或换偶参加者的理由和社会道德观念可能都只是一种个体心理和社会心理的动态集合,或者都是真实有效但相互冲突的理由。

伦理确定性指的是伦理判断存在着真值条件,因此人们可以对一些道德问题给出确定的答案。道德实在论者认为存在着客观的道德事实,并且有真的道德命题。② 然而,在当代道德哲学的讨论中,道德实在论遭到了激烈的批判。反对道德实在论的观点主要有:(1)存在着广泛且深刻的道德争议,这些争议是真实存在的;(2)道德主张不是对道德事实的反映,而是对情感和意志的表达;(3)道德主张是对道德事实的反映,但这种事实并不能被认知和发现。③ 人们可以对道德问题作出判断,比如奴隶制是错误的。但道德判断并非像事实判断那样通过事实验证就能确定。反实在论者认为,道德争议是真实存在的,并不存在客观的道德事实,古希腊人对奴隶制的拥护与我们对奴隶制的反对同样都是基于真实和真诚的理由。从元理论的视角来看,反实在论

---

① Russ Shafer-Landau,"Ethical Disagreement, Ethical Objectivism and Moral Indeterminacy",*Philosophy and Phenomenological Research*, Vol. 54, No. 2, 1994.

② David Brink,"Moral Realism and the Sceptical Argument from Disagreement and Queerness",*Australasian Journal of Philosophy*, Vol. 62, No. 2, 1984, p. 111.

③ 约翰·L.麦凯:《伦理学:发明对与错》,第25—31页。

提出的主要挑战在于否定了道德命题的真值性。一旦道德命题的真值性被否定，那么在规范层次和教义学层次，道德争议就不再是国家规制的领域。然而，我们可以从三个方面来回应道德争议对道德实在论的挑战：（1）伦理确定性是不证自明的；（2）基于理想判断者而建构出伦理客观性的语境，可以化解道德争议；（3）即使理想判断者在建构中仍然面对伦理不确定性问题，这也不会否定道德实在论。

首先，道德争议并不能直接否定伦理确定性，正如科学研究中的争议不能否定科学真理一样。有一些道德主张是不证自明的，这一点符合我们的道德直觉和道德实践的形式，它指的是如果我们充分地理解和认真地思考一个主张 P，比如杀人是错误的，那么这足以让我们相信 P。[①] 我们对主张 P 的相信来自它的不证自明性，道德主张的不证自明有两层意涵：一是道德命题的真值性投射到我们的信念中，二是存在着一些确定的基本道德主张，比如生命是有价值的、我们应该尊重他人等。然而，道德争议对基于不证自明的伦理确定性提出了挑战，深刻的道德争议制造了棘手的认识论困难，使得人们难以判断哪些基本主张是真的。比如，淫秽物品的制作在道德直觉上是错误的，但却被解释为符合美国宪法第一修正案所保护的表达自由。因此，在认识论意义上，我们无法就淫秽物品的对与错作出最终的判断，这破坏了道德主张的不证自明性，也就进一步否定了伦理意义上的确定性。

要回应这一挑战，需要从（2）、（3）两个方面分析。如果道德争议的双方是真诚的，那么他们应该赞同进入一种理想的判断环境之中，在完全掌握特定情景的信息之后对道德主张的真值性进行判断。在这个建构主义的过程中，理想的判断者要么就道德主张的真值性达成一致，

[①] Russ Shafer-Landau, "Ethical Disagreement, Ethical Objectivism and Moral Indeterminacy", p. 247.

要么仍然保持争议。① 要实现第一种结果,需要满足两个要求:一是判断者能够发现道德事实,二是这些事实能够与他作为道德主体的身份相关联。如果判断者不能发现关于淫秽物品是不是好的这个问题的道德事实,或者这些道德事实并不能影响他的选择,那么伦理确定性就失去了意义。通过引入一种功能主义的实在论理论,我们可以克服这种困难,使理想情景下的判断者能够就伦理确定性达成一致。功能主义的实在论强调,道德事实不同于自然事实,而是关于人的福祉和繁荣的事实。② 淫秽物品的消费和换偶行为是对还是错,是关于人的福祉和繁荣的事实性判断。这些判断的真值并不来自这些行为是否会带来实际的身体和精神损害,而是它们与人的福祉之间的内在关系。如果淫秽物品的消费对人的福祉构成内在的威胁,那么这种行为的不道德性在伦理上就是确定的。根据上述分析,道德实在论是一种理论依赖的立场,同时也向规范理论保持开放。这意味着我们要确立一种恰当的道德理论来充实我们对人的福祉和繁荣的理解,同时也要挖掘道德争议的社会和法律意涵。

第二节　基于共同善的法律道德主义

(一) 法律如何介入道德实践

道德争议在共同体生活中要经历一个社会化的过程,这个过程使

---

① Russ Shafer-Landau, "Ethical Disagreement, Ethical Objectivism and Moral Indeterminacy", pp. 339-341.

② David Brink, "Moral Realism and the Sceptical Argument from Disagreement and Queerness", p. 115.

得道德争议的治理变得棘手。一方面道德争议引发了严重的认识论挑战,人们无法准确地把握客观价值如何在实践中呈现其价值意义,社会生活中反复出现的虐待动物、安乐死、见危不救等争议,体现了这一认识论难题;另一方面在道德争议的社会化过程中,国家介入公民的道德事务的原则和界限难以确定。

政治和法律实践的一个基本目标是解决公共分歧,使共同体成员有公开确定的行动理由作为指引。在此过程中产生了权利、自由和权力的限制等政治道德。宪法制度可被视为政治道德的法律框架,如德沃金所说,"构建了一个社会的公民的平等和自由的大纲"①。社会个体能够享有自由缔结合同、接受教育、享受艺术和身体、财产不被侵犯的权利,这是政治道德的制度实践,但这种政治道德实践却区别于公民个体的道德生活。因此,政治道德实践就呈现为一个二阶的道德结构:一阶的个人福祉由各种客观的价值构成,为人们的行动提供各种理由;二阶的权利、自由和公平等政治道德原则的制度性实践引导并促进一阶价值的实现。

道德争议所带来的认识论挑战和制度困境在这个二阶道德结构中的表现是,社会既难以在一阶层面确立人的福祉的价值构成从而消除道德争议,又难以构建合理的制度框架来确保二阶目标的实现。法律对于道德实践的介入,是在这个二阶结构中不断调适的复杂过程的一部分。法律以权利和自由构建法律制度的基础规则模式,通过宪法、刑法和民法等基本法律对关乎人的福祉的最基本方面加以保护和促进。在规范理论中,对这个过程作出说明的基本理论可以分为两类:一类是中立的自由主义立场,一类是政治至善主义立场。中立的自由主义将

---

① 罗纳德·德沃金:《自由的法》,刘丽君译,上海人民出版社2001年版,第103页。

自由视为一阶的个人福祉的核心内容,把道德中立视为二阶的道德原则的基本特征,从而消除道德争议对二阶道德结构的冲击。① 在道德争议的法律治理问题上,道德中立的二阶原则被具体化为损害原则,即只有对他人和社会的利益带来不法侵害的行为才是法律应该干预或惩罚的行为。② 社会秩序和道德观念应该是最大限度尊重和保护个人选择和自由的宽容观念,因此换偶、裸聊、代孕等行为并非有违社会秩序和道德观念的行为。③

与之相对,政治至善主义主张国家应该促进人们过上有价值的生活,个人福祉内在于权利、自由等政治道德话语。④ 因此,二阶的政治道德结构是通过法律来保护个人福祉的善好的制度设置,具体表现为通过法律确立公民个体福祉的基本方面,通过促进或惩戒的方式让人们作出有价值的选择。政治至善主义在认识论上主张存在着客观上有价值的生活方式,在制度实践上主张国家在公民个体的良善生活上承担实质的责任。⑤ 在道德争议的难题上,政治至善主义体现为一项子原则,即法律道德主义。法律道德主义具有规范层面和教义学层面的双重意涵,它指的是国家应该以法律的形式促进社会成员过上有价值的生活,因此在必要的时候可以对不道德行为进行强制。⑥ 法律道德主义在宪法意义上可以体现为国家在社会道德文化生活中扮演的辅助

---

① 杰里米·沃尔德伦:"立法与道德中立性",唐玉译,载应奇编:《自由主义中立性及其批评者》,江苏人民出版社2008年版,第132—134页。
② H. L. A.哈特:《法律、自由与道德》;乔尔·范伯格:《刑法的道德界限(第一卷):对他人的损害》。
③ 参见孙海波:"道德难题与立法选择:法律道德主义立场及实践检讨",《法律科学》2014年第4期。
④ 史蒂芬·沃尔:"至善主义",孟媛媛译,载郑永流主编:《法哲学与法社会学论丛》第20卷,法律出版社2015年版,第1—17页。
⑤ Steven Wall, *Liberalism, Perfectionism and Restraint*, pp. 7-8.
⑥ 郑玉双:"法律道德主义的立场与辩护",第123页。

和支持角色,在部门法中则体现为对特定行为的合法性进行判断的道德理由。

(二) 基于共同善的法律道德主义

法律道德主义的传统支持者如詹姆斯·斯蒂芬和德富林主张一种社会崩溃论的法律道德主义,但这种立场将社会既有的、可能充满偏见的传统道德观念作为评价标准,遭到了激烈的批判。[①] 其他代表性版本有罗伯特·古丁(Robert E. Goodin)的认识论法律道德主义和达夫的温和的法律道德主义。古丁认为法律应当追寻道德,因为追寻道德使得法律可以成为社会所期待的那样来引导人们的行为。[②] 但这种版本的认识论立场和实用主义色彩使得他的主张难以与德富林的流行道德观相区分。达夫主张,如果一种行为构成了公共过错,那么我们就有理由使之犯罪化。通过将某些行为规定为犯罪,社会传达了公共生活的慎思过程和价值立场,以及对犯罪行为的公共谴责。[③] 但达夫的立论是在自由和多元社会的前提下维护损害原则,因此实际上更贴近中立的自由主义的立场。

要构建一种成功的法律道德主义立场,需要在元理论层面和规范层面同时进行辩护。前面已经提到,引入功能主义的实在论理论可以克服理想情境中判断者的一致性难题。我们可以以共同善这个概念为中心来充实这种功能主义的实在论。共同善是人的福祉的最为基本和

[①] 詹姆斯·斯蒂芬:《自由·平等·博爱:一位法学家对约翰·密尔的批判》,冯克利、杨日鹏译,广西师范大学出版社2007年版,第124页;帕特里克·德富林:《道德的法律强制》。

[②] Robert E. Goodin, "An Epistemic Case for Legal Moralism", *Oxford Journal of Legal Studies*, Vol. 30, No. 4, 2010, p. 615.

[③] R. A. Duff, "Towards a Modest Legal Moralism", *Criminal Law and Philosophy*, Vol. 8, 2014, pp. 229-231.

重要的方面,比如知识、生命、实践合理性、审美、友谊等。这些善是人们进行选择和行动的基本依据,塑造了实践推理特别是道德推理的结构,并且赋予社会交往和人类选择以意义。① 在二阶的道德结构中,共同善提供了确立良善生活的认识论资源,也给政治和法律实践的制度设置提供了道德证成。那么,法律道德主义如何能够从共同善的原理中得到辩护?

首先,在元理论层面,共同善是关乎每个人的福祉的具有确定性和不证自明性的善好。第一,共同善所提供的理由是基本的,无须再依赖于其他证成理由,因此共同善是不证自明的,它内在地规定了人类选择和行为的最终依据,比如生命是最基本的善,知识是个体和社会理解自身并进行实践推理的基本内在方式。② 第二,作为共同善之一种的实践合理性决定了人们要参与到共同善之中,并且在实践之中具体化为实践推理的基本理由。共同善大致可以分为实质的善和反身性的善两类。生命、知识、游戏和审美是实质的善,尽管人们可以通过选择寻求它们而得以实现,但每一种善都由我们所分享,它们先于并且脱离我们的选择以及我们的选择所预设的实践理解。③ 社会性、实践合理性和友谊是反身性的善,它们只能在人们追求这些善的选择中得以实现,个体的选择嵌入反身性善的定义之中。

其次,共同善构成了人们行动的基本理由,使得元伦理层面的伦理确定性可以妥善地转化为规范层面的保护价值的社会性和制度性实践。社会成员参与和追求共同善的实践伴随着政治制度的建立和法律体系的构建。这种实践贯穿在社会生活的四层秩序之中:(1)自然秩

---

① John Finnis, *Natural Law and Natural Rights*, pp. 126-127.
② Ibid., p. 100.
③ Robert George, *Making Men Moral*, p. 14.

序;(2)根据逻辑学、方法论和认识论来研究的秩序;(3)存在论的秩序,由人们将自己的实践、行动和存在纳入其中的那个秩序;(4)人们可以智慧地创造的秩序,置于人文科学、工艺学、语言学和修辞学的研究之中。① 共同善经由这四层秩序而转化为人们在实践中的各项理由和选择,从而展现出价值的确定性和社会化。首先,价值体现了人的福祉和幸福的基本方面,提供了实践推理的基本原则。其次,人们在追求共同善的过程中,进入四层秩序的构造中而形成了中介性的道德原则和法律,这些原则要求人们公正行事、作出好的选择、将个人成就和繁荣视为重要之事,因此个人自治成为个人成就和发展的重要条件,人们有责任追求道德事业。法律制度是人们在第四层秩序对于共同善事业的回应,是在没有获得全体一致同意的情况下作出社会选择的技术,以保证调整人们的行为来获得或接近全体一致性。②

根据这两个方面,法律道德主义的二阶道德结构被建构起来,基于共同善的法律道德主义可以被表述为:国家应当以法律的制度形式促进和保障人们更好地参与和实现共同善。法律体系是第四层秩序的构造,通过提供一致的行为标准为人们追求共同善提供框架。法律是行动的权威性理由,通过一致的行为要求(包括实质的和程序的)来约束人的行动,然而这些要求却又直接将人们导向中介性的道德原则或者基本善要求,比如法律中不可伤害别人、要遵守诚实信用原则、夫妻之间要忠诚等要求。基于共同善的法律观将价值世界与人们的实践沟通起来,法律引导人们参与到共同善之中,并且自身也受到实践合理性的约束,因而具备了独特的二阶价值,比如法治、公平和程序正义等。③

---

① John Finnis, "Natural Law and Legal Reasoning", *Cleveland State Law Review*, Vol. 38, No. 1, 1990, p. 5.
② Ibid., p. 6.
③ John Finnis, *Natural Law and Natural Rights*, p. 270.

在道德争议的法律治理中，基于共同善的法律道德主义原则体现为两个面向：第一，法律道德主义为道德争议难题的解决提供了一个二阶的道德总纲，即国家有责任在复杂的道德争议之中确认哪些价值是值得保护的，而非保持中立；第二，法律道德主义在具体的实践中表现为不同的形式，比如在私法和社会法中体现为文化塑造意义上的公序良俗原则，在刑法中体现在对道德不法行为，比如聚众淫乱、淫秽表演、淫秽物品的制作和销售等破坏共同善的行为的惩罚。根据现代化语境下共同善的实践途径多元的社会状态和充分尊重个人自治的价值诉求，法律应该坚持一种文化上保守、规制上宽容的道德主义方案。

第三节　法律道德主义的文化功能：对公序良俗原则的重构

2002年的"四川泸州遗赠案"使得公序良俗原则成为法学研究的热点。在该案中，法官以违反夫妻忠实义务为由判决黄永彬赠给情妇张学英财产的遗嘱无效。[1] 支持者认为该判决维护了社会公德和良好风尚，重申了夫妻之间相互忠诚的婚姻义务。而反对者则质疑公序良俗的强伦理化色彩压制了个人自治这一私法基本价值，并且认为法官有越界作道德审判之嫌。[2] 在更深层的意义上，该案的理论困难不在于公序良俗原则与私法自治的简单二元对立，而在于应该如何对公序良俗原则进行理性重构。[3] 如果只是将公序良俗理解为流行的和可变动的道德观念，那么公序良俗在与私法自治这一王牌价值的冲突中必

---

[1] 张学英遗嘱继承纠纷案,(2001)泸民一终字第621号民事判决书。
[2] 参见易军："民法上公序良俗原则的政治哲学思考",《法商研究》2005年第6期。
[3] 参见谢潇："公序良俗与私法自治：原则冲突与位阶的妥当性安置",《法制与社会发展》2015年第6期。

然会败下阵来,也就在法律推理和法律解释中失去规范效力。如果将公序良俗视为反思批判道德层面的理性观念,那么公序良俗与私法自治之间的关系就变得复杂起来。

在反思批判层面重建公序良俗和私法自治的关系,道德争议的难题就成为理解这一关系的核心,而法律道德主义的重构可以为解决这一难题提供新的思路,从而维护公序良俗原则的规范意义。根据法律道德主义的基本立场,公序良俗原则既非完全可以以经验的形式把握和理解的流行道德,也不是必须经过慎思和论辩之后的理性道德法则,而是至善主义的二阶道德结构在共同体中的文化表达,其核心功能在法律道德主义的理论框架的调整下,转化为共同体成员追求共同善的整体事业中的文化重塑性力量。① 公序良俗原则包含着传统的观念和价值判断,但同时也内嵌着反思批判的制度反省和重构之维度。

公序良俗在法律实践中所引发的争论,是道德争议的复合结构的社会映射,从而在法律治理的二阶道德结构中展现为一种特殊的文化处境。我们可以从元理论、规范理论和教义学理论三个层面来把握:第一,公序良俗所引发的争议在元伦理层面并非社会成员就价值的客观性和确定性而产生的理论争议,但与价值确定性问题存在映射关系;第二,公序良俗在规范层面受法律保护,然而公序良俗的内容却极为抽象,以至于必须诉诸价值判断才能确定该原则的具体内容,而法律道德主义在文化意义上解释了公序良俗原则的规范意义;第三,在教义学层面,公序良俗原则只能以相对抽象的形式进入立法,其内容需要通过司法裁判来加以充实,法官基于对共同善的理解,依照诚信裁判模式对公序良俗原则的内容进行文化意义上的充实。

---

① 对公序良俗的重构借鉴了迈克尔·沃尔泽的道德阐释理论。参见迈克尔·沃尔泽:《阐释和社会批判》,任辉献、段鸣玉译,江苏人民出版社2010年版,第一章。

（一）公序良俗与伦理确定性

正如公序良俗这个概念的字面含义所展示的，公序和良俗是在一个社会之中具有实在意义的秩序状态或善良观念，因此有关公序良俗的争议往往并不触及元理论层面的价值确定性问题。比如，在公共场合以行为艺术的名义进行性展示或性行为，往往因为"伤风败俗"而陷入争议漩涡。公开性展示的争议触及的主要是公众的羞耻感或不受冒犯的权利，然而，这一争议却与艺术价值的本质遥相呼应。[①] 如果在元伦理学意义上艺术价值是客观的，那么就可以对社会实践中的艺术表达形式进行客观地评价。

因此，尽管公序良俗在法律治理中往往以争议的面貌出现，其主要涉及一定时空范围下的公众道德情感和判断，但公序良俗与伦理确定性之间存在映射关系，公序良俗尽管具有"社会性与民众性，却仍然潜藏着国家理性而审慎的价值判断成分"[②]。这一关系体现为三个方面：(1)在认识论上，公序良俗呈现出二元的认识论结构，一是公序良俗在社会中表现为文化或道德传统，可以通过公众的社会认知来把握，二是公序良俗内含着反思批判的维度；[③](2)公序良俗具有实在性，或者呈现为哈特意义上的实在道德，但同时又对应着元理论意义上的客观实在，例如对公开性展示、裸露身体或代孕行为的实在道德判断对应着个体如何正当地对待自己身体的客观价值判断；(3)这种映射关系使得公序良俗不能像生命、健康和自由等价值那样直接在政治实践的二阶道德结构中被确立为基本价值，而是在社会文化的实践和诠释中引发

---

① 参见杜强强："宪法上的艺术自由及其限制——以'敏感地带'行为艺术案为切入点"，《法商研究》2013 年第 6 期。
② 谢潇："公序良俗与私法自治：原则冲突与位阶的妥当性安置"，第 102 页。
③ 迈克尔·沃尔泽：《阐释和社会批判》，第 25—26 页。

争论,并通过司法裁判中的道德推理彰显出其规范力量。

(二)公序良俗在二阶道德结构中的位置

公序良俗既具有实在性,又通过相关的立法规定和法官的裁判而获得规范效力,因此公序良俗在政治实践的二阶道德结构中的处境不同于私法自治、权利和尊严等政治道德价值。根据法律道德主义的基本立场,自治、权利和尊严是个体在实现基本善的过程中所体现出的政治善,通过二阶的制度性设置获得宪法性确认和保护,以此保障每个个体可以充分地实现福祉和繁荣。① 而公序良俗只是基于共同善的语境性文化约束,其本身在二阶的道德结构中并不处于基础性的制度地位。由此可以对公序良俗概念的理解作两点推进。

第一,对公序良俗概念的解析主要有三种立场。一是将公序良俗区分为"公序"和"良俗"并列的两个概念,公序指的是公共秩序所承载的国家和社会利益,良俗指的是善良风俗。② 二是将公共秩序和善良风俗的价值意义混同,都指向国家在道德生活中的厚重伦理角色。三是忽略公序的秩序意义,而着重强调良俗所包含的社群道德观念。③ 在法律道德主义的理论框架下理解公序良俗,我们可以把公序良俗重新定义为社会共同体中经由共同善的文化重塑而具有规范效力的社会道德观念。根据这一理解,我们可以把第三种主张加以改良,对公序良俗作一个限缩的解释,把公序理解为良俗获得规范性效力的制度背景,提供了社会道德观念进入二阶道德结构的平台,因此公序良俗的概念

---

① Robert George, *Making Men Moral*, pp. 190-192.
② 参见赵万一、吴晓锋:"公序良俗与契约自由",《现代法学》2003年第6期。
③ 这也是德国民法典第138条第1款所体现的立场:违反善良风俗的法律行为无效。我国持有该立场的学者如于飞教授,参见于飞:"公序良俗原则与诚实信用原则的区分",《中国社会科学》2015年第11期。

核心在于进入这个平台的那些社会道德观念。

第二,公序良俗的规范地位只能来自共同善理论对良善风俗观念的文化重塑。举例来说,中国文化中的"父母在,不远游"观念曾经是重要的伦理规范,而在当今社会也体现在立法实践的价值判断之中,比如"常回家看看"的相关立法。① 然而,这一良好风尚只能被理解为子女对父母赡养义务的文化表达,而子女对父母的赡养义务正是法律对生命、家庭等基本善进行保护的制度性内容。

通过确立公序良俗与伦理确定性之间的映射关系以及公序良俗在二阶道德结构中的位置,我们可以对公序良俗原则作一个总结:公序良俗原则的本质是国家通过法律将映射共同善的社会道德观念加以强制实施,在这个过程中,国家的法律实践承担着一种文化重塑的功能。

(三)公序良俗原则在司法判决中的适用

尽管公序良俗原则以不同的名义被写入了法规之中,但由于公序良俗本身的空洞性和事实与规范之间的不对称,这一原则的司法适用经常面临争议。

第一,难以将公序良俗原则与公平原则和诚实信用原则进行区分。比如在"叶某、隋某、曹某与张某人身损害赔偿纠纷案"中,受害人曹某在帮助张某抓猪后,在回家途中猝死,在未能确定帮助抓猪与猝死之间的因果关系的情况下,法官根据公序良俗原则判决张某对曹某的死亡承担一定的经济补偿。② 而此处适用公平原则更为妥当。第二,在法律规定出现空白的情况下,公序良俗原则的内容有不确定性。典型的

---

① 我国老年人权益保障法第18条规定:"与老年人分开居住的家庭成员,应当经常看望或者问候老年人。"这使"常回家看看"的亲情伦理要求成为法定义务。

② 叶某、隋某、曹某与张某人身损害赔偿纠纷案,(2014)鞍千民初字第24号民事判决书。

如引起广泛关注的"冷冻胚胎案",二审法院无锡市中级人民法院基于人伦亲情的考量判决四个老人与医院共同监管和处置胚胎。① 我国当前对于胚胎是否能够继承没有作出规定,因此法官在该案中基于亲情考量,作出了具有厚重伦理色彩的推理,然而胚胎承载了祖父母辈对已亡儿女的哀思和延续香火的寄托这种文化理解,实质上增加了公序良俗原则内容的不确定性。

要解决公序良俗原则司法适用的困境,需要回到公序良俗原则所承载的文化重塑功能之上。首先,公序良俗是与共同善存在映射关系的社会道德观念,因此其内容体现出共同善的印记,比如对生命的保护、对家庭价值的维持和对生命周期仪式的维护。② 而公平原则和诚实信用原则的内容与共同善之间并不存在这种映射关系,相反,公平原则是一种交往正义,指的是在社会成员的交往实践中,"各人得其所得"的最大限度地实现。③ 而诚实信用原则同样也是共同体交往正义的体现,即在交往实践中个体权利的行使要受制于权利的内在道德要求。④ 因此,公平原则和诚实信用原则是法律实践的二阶道德原则,旨在促进个体在共同善事业中的良好合作和共同繁荣。在司法裁判中,法官可以根据当事人是否已最大限度地促使各方利益的实现,或者是否按照权利的内在道德要求行使权利来判断是否违反公平原则或诚实信用原则。

不同的是,公序良俗原则是沟通一阶的基本善和二阶的法律治理的文化力量。在面对关乎公序良俗的道德争议的案件中,法官的推理

---

① 江苏宜兴一对双独年轻夫妻因车祸身亡,2人生前曾在南京鼓楼医院做试管婴儿,并留下4枚冷冻胚胎。为争夺胚胎保留香火,双方老人与医院对簿公堂,要求医院归还胚胎。一审被驳回后,无锡市中级人民法院二审最终决定撤销一审民事判决,支持双方老人共同处置4枚冷冻胚胎。
② 对生命周期仪式的分析,参见李岩:"公序良俗原则的司法乱象与本相",第65页。
③ 参见易军:"民法公平原则新诠",《法学家》2012年第4期。
④ John Finnis, *Natural Law and Natural Rights*, pp. 178-179.

第四章　法律道德主义

包含两项重要的内容,一是基于基本善的类型化,二是进行诚信裁判。公序良俗的典型情形,其内容往往与生命、健康、审美和家庭等基本善形成映射关系,比如基于亲情价值而赋予祖父母、外祖父母探望孙子女和外孙子女的权利,代孕协议和婚外情财产协议因有违家庭价值和性道德观而无效,破坏祭拜、宗教崇拜等生命周期仪式和信仰仪式的行为人应承担侵权责任。①

诚信裁判理念尊重司法裁判的特殊性,将法官置于一个在法律之下解决特定纠纷的过程中,一方面将法官同立法者和道德哲学家相区分,另一方面让法官将裁判视为解决特定纠纷的过程。② 这一理念与公序良俗原则的文化重塑功能相暗合,使法官在适用公序良俗原则时警惕自由裁量权滥用的风险,同时又能够让法官在具体的个案之中结合案件事实揭示出公序良俗与共同善之间的映射关系,从而在认识论和规范性上对公序良俗的内容进行重塑。举例来说,在"四川泸州遗赠案"中,法官以违反社会公德为由否定了黄永彬所立遗嘱的效力,该推理承担了双重功能,一是认可了公序良俗的规范效力,二是将夫妻应当相互忠诚这一文化意义的良俗要求的效力溯及婚姻家庭这一基本善,从而在司法推理中展现出法律道德主义的司法立场。然而不足的是,法官并未考虑黄永彬将财产遗赠给张学英的动机。而依据诚信裁判理论,法官在适用公序良俗的时候,也要将裁判作为一个解决特定纠纷的过程。如果黄永彬的动机是为了照顾张学英以后的生活,那么基于关怀和宽容的考虑,张学英应该得到一部分财产,以维持其后续生活。③

---

① 李岩:"公序良俗原则的司法乱象与本相",第 65 页。
② 史蒂文·J.伯顿:《诚信裁判》,宋晨翔译,中国人民大学出版社 2015 年版,第 133 页。
③ 参见郑永流:"道德立场与法律技术:中德情妇遗嘱案的比较和评析",《中国法学》2008 年第 4 期。

第四节　法律道德主义的刑法实践

法律道德主义以文化重塑的方式,借助公序良俗原则对共同善的私人领域的实践进行治理,并以文化上保守、规制上宽容的立法和司法方案来应对道德争议。然而,相比于公序良俗原则的文化性和弹性,刑法实践体现为更强的道德论辩性,即刑法对行为的定罪和惩罚,必须得到最大程度的道德辩护。① 施加在犯罪者身上的惩罚性负担,体现了国家对该行为的谴责和责难。在二阶的道德结构中,刑法对于道德事务的介入所引发的争议最为激烈。哈特、范伯格等哲学家所持有的中立自由主义立场,谨慎地选择了损害原则作为犯罪化的道德依据,而拒绝将单纯违反道德规范的事务纳入刑法治理的范畴。而根据法律道德主义的立场,道德争议是价值的确定性在共同善的社会实践中被阻碍和破坏的社会表征,因此国家有责任通过刑法介入道德争议,而恢复个体追求共同善的良善途径。

基于共同善的法律道德主义主张刑法的道德目标不仅限于保护自治和阻止侵害,也包括保护好的品行,并且限制或劝阻人们参与那些给他们自己或他人带来道德损害的活动。② 该立场通过将共同善与刑法实践的内在结构相结合,为刑法对道德事务的干预提供原则上的支持。好的品行在本质上属于个体对于共同善的理解、认同和致力于实现共同善的倾向,如果一些行为破坏了这种理解和认同,并且阻碍了个体维护这种倾向,那么这些行为就构成了对好品行的破坏,也阻碍了共同善

---

① 参见方泉:"犯罪化的正当性原则——兼评乔尔·范伯格的限制自由原则"。
② Steven Wall, "Enforcing Morality", *Criminal Law and Philosophy*, Vol. 7, No. 3, 2013, pp. 457-460; George Sher, *Beyond Neutrality*, Cambridge: Cambridge University Press, 1997, p. 61.

的成就,因此国家有责任为了促进个体共同善的成就而加以干预。在公民是否有权利消费淫秽物品、参加换偶活动的道德争议中,争议的本质在于这些行为是否破坏了共同善。如果行为内在地构成了对共同善的阻碍,那么国家就具备了对这些行为进行刑法干预的初步理由。

(一)淫秽作品犯罪的治理

"快播案"引发的社会效应反映出关于淫秽作品的法律治理存在的争议。这些争议主要有:淫秽作品的流行与性侵犯案件之间的正相关是否能够得到经验的支持,禁止淫秽作品的生产和流通是否能够有效地抑制消费。在很多国家,淫秽作品往往也会涉及言论自由问题。比如在美国,言论自由是宪法第一修正案所保护的基本自由,而对第一修正案的自由主义解读是,淫秽作品只不过是人们的自由表达。[①] 这种主张得到越来越多的支持。同时,即使是支持对淫秽物品进行限制的人,仍然担忧对淫秽物品的打击可能会波及含有淫秽描写的优秀文学作品,因为淫秽描写对于这些作品来说至关重要。然而,我们可以通过对淫秽物品和文学作品作出概念上的区分来解决这个问题。

并非所有以文字写成的作品都是文学作品。按照前面对共同善的讨论,文学作品(包括影视作品)是对知识、友谊、游戏、宗教、审美等共同善的反思和探讨。文学创作是言论自由的一种高级形式,因此也是个人自治的特别实践。文学作品可以以各种各样的形式来反映人们对于共同善的寻求,甚至是质疑,比如在作品中表达对生命意义的怀疑。然而,这种创作恰恰能够在知识层面上激起人们对生命价值的反思。但与之相反,淫秽作品并不具有这种功能,淫秽作品通过对露骨的性描

[①] David A. J. Richards, "Free Speech and Obscenity Law: Towards a Moral Theory of the First Amendment", *University of Pennsylvania Law Review*, Vol. 123, No. 45, 1974, p. 80.

写以及性变态的展现而对审美价值造成破坏，贬低了性的道德意义，因此是与共同善相冲突的。如美国法学家保罗·卡恩所言，淫秽作品"涉及对死亡、国家、家庭、历史、市场甚至语言的否定。在享受淫秽作品的时刻的中心，存在着一种责任完全缺失的图景"①。

　　无论是基于言论自由的辩护，还是在"快播案"中很多同情者所持有的淫秽作品无害论，都陷入了中立的自由主义的二阶困境。如桑德尔指出：(1)以中立性的名义保护暴力色情作品，可能未能尊重那些作为特定群体成员的人们，而这些人的社会尊严在很大程度上依赖于他们所归属的群体；(2)坚持说言论只是倡导而从未构成社会实践的主张，未能认识到言论能够在其可能导致的身体损害之外施加伤害。②中立的自由主义实际上是以中立的姿态悬置围绕淫秽作品所产生的道德争议，权利和自由话语承载了这种中立性。然而，按照法律道德主义的立场，淫秽物品必须放置在以共同善为结构性要素的社会道德网络中进行定位和评价，这构成了在对"快播案"进行的分析中技术因素之外最重要的考量因素。

(二)性道德的刑法治理

　　围绕着裸聊是否应当入罪的问题和"马尧海聚众换偶案"所涉及的聚众淫乱罪，学界展开了激烈的争论。有学者批评聚众淫乱罪是"秩序维持论"的产物，在"权利保障论"观念的指导下，聚众淫乱行为的去罪化是大势所趋。③同时有学者提出按照目前的刑法规定，将网络裸聊作为聚众淫乱罪、组织淫秽表演罪、传播淫秽物品罪定性都是对

---

① 保罗·卡恩：《摆正自由主义的位置》，田力译，中国政法大学出版社2015年版，第199页。
② 迈克尔·桑德尔：《民主的不满：美国在寻求一种公共哲学》，第106页。
③ 参见姜涛："刑法中的聚众淫乱罪该向何处去"，《法学》2010年第6期。

罪刑法定原则的违反。① 支持对换偶行为进行惩罚的学者则主要是从婚姻家庭的价值出发进行辩护,主张国家负有确保我国现行婚姻家庭制度的核心部分不受侵犯的宪法义务。② 尽管换偶与裸聊行为特征不同,但还是有学者建议把多人参与的裸聊定为聚众淫乱罪。③ 本章暂时搁置这两个案件所涉及的刑事政策和定罪方面的争议,而直接关注它们共同触及的一个核心道德问题:个人自愿地参与到聚众的性活动(性展示、性交)是否是不道德的并且应受刑法的干预? 以聚众性活动为例,可以从三个方面进行道德判断。

(1)尊严与自治:尊严是人的内在价值,具有内在性和共同体属性,为自由和权利等其他价值主张提供支持。④ 尊严是人的物质需要和精神需要得到尊重和重视的那种满足感、成就感,在个人追求自我实现和与社群的价值网络的互动之中,个人反思并建立了个体尊严。⑤ 但是,当人错误地使用自治能力而选择错误的选项的时候,尊严就会遭到破坏。自治只是实现善目标的工具性要素,尽管人的繁荣并不预设自治的存在,但自治对于人的尊严来说至关重要,因为在个人选择并决定参与到共同善的工程之中的过程中,个人更能体验到善并且塑造自我理解。因此,当人们具备自治能力的时候,就意味着他要参与到追求价值的工程之中。

(2)性行为的意义:一种行为的价值体现在它对个人整全性和自

---

① 参见高巍:"网络裸聊不宜认定为犯罪——与《'裸聊行为'入罪之法理分析》一文商榷",《法学》2007年第9期。
② 参见欧爱民:"聚众淫乱罪的合宪性分析——以制度性保障理论为视角",《法商研究》2011年第1期。
③ 参见王明辉、唐煜枫:"'裸聊行为'入罪之法理分析",《法学》2007年第8期。
④ 参见郑玉双:"人的尊严的价值证成与法理构造",《比较法研究》2019年第5期。
⑤ John Kleinig & Nicholas G. Evans, "Human Flourishing, Human Dignity, and Human Rights", *Law and Philosophy*, Vol. 32, No. 5, 2013, pp. 539-564.

我实现的促进。婚内性行为的价值首先在于生育,生育是家庭的结构性要素,是婚姻实践最重要的内容之一。其次体现在夫妻双方通过性爱增加亲密感和精神上的依赖和信任,这与夫妻之间的相互担责是紧密相关的。第三点是通过性爱获得身体上的愉悦。但单纯身体上的愉悦并不能全面展现性行为的意义,只有通过这三个方面的结合才能展现性的意义。①

(3)聚众性活动的社会文化面向:聚众性行为不同于婚姻内的性行为。如拉兹所言,"行动,即使是表达行动,对于其他人的生活也是有影响的,所有人共有的一种重大利益就是他们的环境特性的一种利益,这种环境既指文化的与社会的,也指自然的与物体性的"②。既然性行为的意义在于婚姻之内的信任和亲密,那么聚众性行为因为建立在纯粹性欲、好奇心或者营利目的的动机上,就脱离了性行为的意义,也模糊了性行为与良善生活之间的有机关系。性行为观所构造的社会观念反过来又会进一步重塑人们的性观念,影响人们的性选择。③

反对者会主张,参与到聚众性行为或者消费淫秽作品的人仍然认为他们过上了良善生活,因此,国家不应加以干预。④ 很显然,这种主张仍然误解了共同体在良善生活中扮演的角色。相比于政治至善主义,这种主张面临着更大的挑战,因为它很容易就滑向价值的怀疑论。如果参与者认为聚众性行为对于他们的良善生活来说是构成性的,那

---

① John Finnis,"The Good of Marriage and the Morality of Sexual Relations:Some Philosophical and Historical Observations",*American Journal of Jurisprudence*,Vol. 42,No. 1,1997,p. 100.

② 约瑟夫·拉兹:《公共领域中的伦理学》,葛四友主译,江苏人民出版社2013年版,第191页。

③ 这个主张得到了社会学家的实证研究的支持。参见潘绥铭:"社会对于个人行为的作用——以'多伴侣性行为的调查分析为例",《中国社会科学》2002年第2期。

④ David A. J. Richards,*Sex*,*Drugs*,*Death*,*and the Law*:*An Essay on Human Rights and Overcriminalization*,Lanham:Rowman & Littlefield,1982,pp. 176-177.

么这意味着,要么婚姻内性行为的意义是可疑的,要么婚内性行为和聚众性行为都是价值可疑的,人们只是基于个人感受而认为它有意义。而中立的自由主义无法面对这种挑战。对这个问题的至善主义的回答是,聚众性行为与婚姻、友谊、审美等共同善相违背,因此在根本上不利于良善生活。

结合法律道德主义的立场,我们可以得出结论,在原则上国家有责任对聚众性行为进行限制和惩罚,但在法律治理上仍然要持一种规制上宽容的立场。如果法律的干预会导致执法部门的选择性执法,或者自由裁量度过大以至于过多地涉入公民的私人生活,那么鉴于刑罚的负担过重,对私下进行的聚众性活动宜在规制上适度宽容,从定罪降级为治安处罚。而裸聊行为涉及金钱交易,相比换偶行为的交往模式,更容易加快行为信息的传递,提高行为参与的诱导性,加上网络技术的发达为网络裸聊提供了极为便利的条件,因此影响更大。在这种情况下,对裸聊行为的入罪更为迫切。但由于罪刑法定原则的限制,裸聊是否属于淫秽表演,仍然需要更进一步的教义学探讨。

第五节 结语

在现代社会,道德争议的广泛存在,加剧了社会合作的压力,也提供了道德反思和重构的资源。从元理论、规范理论和教义学理论来对道德争议的本质和法律治理的方案进行分析,可以完整地呈现社会道德实践的样貌和法律介入道德事务的规范结构。本章透过实在论和反实在论之争,对道德实践的元理论结构进行考察,以克服对于道德争议的概念分析可能遭遇的元理论缺失的困境。在规范层面建构法律治理的二阶道德结构之后,以共同善为中心对法律道德主义的立场进行重述，可以克服既有法律道德主义理论面对的挑战。法律道德主义为道德争议难题的解决提供了一个二阶的道德总纲，也在具体的实践中表现为不同的形式，比如承担文化重塑功能的公序良俗原则、保护共同善免于破坏的刑法的道德目标。在换偶盛行、代孕黑市、性道德滑坡等社会难题不断考验着法律的治理能力的社会语境中，法律道德主义提供了一种忠实于共同体之根基和目标的理论方案。

第五章
孝道的价值基础与司法面向

在法治社会的建设过程中,个人与国家、公权和私权等存在张力关系的概念得到了大量探讨,但作为个体和共同体之缓冲领域的家庭却遭到了理论上的忽视。家庭是沟通个体之自主性和社会性、调和个体自由价值和社会价值的缓冲空间,而内嵌于家庭结构的孝道则是赋予个体的社会道德维度以实在感的伦理判断依据。孝道是中国传统法律实践中的核心价值,也是理解中国儒家思想传统的一把钥匙。[①] 但孝道的现代意义被限制在社会和文化领域,孝道从家国同构下的公德向"私德"转化,致使其法律形象越来越淡化。学界多认为孝道价值已经被法秩序所固定,基于孝道的伦理纽带在功能上由家庭赡养义务和养老保障制度所替代。现代法治框架下的规则明确性要求、平等和个人自治等价值追求,与孝道价值所蕴含的行为指向模糊性和代际不平等观之间形成明显张力。

然而,孝道在法律实践特别是司法实践中却隐含着未被充分挖掘的丰富内涵。2017 年初,山东聊城中级人民法院关于"于欢故意伤害案"(后文简称"于欢案")的司法判决引发了轩然大波和学界热议,但

---

① 龙大轩:"孝道:中国传统法律的核心价值",《法学研究》2015 年第 3 期,第 177 页。

作为隐含分析线索的孝道却未受到重视。① 已有讨论大多关注案件所涉及的正当防卫的刑法教义,而很少关注这个案件背后的孝道价值所引发的法律难题。② 本章以该案为写作契机,探讨孝道在现代法治框架下的价值处境问题。鉴于学界已经对孝道如何实现现代价值转型及孝道入法的可能路径作出了比较充分的探讨,本章采取一种不同于文化论和立法论的研究进路,将重点放在孝道在当代司法实践中的价值处境和法律推理意义之上。通过对大量涉及孝道的司法案例进行分析可以看出,孝道在司法裁判中发挥重要作用,但其价值结构及对法律推理的影响等问题却存在着很多理论难点。这些难点的破解,暗含着重构孝道之公共道德属性并解决孝道与法治之张力的出路。

第一节　司法视角下的孝道价值：案件争议与裁判困境

(一) 为何是司法视角?

在中国当下的社会语境中,理解孝道价值需要结合两个维度:时间维度和空间维度。孝道的时间维度呈现出线性特征,其包含的主要内容是孝道被提出、捍卫和在实践中贯彻落实的历史进程。儒家确立了孝道作为仁爱之本的基础地位,并为孝道在家族管理和政治统治上的

---

① 于欢与母亲苏某在被限制自由期间,受害者杜某当着于欢的面对苏某实施了凌辱,于欢情急之下将杜某刺伤,最终导致杜某死亡和另外两人重伤。于欢一审被判无期徒刑,该案于 2017 年初曝光后引发社会的强烈不满。二审法院以防卫过当为依据改判于欢有期徒刑五年,后该案入选最高人民法院第 18 批指导性案例。

② 仅有梁治平教授从情-法关系和人伦的视角对"于欢案"背后的历史文化机理作出了剖析,参见梁治平:"'辱母'难题:中国社会转型时期的情-法关系",《中国法律评论》2017 年第 4 期,第 79 页。

支配性地位进行辩护。孔子提出:"其为人也孝弟,而好犯上者,鲜矣;不好犯上,而好作乱者,未之有也。君子务本,本立而道生。孝弟也者,其为仁之本与!"①这体现的正是孝道的基础规范地位。《孝经》直截了当地将孝道视为天道运行的彰显和政治统治的基础:例如"夫孝,天之经也,地之义也,民之行也。天地之经,而民是则之。则天之明,因地之利,以顺天下"②;"五刑之属三千,而罪莫大于不孝。要君者无上,非圣人者无法,非孝者无亲。此大乱之道也"③。后世历朝历代大多将孝道作为实施政治统治和维护法律秩序的基本准则,形成并强化了礼法合一的传统,比如汉代"以孝治天下",礼法合一的巅峰《唐律》对不孝、不睦等恶行进行惩罚。

既有文献对孝道在历史时间维度中被塑造和强化的形态及其弊端作了大量探讨,但有两个时间节点仍然具有丰富的阐释空间,这两个时间节点与当下孝道的空间维度紧密相关。一是清末修律中的礼法争议,开启了百年来传统法制思想与现代法治观念之间的漫长争端。二是改革开放之后家庭和赡养问题重新回到立法视野。新中国成立以来的一段时间之中,由于政治观念的影响,孝道作为私人情感实践,在很大程度上被国家与个体之间的公共纽带所胜过,孝道的价值正当性被遮盖。④ 在改革开放之后,国家进入以经济建设为中心的发展轨道,法制建设也同步进行。修改后的婚姻法和继承法分别于 1980 年和 1985 年通过,家庭秩序得到重建,孝道作为支撑家庭运转的情感力量和传统文化的宝贵财富被重新倡导和挖掘,其制度性巅峰体现在老年人权益

---

① 《论语·学而》。
② 《孝经·三才章》。
③ 《孝经·五刑章》。
④ 孟宪范:"家庭:百年来的三次冲击及我们的选择",《清华大学学报(哲学社会科学版)》2008 年第 3 期,第 136 页。

保障法的制定通过,以及2015年该法修正时"常回家看看"条款的入法。

从时间维度上对孝道的实践历程进行剖析,有两个核心问题必须回答:第一,清末法制转型有其历史进步性,同时也促使中国的现代化转型,那么失去了传统家族土壤与礼法传统保障的孝道价值,是否仍然具备制度正当性?第二,在传统法制和现代法治的激烈对立中,虽然孝道以或隐或现的形式进入立法之中,但现代法律实践是否仍然需要给孝道以充分的制度空间?

学界对这两个问题作了大量探讨,主要形成了三种立场。一是"扬弃论",即认可孝道所体现的家庭伦理的正当性和积极意义,但并不主张回到礼法合一传统,也不支持通过法律强制的形式推行孝道。① 二是"回归论",支持者主张传统礼法合一理念具有特定优势,虽然在历史实践中出现极致化弊端,但其问题出在封建专制制度,而非礼法传统,当下应该推行德法合治,孝道入法自然也是顺理成章。② 三是"否定论",即主张礼法合一与现代法治理念相冲突,孝道作为一种私德,将其适用于公共领域会"把小团体的忠诚情感凌驾于群体性的正当原则之上"。③

虽然三种立场都敏锐地把握了孝道与法治的基本品性的切合点或者冲突点,但它们的论辩视角都局限于孝道的时间维度和入法难题,而

---

① 屈永华:"从儒家孝道的法律化看法律维护道德的限度",《法商研究》2013年第5期,第158—159页;何勤华、王静:"中国古代孝文化的法律支撑及当代传承",《华东政法大学学报》2018年第6期,第94页。

② 龙大轩:"新时代'德法合治'方略的哲理思考",《中国法学》2019年第1期,第76—79页。著名汉学家安乐哲(R. T. Ames)也持有类似立场。H. Rosemont Jr. & R. T. Ames, "Family Reverence (xiao 孝) as the Source of Consummatory Conduct (ren 仁)", Dao: A Journal of Comparative Philosophy, Vol. 7, No. 1, 2008.

③ 刘清平:《忠孝与仁义——儒家伦理批判》,复旦大学出版社2012年版,第371页。

忽视了孝道的空间维度和司法面向。在制度上，孝道传承从二十世纪初开始经历了断裂和修复的反复过程，但在实践中，孝道在宏观和微观上都不断地被延续、阐释和塑造，形成了孝道的社会学观察资源，也为孝道的司法分析准备了鲜活的素材。从宏观层面，伴随着经济发展而来的城市化使得大量农村劳动力进入城市，产生空巢老人这一社会难题。而社会保障制度的滞后和老龄化危机的加剧，使得老年人赡养问题成为社会发展的一个矛盾激发点。在微观层面，一方面，孝道作为社会情感实践中最具有原生力的行动动机，仍然在代际关系的维持之中发挥着重要的自发性调整作用，即使儿女对父母行孝的方式和途径会伴随着经济形态和社会交往形式而发生变迁，但孝道实践和话语仍然是理解中国社会结构的一个有力视角。[①] 另一方面，家庭结构的变迁和原子化家庭使得家庭概念变得模糊，孝道价值失去了载体，而基于孝道而产生的孝之义务的伦理价值性被掏空，而只具有文化色彩和微弱的社会评价意义。孝道以一种准社会规范的形态发挥作用，并影响经济和文化实践，但孝道的这一空间维度究竟有着怎样的法律意义，并未受到足够重视。

由于社会普通个体的孝道观念和孝行实践千差万别，因此除了对统计意义上的行为模式的提炼，要全面把握孝道塑造个体实践之方式是不可能的。真正能够鲜活且深刻地反映出孝道价值与个体孝行之相互作用的空间是关于孝道的司法裁判。对孝道在司法裁判中的形象进行考察，具有双重意义。一是从具体的案例中把握孝道的价值形态被倡导、理解和塑造的可能方式，二是从孝道的司法塑造中探索孝道进入法律的更为有效的制度形式。

---

① 胡安宁：“老龄化背景下子女对父母的多样化支持：观念与行为”，《中国社会科学》2017年第3期，第82—83页。

（二）孝道案件的争议点

本章对"北大法宝"司法案例库中以"孝道"为关键词进行检索而得到的三千多份案例进行分析，重点分析北大法宝推荐的七百多件典型案例，并结合近几年在新闻报道中引发关注和热议的相关案例。①案件的选取遵循两个原则。首先，典型的孝道纠纷产生于家庭内部，主要的纠纷争议点是赡养和继承，但并非所有的赡养纠纷都是因孝道而起，只有双方当事人围绕孝道价值如何影响责任分配的争论才与孝道的价值本质直接相关。其次，涉及孝道的纠纷不仅限于家庭事务内部，在侵权、刑事甚至劳动争议中都有孝道发挥作用的空间。关于孝道的抽象的法律规定无法应对具体实践中的复杂情形，一旦孝道实质性地影响司法推理，就会呈现出孝道的复杂价值维度，这类案件当然地成为分析孝道价值的典型范本。通过对典型案例进行梳理，争议点大致可以区分为以下几个方面：

（1）赡养责任的承担。赡养父母是子女的法定义务，但这种义务如何承担，除了法律规定，基于孝道的道德力量发挥着重要的作用。尽管法官在判决文本上大量地用"传统美德""百善孝为先"等修辞性表达来突出赡养义务的道德形象，但背后的考量主要是"在儒学理念的当下生成显弱的时候，让儒学文本上的理念作用于民众的日常生活而得以古今传播，借以加强儒学理念当下生成的说理性"②。子女的孝道实践如何影响他们的赡养责任，仍然是尚未解决的问题。这个问题具

---

① 北大法宝的推荐案例与普通案例的区别并非因为推荐案例案情更为复杂，而是推荐案例绝大多数是二审或再审案件。正是因为在两层审理的过程中关于当事人双方之责任、诉求和情感主张被反复确认，所以推荐案例更适合对孝道的实践面向进行细致分析。
② 伊涛："家庭伦理的儒学内涵与权利的备选位置"，《法制与社会发展》2014年第3期，第94页。

体体现为：如何判断子女的行为是否与孝道价值相一致；精神赡养如何实施，或老人的精神赡养权如何得到保障；赡养协议的效力如何判断；爷孙辈之间或者基于收养关系的赡养责任如何确定；父母未尽到抚养义务，子女是否仍然需要承担赡养义务；等等。

（2）遗产继承与分配。遗产继承是基于人之死亡的自然事件而引发的财产权利义务关系的重新分配。虽然孝道不是影响遗产如何分配的决定性因素，但在意定遗嘱和法定遗嘱两种形式中孝道都会作为一个实质性理由影响孝道承担者的继承份额，因此判断子女是否充分尽到孝道义务就显得非常必要。但我国继承法的立法宗旨的模糊、法律规定的不尽完善以及家庭事务的复杂性等问题使得继承问题成为家事纠纷的高发领域。一方面，继承权的配置虽然是以私权话语为表达方式，但"继承制度与生俱来的深刻伦理性决定了立法在继承权的配置上不可能对家庭关系置若罔闻"①。另一方面，深嵌在中国社会实践中的财产继承的"家系主义"逻辑仍然发挥支配作用，特别是在广大农村地区，"生前继承"和女儿无权继承等现象仍然比较普遍。② 在继承纠纷中，如何让孝道成为判断继承份额的鲜活、动态的判断标准，既需要对孝道的内涵进行阐释，同时又需要在价值阐释、情感分析和生活经验支撑之间达成比较好的平衡判断，这对法官来说是一项复杂的任务。

（3）财产关系的认定。家庭成员之间的财产关系需要法律规范进行约束，但由于家庭成员之间存在着天然的情感联结，所以其财产关系会呈现出法律、道德与情感的交织，在涉及孝道的财产纠纷之中表现得尤为突出。一方面，孝道可能会影响财产归属；另一方面，孝道对财产

---

① 陈英："继承权本质的分析与展开"，《法学杂志》2017年第6期，第102页。
② 高永平："中国传统财产继承背后的文化逻辑——家系主义"，《社会学研究》2006年第3期，第181—182页。

分配产生影响,即使不是支配性的,也具有实质意义,典型的比如父母子女之间附条件的赠与、抚恤金的分配等。

(4)基于孝道的(新兴)权利主张:孝道作为一种产生规范性理由的道德原则,可以成为特定权利的规范基础。在司法实践中,基于孝道产生了各种形式的权利,有一些是传统意义上的权利主张,比如人格权、探望权,同时也有新兴权利主张,比如祭奠权。孝道与权利之间的关联基础直接来自孝道的价值属性,但同时也受到特定法律制度中权利产生机制的影响。

(5)法律责任的认定和分配:孝道如何引发和影响法律责任,在实践中是一个复杂的问题。或许在法律与道德价值一元论的结构下,孝道在与其他价值的冲突中可以胜出,但在现代法治语境下,孝道总是伴随着各种形式的价值冲突,因此引发责任判断难题。亲情和孝道既可能强化法律责任,也可能是削弱法律责任的因素。在面对家庭时,法律存在着"多元规则建构",家庭秩序涉及"两性婚姻关系、家庭成员平等关系、家庭成员的权利和义务、家庭经济关系、家庭生活方式、家庭教育、家庭文化、家庭道德"等。① 在复杂的家庭价值脉络中,孝道引发责任的方式存在差异,比较典型的有孝道对刑事责任的认定,比如父辈基于子女不孝而伤害子女或遭遇子女伤害而将子女杀害,是否应该减轻责任;子女伤害父母,是否应当加重责任;为了防止父母遭受伤害而将他人伤害是否可以减轻责任等。

(三)孝道案件的裁判困境与推理难题

法官如何解决孝道案件中的这些争议点?从对裁判文书的分析来

---

① 姜涛:"刑法如何面对家庭",《政法论坛》2017年第3期,第33页。

看，法官一致地认可孝道是需要捍卫的重要价值，但究竟如何将孝道融入关于案件的实质判断之中，法官的推理所呈现出的答案却不尽如人意。孝道案件的司法裁判面对着一些独特的困境，使得法官既难以作出完整的价值分析，也无法充分地说理。这些困境主要体现在法律规范的适用困境、孝道价值的抽象性规定无法与复杂事实相对应、情理与法律的潜在冲突等。

（1）制定法的适用困境。从宪法第43条第3款关于"成年子女有赡养扶助父母的义务"之规定，到民法总则、婚姻法、继承法中的部分条文和老年人权益保障法中的各项具体规定，我国法律制度已经大致建立了一个关于孝道之贯彻和实践的相对完整的教义学框架。但只有关于继承的法律规范能够在司法之中为法官裁判提供较为明确的指引，这也是因为我国继承法中关于继承的规定大多数是技术性规范或者计算方式。一旦涉及关于孝道的实质价值判断，法官的推理过程就会出现很多漏洞。一种可能的解释是制定法的内涵未被充分挖掘，因此需要坚守"规范主义"，通过法律适用者的解释和判断来探究法条的文义并运用法规范的"弹性空间"来解决纠纷。① 然而，从孝道案件的争议点来看，孝道案件的难点不在于制定法是否足够完善或者法官的解释方法是否成熟，而在于孝道所引发的超越制定法之文本的价值层面的冲突，即"法律规则、法律意图或目的、法律价值与精神方面的冲突，包括在法律义务或责任承担、权利保护及自由保障等方面存在的冲突"。② 因此，解决孝道纠纷的出路不在于完善制定法或者捍卫法条主义，而是将视角放在孝道的价值判断和冲突问题上。

---

① 孙海波："法条主义如何穿越错综复杂"，《法律科学》2018年第1期，第24页。
② 王洪："制定法框架下的判决论证模式"，《比较法研究》2019年第2期，第151页。

(2)孝道价值与社会实践之间的张力。孝道价值与实践之间的张力不同于自由和平等等其他价值。自由和平等具有价值序列上的优先性,即使其适用不是绝对的,但通常情况下具有初步的排他性效果。然而,孝道价值在社会观念中的含糊性导致孝道的实践方式陷入价值悬而未决的境地。现代社会不再推崇"二十四孝"中的极端愚孝模式,但儿女为了照顾病重父母而旷工,其雇主将其解雇的做法是否与孝道的社会价值相违背?孝道与实践之张力也使得法官在说理之中无法就孝道如何影响责任认定和权利义务划分作出充分的说理性判断,而只能进行片段式援引。也正是因为道德价值进入司法裁判的方式容易引发分歧,虽然法官在进行法律推理时,不可避免地将自身对孝道价值的理解纳入其所作出的裁决之中,但法官在裁判之中基本不会进行充分的道德推理。

(3)情理与法律的潜在冲突。孝道涉及人最为真挚和持久的一种情感,因此也呈现出强烈的情理性,伴随着谴责、赞美等情理话语的使用与修辞。但情理或情感本身具有较大的变动性和不确定性,因此孝道所引发的情理判断与法律所追求的确定性和可预期性之间就会产生冲突。① 冲突的类型有两种,一种是情理要求与法律规定直接冲突,二是情感判断对法律责任的认定产生影响,制约着法官的法律推理。

这三种困境贯穿体现在大多数孝道案件之中,既给法官的法律推理造成束缚,也直指孝道在司法实践之中如何呈现其价值意义和公共道德属性这个核心命题。结合孝道的争议点而破解这些困境,是重建孝道之公共道德内涵的必由之路。对孝道案件的梳理和分析并不旨在提供解决孝道纠纷的具体操作方案,而是从司法视角阐明孝道的价值

---

① 李柏杨:"情感,不再无处安放——法律与情感研究发展综述",《环球法律评论》2016年第5期,第165页。

内涵与法治调和的方式。这个"建构性"作业过程体现为三个方面。第一,在许多案件中,法官并不需要依赖特定的孝道观念作出判决,但具体案情与孝道的价值内涵之间具有印证关系,因此可以从案情之中提炼孝道的价值维度。第二,限于各种因素,法官在案件中并不会进行充分的说理,因此需要对法官的推理链条进行修复,从而展现孝道的规范内涵及其与其他价值之间的复杂关系。第三,司法的直接意义是定分止争,但司法同时也是隐秘的公共价值创造空间。传统法律实践中的司法与立法具有同构性,但现代法治语境下,司法是法律价值的再生产。接下来的分析首先对孝道在司法推理中所引发的价值判断难题进行理论剖析,呈现这个难题的各个层次,并倡导一种有效对应孝道之价值判断的法律推理模式。在此基础上提出一种解决孝道引发的责任分配与权利证成难题的理论方案。最后对孝道的公共道德属性进行再反思,探究孝道与法治的司法调和之道。

第二节 孝道在司法推理中的价值判断难题

(一)孝道的价值判断难题

法官在裁判中不可避免地要进行价值判断,但法官不是伦理学家,其作出的价值判断更多是在法律秩序框架中基于具体化的社会伦理而作出的道德推理。[①] 因此,在孝道纠纷中的情感事务上,法官会基于双方陈述和个人生活经验劝导当事人解决纠纷,一方面对当事人是否践行孝道作出情感性认定,另一方面以法理和情理夹杂的形式对纠纷作

---

① 卡尔·拉伦茨:《法学方法论》,陈爱娥译,商务印书馆2005年版,第171页。

出法律裁决。但孝道作为一种道德理由,进入法律框架之后,其价值论辩与判断结构发生了改变。① 从很多案例可以看出,孝道转化为法律理由之后,在法律价值网络中面对着各种冲突,引发孝道的价值判断和推理难题。

这一难题的表现形式之一是孝道转化为法律要求之后的法律内涵难以确定,典型的体现是子女承担精神赡养义务的问题。在"张某与赵某赡养纠纷案"中,一审法院判决认为"张某要求赵某定期精神赡养的诉讼请求,亦符合伦理,本院结合实际情况酌情确定探望次数,即赵某于本判决生效之日起每月探望并照料张某两次"②。这个判决在一定程度上认可了老年父母的精神赡养权,然而定期精神赡养的要求如何既符合伦理又符合法律,在裁判中却是一个极难操作的问题。③ 此外,如果当事人之间的情感关系变得复杂,那么孝道所产生的法律内涵同样也会不确定。比如,失独老人探望孙子女是否包含在孝道的内涵之中?在"张某、秦某与陶某探望权纠纷案"中,法院认为让老年丧子的张某、秦某探望其孙子女是慰藉老年人心灵的重要形式,符合老年人权益保障法第 13 条中"家庭成员应当尊重、关心和照料老年人"之规定。④ 老年人探望孙子女当然能慰藉其心灵,但如何判断这是对老年人尽孝道的必然内容?

这一难题的第二种表现形式是孝道与实践之张力所引发的价值冲突问题。孝道的价值内涵——尊敬、扶持和精神慰藉——为个体的孝行选择提供了相对确定的指引,但在社会实践的多元价值网络中,其落

---

① Alan H. Goldman, "Legal Reasoning as a Model for Moral Reasoning", *Law and Philosophy*, Vol. 8, No. 1, 1989, p. 148.
② 张某与赵某赡养纠纷案,(2017)吉 24 民终 230 号。
③ 蒋悟真:"精神赡养权法治保障的困境及其出路",《现代法学》2014 年第 4 期,第 167 页。
④ 张某、秦某与陶某探望权纠纷案,(2017)苏 12 民终 1348 号。

实也会与其他价值发生冲突。在"永信电子(惠州)有限公司诉张雪颖劳动争议纠纷案"(后文简称"张雪颖案")中,张雪颖依规请假到期后,因其父胃癌需做手术,在其他家人身体残疾无法照顾的情况下,再次向永信公司管理人员请假未获批准而导致旷工。二审法院认为张雪颖的行为虽违反公司规章制度,但符合孝道人伦及社会主流价值,永信公司因此解除双方劳动关系明显不合理,不予支付经济补偿金有违公平合理原则。① 按照劳动合同法的规定,永信公司有解雇旷工员工的权利,但在该案中,张雪颖的孝道理由却对公司的权利构成了实质性限制,在法官的推理中,孝道价值具有优先性。在"徐国玉等与南阳电视台等名誉权侵权纠纷案"(后文简称"徐国玉案")中,南阳电视台对市民徐庆芳老人因房产争议与其二儿子徐国玉有矛盾的新闻素材进行了采访并制作成电视节目,在节目最后主持人用过激和不恰当的言辞对徐国玉作出了评价,徐国玉以名誉权受损将南阳电视台告上法院。② 两个案件的法官都将孝道放在一个更为优先的位置上,但诉诸孝道所承载的社会主流观念,反而不利于解决孝道与其他价值之间的冲突。一是法官并未呈现孝道与雇主权利或名誉权的价值冲突点及孝道胜出的理由,二是这种推理方式将孝道作为一个法外理由,忽视了孝道作为价值理由嵌入法律推理之中的可能性。

  破解孝道的价值判断难题是走出制定法的适用困境的必要出路。这个工作包含两个内容:一是对孝道进入法律之后的价值网络进行勾勒,二是在此基础上建构相应的法律推理模式。法律背后的价值网络是复杂的,但通过背景性价值、价值序列和价值平衡模式等几个方面的梳理,可以克服这种复杂性,展现孝道的价值判断难题之出现和解决的

---

① 永信电子(惠州)有限公司诉张雪颖劳动争议纠纷案,(2016)粤民申 1797 号。
② 徐国玉等与南阳电视台等名誉权侵权纠纷案,(2011)南民一终字第 13 号。

各种可能方式。

（1）背景性价值：法律的背景性价值是法律制度背后的各种价值追求，这些价值追求存在着各种形态，一部分被转化为宪法基本价值，比如基本权利和自由，一部分作为社会道德观念而存在。家庭和孝道在背景性价值之中占有一席之地，但家庭具有相对客观的物质生活形态，因此可以通过家事法加以保障。而孝道则主要以道德理由的形式存在，对子女形成道德约束，但不具备完整的制度形态，因此很少被转化为具体的法律规范。

（2）价值序列：虽然孝道在法律之中对应的法律规范不多，但孝道位于法律的价值序列之中。法律之中包含着多元化的价值实践形态，孝道在该序列中被转化为法律理由，主要体现为成年子女的赡养义务，但也扮演着非制度性的强化性理由的角色。比较典型的是对于子女后辈对父母长辈的伤害的法律责任的认定。在"付白莲杀母骗保案""杨鑫烨杀老偷钱案"中，[1]付白莲和杨鑫烨被视为违反"天理"，但这种天理更应该具体地细化为他们与被害者之间的孝道规范，对孝道的违背构成了被害者生命权利之损害的强化性理由，因此他们的行为达到了"手段残忍、性质恶劣"的标准。

在价值序列中，孝道与其他价值存在互补与强化的关系，但也会出现冲突。但不能夸大这种冲突的制度意义而误认为是孝道与法治的根本冲突。很多学者之所以认为孝道与法治相冲突，主要原因是传统孝道观的一元论与法治的制度德性相冲突。[2] 亲亲相隐制度是典型事

---

[1] 袁伟："弑母骗保案一审宣判：死刑"，新浪网：http://news.sina.com.cn/o/2019-07-04/doc-ihytcitk9726873.shtml；安然："扎死舅姥爷闯入户抢劫 案犯被执行死刑"，千龙网：http://beijing.qianlong.com/2018/0708/2684170.shtml。

[2] Liu Qingping, "Filial Piety: The Root of Morality or the Source of Corruption?", *Dao: A Journal of Comparative Philosophy*, Vol. 6, No. 1, 2007, pp. 1-19.

例。但这种冲突主要发生在背景性价值这个"元领域"。亲亲相隐难题的解决既涉及孝道之公共道德属性的证成,同时也涉及对法治本身的理解。就制度基础而言,孝道的价值属性和家庭伦理的重塑能够为该制度提供充分的证成性支持。[①] 亲亲相隐制度所隐含的将情感关系纳入个人身份认同的主张,即对人的"价值多元性和身份多重性"的承认,也能够克服法治所内含的将权利义务原子化的倾向。[②]

在司法纠纷中孝道与其他价值之间会存在冲突,部分原因是在价值序列中孝道的非完备性制度形态与其他价值的完备制度形态之间的紧张,比如在"张雪颖案"中,成年子女有照顾扶持病重父母的义务,但这种要求是不完备的,因为它可能与个体在工作岗位上尽职的完备义务形态相冲突。这种冲突情形并不是孝道与其他价值在价值序列中的冲突,而是在情境化的司法纠纷之中孝道价值所引发的特殊责任分配问题。

(3)价值平衡模式:价值序列中孝道与其他价值之间的冲突可能转化为具体纠纷,纠纷本身的复杂性和不确定性也会产生价值冲突问题,因此需要通过裁判解决这些冲突。从已有判决来看,法官在面对制定法的适用困境时,往往难以有效地解决价值冲突,也会将背景性价值和价值序列中的不同问题相混淆。因此,构建一种解决复杂的孝道案件的价值平衡模式有助于展现孝道在司法语境下的价值层次。

(二)解决孝道之价值判断难题的法律推理模式

在礼法传统支配下,孝道的道德意义与法律意义是互相吻合的,孝

[①] 朱振:"作为方法的法律传统——以'亲亲相隐'的历史命运为例",《国家检察官学院学报》2018年第4期,第89—90页。
[②] 曾晔杰:"'家庭'关系认同在当代法治社会的意义与价值——以'亲隐的权利'为核心",《中国文化研究》2017年第2期,第95页。

道的价值主张可以自然而然地转化为法律和政治主张,因此并不存在价值判断难题。董仲舒在《春秋决狱》中分析了一个例子:"君猎得麑,使大夫持以归。大夫道见其母随而鸣,感而纵之。君愠,议罪未定。君病恐死,欲托孤,乃觉之,大夫其仁乎,遇麑以恩,况人乎,乃释之,以为子傅。于议何如?仲舒曰:君子不麛不卵,大夫不谏,使持归,非义也。然而中感母恩,虽废君命,徙之可也。"① 在董仲舒看来,大夫受母鹿与幼鹿之恩情的激励而生发出关于母恩亲情的情感,从而抗君违法,具有正当性。

对董仲舒所倡导的春秋决狱推理方式有两种解读方案。第一种是将之视为自然主义方案,母鹿与幼鹿的恩情与人的亲情孝道具有自然意义上的一致性,正如孔子所言,"今之孝者,是谓能养。至于犬马,皆能有养。不敬,何以别乎"②。基于动物的自然行为而延伸到人的孝道感知,再到受孝道情感支配而违抗君命,突出了孝道的价值统摄性作用,也不会带来孝道的道德意义和法律意义之间的冲突。然而这种方案需要假定道德和法律的一元论,显然现代社会无法接受法官基于道德和法律的一元论进行过度自由裁量的司法模式。第二种推理方式是将孝道作为道德理由,基于一种"原情定罪"的法律推理模式,让孝道理由在特定情境下经权衡而胜出,从而具有推理上的优势,使得违抗君命这一与法律相冲突的情形在整体的理由权衡中被豁免。③

基于孝道的特定情境性而理解孝道的司法面向是解决孝道之价值判断难题的可能出路。在理论上存在着两种理解司法裁判之法律推理过程的立场。一种是强的建构论立场,比如迈克尔·摩尔的司法实在

---

① 程树德:《九朝律考》,商务印书馆2010年版,第212页。
② 《论语·为政篇》。
③ 王凌皞:"司法判决中的实践理由与规范适用——儒家'原情定罪'整体论法律推理模型的重构",《法制与社会发展》2015年第3期,第87页。

论立场和德沃金的建构主义法律理论。按照摩尔的实在论主张,法官在案件中对法律特别是宪法的解释和适用,实际上是在对道德事实进行判断。案件中所进行的价值论辩,是关于价值之事实构成的组成部分。① 按照德沃金的论述,司法中的价值判断需要经历一个辩护梯度上升的过程,法官所作出的道德判断是对当事人双方责任关系的最好面向的重构,使之不仅与孝道的法律规定相符合,同时展现出其证成性的一面。② 然而,强的建构论立场有太多的形而上学预设,而且过度地加重了法官进行实质价值判断的负担。特别是德沃金,他的裁判理论所预设的价值一元论主张会带来法官突破合法性限制的危机。③ 第二种是弱的建构论立场,以麦考密克和伯顿为代表。麦考密克强调以案件背后的材料和相关原则与价值为基础对其背后的隐含秩序进行"理性重建"。④ 伯顿所倡导的诚信裁判模式(judging in good faith)主张在法律理由和其他道德、政策理由之间进行有分量的识别和判断,在法官的诚信限制下进行裁量。⑤

对孝道案件中法官所进行的不完整推理加以提炼后可以看出,弱的建构论立场更适用于孝道案件的裁决,虽然麦考密克和伯顿的具体建构方法存在差异。法官的道德判断与旁观者所作出的道德判断的根本差异在于司法裁判同时赋予了存在于孝道双方之间的客观道德理由以制度分量。在一些孝道案件中,这种分量体现为赋予孝道之价值理由以更为厚重的法律意涵,这就克服了孝道的非完备性制度形态的劣

---

① Michael Moore,"Moral Reality Revisited",*Michigan Law Review*,Vol. 90,No. 8,1992, p. 2470.
② 罗纳德·德沃金:《身披法袍的正义》,第58页。
③ 郑玉双:"价值一元论的法政困境",《政法论坛》2018年第6期,第159页。
④ 尼尔·麦考密克:《修辞与法治》,程朝阳、孙光宁译,北京大学出版社2014年版,第39页。
⑤ 史蒂文·J. 伯顿:《诚信裁判》,第64—66页。

势。比如在"牛庆英诉戚立杨等四人赡养纠纷案"中,法官主张成年子女对于因离婚而未能尽抚养义务的父亲或母亲的赡养责任,不能因其与他人缔结新的婚姻关系并由已形成抚养关系的继子女承担了部分赡养责任而免除,而应与该继子女共同履行赡养义务。① 在该案中,法官的裁判不只是对婚姻法第 21 条"子女对父母有赡养扶助的义务"之规定的教义学解释,还将孝道所包含的子女应当扶持和关怀父母的道德理由的非完备性制度内涵加以确认,既克服了制定法的适用困境,也较好地体现了法律推理的建构意义。

在涉及孝道的新兴权利案件中,裁判的弱建构意义会更为明显。由于家事法中的很多规定都是对个体的道德义务进行重述,因此当当事人在案件中提出某种权利主张时,本质上是向法官提出了基于孝道的实在理由来进行道德推理的要求。在我国司法体制下,法官只能在非常有限和克制的意义上进行道德推理。② 但在孝道案件中,这种体制性束缚变弱,主要原因是在价值序列中,孝道价值的内涵中包含着支持权利之共同体属性的强化因素,法官进行道德推理顺理成章,比较典型的是祭奠权的证成。在"廖秀香与邱东山财产损害赔偿纠纷案"一案中,邱东山在父母离婚后随母亲生活,其父亲邱柏华与廖秀香再婚,另生三子。邱柏华去世后,廖秀香与其三子立碑,未刻长子邱东山的名字,邱东山因此破坏了墓碑,并起诉要求刻上自己的名字。二审法院认为邱东山在墓碑上署名的权利是在合理范围内行使祭奠权,予以支持。③ 法官可以从孝道理由的客观重要性和社群道德属性直接推导出

---

① 牛庆英诉戚立杨等四人赡养纠纷案,(2016)苏 0803 民初字 3822 号。
② 法官进行道德推理需要谨慎,不合常理的发挥容易引发争议,比如在判决书中引用圣经作为论据。恰当的道德推理需要在制度语境下处理好情感体验与理性化之间的关系,也要对完整社会事实的善恶性质作出断定。晏辉:"论道德推理",《江海学刊》2013 年第 2 期,第 11 页。
③ 廖秀香与邱东山财产损害赔偿纠纷案,(2017)闽 08 民终 780 号。

以权利进行保护的重要性,而减弱了其他新兴权利在司法证成中需要承担的论证负担。①

第三节　基于孝道的责任分配与权利证成

在对孝道所引发的价值判断难题和弱建构意义的法律推理模式作出剖析之后,第二步是探讨孝道影响责任分配和权利证成的方式。与孝道相关的法律责任分配在一定程度上需要在制定法的框架之下进行,但由于制定法的适用困境和孝道的实践张力,法律责任的判断仍然需要借助于特定的法律推理模式。与孝道相关的权利证成则通常是运用价值序列中孝道与其他价值之间的强化或冲突关系,在特定的司法情境下进行。

(一)孝道对法律责任分配的影响

在裁判中,案件当事人通常以孝道作为价值依据或者辩护理由要求法官作出相应的责任分配,法官相应地需要在道德判断和法律判断中作出权衡和调整。如果既有法律规范已经提供了相对确定的分析框架,比如继承法第 13 条第 4 款所规定的"有扶养能力和有扶养条件的继承人,不尽扶养义务的,分配遗产时,应当不分或者少分",那么法官只需要根据当事人承担扶养义务的程度作出财产分割。如果子女与父母签订协议约定继承人放弃继承而不承担赡养义务,则这种协议因与法律冲突而无效。但在没有直接的法律依据的情况下,法官就需要运用法律推理,来判断孝道的价值内涵究竟在何种程度上发挥影响。

---

① 王庆廷:"新兴权利渐进入法的路径探析",《法商研究》2018 年第 1 期,第 36 页。

孝道对责任分配的影响存在着梯度差异，可以区分为三个梯度。第一个梯度是以孝道责任实践作为权利义务分配的主要标准，是否践行孝道直接决定了行为的责任后果。这一梯度的孝道理由直接来自孝道的背景性价值属性，即子女有赡养、敬重和扶持父母的道德理由，法律以确定化的权利义务话语将这种理由转化为法律理由，在此基础上将父母与子女之间的家庭关系规范化和制度化。其产生的直接法律效果是子女的赡养责任具有确定性和决定性，不论父母是否抚养子女（但父母对子女实施犯罪的情形除外）或者子女由父母所领养。这种确定性体现在几个方面：如果子女不承担赡养责任，包括物质赡养和精神赡养，则可以被法律强制；子女怠于履行赡养责任则在继承份额上可以减少；子女不能以放弃继承权为理由不履行赡养责任；如果父母子女之间约定以孝道是否履行来决定权利义务关系，则孝道理由能直接决定权利义务关系的分配；除非法律所规定的严格条件达成，否则养父母与养子女之间不得解除领养关系。

孝道影响责任分配的第二个梯度在于孝道价值与当事人之间的权利义务是并列关系，两种理由之间形成互动和力量均衡，但通常情况下孝道理由会胜出。最典型的是在法定继承和抚恤金分配的案件中。法定继承是基于法律理由对被继承人的财产进行重新分配，孝道在法定继承过程中处于平行状态并对财产分配产生影响。我国继承法第13条规定的"对被继承人尽了主要扶养义务或者与被继承人共同生活的继承人，分配遗产时，可以多分"，体现的是孝道和法定继承背后的分配正义这两种价值之间的互动和均衡。在孝道需要彰显但同时不会破坏分配公正的情况下，法官可以对当事人的权利义务或责任进行调整。我国继承法第14条规定的"继承人以外的对被继承人扶养较多的人，可以分配给他们适当的财产"，即体现了孝道与继承中的分配正义的融合和协调。在"梁某华、梁某等与梁某文法定继承纠纷案"中,上诉人梁某艺与梁某存在事实上的收养关系,但收养关系因欠缺登记程序而尚未成立。梁某去世后,梁某艺主张继承权,一审法院以未办理收养登记而否定上诉人养子的身份,否认上诉人的继承权。二审法院认为除了可以认定两者形成收养的事实外,还足以认定上诉人向梁月履行了生养死葬的义务,两人存在扶养关系,而且上诉人尽了主要的扶养义务,因此可以分得梁某的遗产。①

孝道影响责任分配的第三个梯度具有更大的不确定性,其主要体现是孝道的非完备形态与法律责任的完备形态之间的张力。典型案例是"于欢案"。当于欢基于母亲受辱的动机而刺死刺伤拘禁他们的人时,孝道这种价值能否削减于欢因防卫过当而应该承担的刑事责任?当孝道的非完备性价值状态以非平行的方式进入具体情境的法律推理之中时,会出现情境性冲突,即孝道为行动者的选择和行动提供了一个与其他法律理由相冲突的情境性和动机性理由,比如于欢杀人的动机是母亲受到了拘禁者的侮辱。这类案件展现了孝道进入法律责任关系的一种情境性冲突方式,要么当事人以孝道为动机性理由违法,要么当事人的行动在违法的同时又维护了孝道,孝道如何影响责任认定就成为一个问题。

孝道的价值属性是否能在特定情境中为当事人的动机提供支持?从一般原理上,答案是肯定的。作为人类所珍视的社会价值网络的重要组成部分,孝道在社会交往和合作中具有基础价值。在特定情境中,孝道即使不能起决定性作用,也可以发挥重要的动机性作用,只是因为情境的不同,其发挥程度要受到不同层次的限制。"于欢案"二审判决

---

① 梁某华、梁某等与梁某文法定继承纠纷案,(2016)粤09民终401号。

书中提出"杜某的辱母行为严重违法、亵渎人伦,应当受到惩罚和谴责"①。最高人民法院"指导案例93号:于欢故意伤害案"中提出"防卫过当案件,如系因被害人实施严重贬损他人人格尊严或者亵渎人伦的不法侵害引发的,量刑时对此应予充分考虑"。两份意见都强调了杜某行为亵渎人伦,是减轻于欢刑责的重要因素。但这两个表述都未能充分地体现出包含着孝道的"人伦"影响责任承担的原理。孝道是于欢维护母亲尊严并以杀害行为进行反抗和报复的情境性理由和动机性理由,由于于欢及其母亲被拘禁的环境以及杜某在众人面前羞辱于母之行为对于孝道之价值实体的破坏,于欢的情境性理由构成了极有分量的竞争性理由。只是基于于欢造成的杀害后果,以及正当防卫制度的既有框架,孝道不能成为于欢的豁免理由,而是具有重要分量的减责理由。

(二)基于孝道的权利证成

在诸多涉及权利主张的孝道案件中,法官可以基于简单的道德推理支持当事人的权利主张。有一些权利,比如祭奠权、探望权和骨灰处置权,的确能够从孝道的价值内涵中获得道德分量。但是由于权利内涵在理论上的争议,孝道证成权利主张的辩护原理是什么这个问题仍然没有得到回答。

首先需要区分家庭责任关系中的两类权利主张,一类是父母与子女、夫妻之间的角色性权利主张,比如子女有权得到父母的抚养,亲属之间有权继承财产。在这类权利主张中,一方向另一方主张权利的基础在于物质利益、自由和发展权益等方面的福祉,这些构成了权利之内

---

① 于欢故意伤害案,(2017)鲁刑终151号。

在伦理属性的传递材料,因而能够避免权利泛化难题。孝道能够为父母子女之间的权利主张提供支持,主要的依据在于孝道与父母子女之福祉的内在关联性。关于精神赡养权保障中的实践难题,很大程度上不是因为这种权利缺乏存在基础,而是在于通过精神赡养促进老年人之福祉和能动性的实施机制的欠缺。[①] 在这个意义上,家庭事务中的传统权利主张大部分是道德权利的法定化和教义化。但司法实践中出现的祭奠权、墓碑上刻名权等主张,虽然表面上是把几千年来被实践着的简化版祭奠传统放置在现代法律逻辑之中,但权利话语的出现带来的不只是名称的改变,也是孝道的非制度形态与法律的制度性之间的碰撞。为什么个体祭奠、怀念其长辈的实践需要以权利形式加以保护?在纠纷之中,权利受损的背后通常是家庭关系的破裂,其他家庭成员有道义上的理由阻止不尽孝道或者违背人伦的成员参与祭奠。以权利的形式保障这些家庭成员的祭奠权似乎与情理相违背,但大多数判决仍然支持权利受损者的主张。

基于权利话语的辩护只能从孝道的价值内涵中获得支持。按照谢夫勒(Scheffler)的主张,即使在长辈去世之后,其后人依然处于一种规范性状态之中,他们可以表达对逝者的追思,并从逝者的精神遗产中获得激励。[②] 孝道之中所包含的相互责任关系在长辈去世之后得以延续,这并非责任延续,而是孝道所承载的共同体属性的继续临在,使后辈继续获得共同善之益处并且更好地实践个人责任。这种基于共同善的利益主张可以以权利的形式得到保障,但由于其与共同善的关联而

[①] 按照纳斯鲍姆的能力进路,老年人在能力上的衰退和缺失是促进家庭成员承担保护责任的结构性动机,因此应该以权利为中心来实现这个目标。玛莎·C.纳斯鲍姆:《正义的前沿》,朱慧玲等译,中国人民大学出版社2016年版,第218、225页。

[②] Samuel Scheffler, "Aging as a Normative Phenomenon", *Journal of the American Philosophical Association*, Vol. 2, No. 4, 2016.

必须受到限制。① 如果当事人既表明了对共同善的漠视,同时又疏于个人责任,那么他的权利主张不能得到支持。

与权利证成相关的是孝道与特定权利主张之间的冲突,具体如孝道与名誉权、隐私权以及身体权利的冲突。有一些冲突能够在现有的法律框架下得到解决,比如父母不能以儿女不孝为理由损害儿女的身体权利。但如果儿女不孝,电视台加以曝光是否会对儿女的名誉权和隐私权构成侵害?孝道与平等、权利等价值之冲突在价值序列层次上可以通过寻求价值论辩加以解决,但在具体情境下依然需要借助弱建构意义的法律推理。在"徐国玉案"中,电视台主持人对不孝子徐国玉的过激言论可以被视为一种基于徐之孝行作出的责任性判断,而非品格性判断,在电视台这个语境之下,在父母、儿女和电视台这个公共领域中,当事人的名誉已经被放置在一个价值论辩之中,个体人格转化为文明规则内在化的社会人格。② 主持人基于孝道的责任性判断言论或许过激,但可以在名誉被论辩的平台上得到容忍,因此不构成对徐国玉的名誉权的侵犯。

第四节　孝道的价值再造:公共道德与建构性司法

从司法视角探究孝道与法治的制度关联,需要围绕法官的推理过程展开,但同样也要涉及个案推理背后的价值网络。前面的讨论关注的是孝道在司法实践之中引发价值判断难题的方式和解决这一难题的出路。孝道在价值网络中的背景性价值地位可以在司法实践之中加以

---

① 朱振:"共同善权利观的力度与限度",《法学家》2018年第2期,第40页。
② 罗伯特·C.波斯特:《宪法的领域:民主、共同体与管理》,毕洪海译,北京大学出版社2012年版,第66页。

确认,但仍然需要在理论上被证成。这构成了本章的最后任务。

(一)孝道是可辩护的公共道德吗?

孝道在传统上是制度和法律设计的精神和道德基础,而在孝道的伦理价值和法律之间起承转合的机制是家族。如果没有家族,那么孝道的制度骨架就会失其完整,正如孟子所言:"孝子之至,莫大乎尊亲;尊亲之至,莫大乎以天下养"。① 在清末修律之后,家族主义在政治和道德的双重意义上受到根本性批判。② 在当代,家族主义除了在文化和经济领域发挥显性或隐性的影响,在法律实践中已经几乎不占据任何制度空间。家族构成了孝道的结构性载体,如果家族失去了制度意义,那么孝道就缺乏成为可辩护的公共道德的结构性空间。这构成了孝道的公共道德辩护的第一个难题,可以称之为孝道辩护的结构性难题。

其次,缺乏家族的结构性嵌入,孝道的社会和经济功能就变得不确定。如果孝道只具有个体意义的情感调节作用,那么就不具备被法律评价的公共基础。而且如果孝道在社会发展中仅发挥微弱的调剂作用,不同于自由和权利等制度性价值所发挥的社会规范意义,那么孝道也不具备进入法律之价值序列的社会基础。这构成了孝道之公共道德辩护的社会性难题。

最后,孝道在中国社会变迁中的式微的背后是个人平等和自治价值的兴起,法治包含着对平等和自治的基本承诺,但因为孝道的文化内涵和传统实践模式与平等和自治存在激烈冲突,因此与法治产生张力。

---

① 《孟子·万章下》。
② 易明、陈先初:"近代史上家族制度批判的多重维度——从清末到新文化运动",《中国文化研究》2017年第2期,第66页。

孝道欠缺进入公共价值论辩的价值基础,可以称之为孝道辩护的价值难题。

  这三个难题构成了孝道进入法律之背景性价值的证成障碍,也是孝道的辩护者迫切需要回答的关键问题。从结构上来说,家族构成了孝道践行的主要空间,一方面在家族之中存在着基于血缘关系的权威结构,另一方面家族内部便于进行管理和教化,承担着维持社会稳定的重要功能。但在当前社会,家族中的权威结构只具有文化意义,并不会受到法律的保障,家族的管理和教化功能基本上被现代经济和教育制度所替代。这是否意味着失去家族支撑的孝道应当退出公共空间?或者说,在当代法治语境下捍卫孝道价值,是否需要重拾家族主义法律观的某些要素?并不尽然。对孝道的内在价值和法律家族化的历史进程进行对照,借助于伦理学分析和社会学意义上的经验观察,可以对以上两个难题作出回应。

  首先,中国法律家族化的历史进程背后受多种力量驱动,孝道作为德礼之本,是礼法合一的驱动力,但并不能因此主张说对孝道的推崇必然会导致家族化,尽管历史确实这样发生。孔子将孝悌视为仁之本,仁是一种关系性美德,是最大限度的妥当和义。仁义能够导出家庭秩序中的和谐和有序,但并不必然会使仁义的道德要求转化为家族这个权威结构中的绝对原则。孔子主张"事父母几谏,见志不从,又敬不违,劳而不怨"[①]。从这段话中解读出的不是父子之间的权威关系,而是关系性美德的具体内涵。古代统治者基于礼法合一理念和对家族之管理功能的重视而将家族伦理秩序与法律秩序混同,并不能完全地反映儒家对于家族之重要性的理解。在此应该区分主张家族利益至上的家族价

---

① 《论语·里仁篇》。

值观和作为社会组织形式的家族观。① 中国的家族法将家族利益放在了至上位置，为了捍卫孝道的绝对性，发展出了大量的伦理性法律和政策，比如存留养亲和代父母受刑。在清末修律之争中，以沈家本为代表的支持新刑律的法理派对于子孙违反教令的存留、卑幼对尊长的正当防卫等问题的立场，虽然援引的是西方的平等和自由等观念，但本质上体现的是对个体的人格独立性的肯定。他们否认的是家族利益至上的家族观，而非家族的组织形式及其背后的伦理纲常。

虽然家族利益至上的家族观失去了社会土壤，但作为社会组织形式的家族观却仍然具有存在的意义，并能够成为孝道的实践载体。作为社会组织的家族在形态上经历转型，但在价值结构上却没有与其传统渊源一刀两断。这主要体现为三个方面。第一，孝道的价值不是一维的，而是多维的，特别是其与政治和社会变迁之间的关联，并不会因为家族在法律中的退隐而自动地获得妥善安置，在去家族化的百年历程之中，孝道和家族的价值不断在调整，家族的价值也不断被诠释和重构。② 第二，中国社会的去家族化历程强调的是家族在功能上的转型，即淡化家族在社会治理和经济发展中扮演的重要角色而转由国家承担，但在一定程度上忽视了家族在价值意义上的转型，即由权威型支配伦理向共同体德性伦理的转向。权威性支配关系体现的是《孝经》中捍卫的"孝莫大于严父"③。而共同体德性体现的是个体在家庭关系中基于尊严、关怀等价值而承担的客观道德责任。据此，家族在现代社会和经济制度的发展形态下必然面临结构弱化的命运，但应在价值上实

---

① 贾新奇："论家族主义的内涵及其与儒家文化的关系"，《哲学动态》2014年第2期，第17—18页。
② 胡雪莲："家庭与政治：民国时期家制改革的'主义'之争"，《现代哲学》2017年第3期，第132—138页。
③ 《孝经·圣治章》。

现德性转型。第三,与家族的德性转型相配套的是,家族在法律上仍然占据一席之地,而呈现出弱的公共空间意义。这主要体现在亲属继承关系纳入民法典、老年人权益保护和养老保障制度之建立。传统家族的功能被替代,但家族内嵌的伦理价值和规范内涵在与社会和法律实践的互动之中被赋予新的使命,主要集中在老年人精神赡养、养老机制的完善、老年人生活质量的提升等方面。在这三个方面的引导下,去家族化的家庭结构重新具备了进入公共空间的姿态,孝道呈现出公共道德面向。

孝道的社会性难题的破解在于确认孝道既不是冗余价值,也能够在社会公共交往中发挥意义,因此可以从两个方面对第二个难题进行分析。

首先,孝道价值在社会价值序列中并不冗余。在家族利益至上的家族组织中,孝道与法律融合和纠缠而发挥规范和治理作用。在家族结构弱化的情况下,孝道的强约束功能部分移交给法律,而更多地发挥德性培育和正向激励作用。按照社会学家的统计研究,孝道在经历权威性孝道向相互性孝道的转型之后,反而在代际传递效应上得到了提升。① 此外,孝道在家庭的公私面向之间承载着情感沟通和价值纽带作用。近几十年来,西方世界在面对老龄化危机时,针对老年人关怀和权益保障的方案进行了大量的研究,但难以取得实质性突破,其背后有两个深层原因。一是主流理论并不认可孝道这种价值或否定孝道的存在基础,二是缺乏孝道支撑的代际正义观存在重大缺失,致使家庭或家族观在法律视野中缺失,老年人关怀和权益难以得到实质性保障。②

---

① 陈滔、卿石松:"中国孝道观念的代际传递效应",《人口与经济》2019年第2期,第66页。

② Shannon Edelstone, "Filial Responsibility: Can the Legal Duty to Support Our Parents be Effectively Enforced?", *Family Law Quarterly*, Vol. 36, No. 3, 2002, pp. 501-514. 从经济分析的角度分析美国成年子女因自愿照顾老年父母而导致的成本损失,参见理查德·波斯纳:《衰老与老龄》,周云译,中国政法大学出版社2002年版,第338—340页。

相比之下，中国的孝道文化使得孝道成为分析家庭关系的一个核心观念，因此在分析家庭背后的价值网络时具有不同于西方世界的优势。当然，这个优势并不必然导致中国的老年人权益保障制度更为完善，但至少能够在相关制度设计上发挥价值补强作用。①

其次，虽然孝道逐渐失去其组织意义，但仍然可以发挥价值和制度意义。当前在我国的法律制度中，家庭的角色并不清晰，家庭所面临的制度困境在老龄化危机加剧之下更为明显，一系列关于家庭和老年人权益保障的社会难题暴露出来。孝道能够为解决这些难题提供价值指引和辅助。例如，孝道能够在养老保障制度的设计中发挥价值指引作用，并促进家庭、宗族和政府之间在养老保障上的合理分工。② 又比如当代赡养实践中精神赡养制度的完善，不同于传统的孝亲伦理，而是在新的社会伦理关系之中老年人作为享有尊严和权利之主体的法律定位问题。精神赡养权的提出表明老年人的精神利益在法律上的重要性，但如果不借助于孝道价值的阐释，那么老年人的精神利益就不能展现出独特内涵。西方学界更多是从老年人的生活质量和能力来界定老年人的福利状态。③ 但脱离了孝道所体现出的家庭内部的独特德性维度和子女对父母关怀的特定情感利益，老年人的精神利益就是不完整的。精神赡养权的提出，虽然在法律上带来了规则化的难题，但其表明的是家庭作为私域对外在经济理性的对抗，并反过来凸显家庭的共同体属性。孝道并不排斥法律的介入，而是与复杂的赡养实践形态相结合，为

---

① Li Chenyang, "Shifting Perspectives: Filial Morality Revisited", *Philosophy East & West*, Vol. 47, No. 2, 1997, p. 228.
② 钟曼丽、杨宝强："农村家庭养老中的家国责任：历程考察、实践难题与边界厘定"，《理论月刊》2019年第2期，第159页；高和荣、张爱敏："宗族养老的嵌入性建构"，《吉首大学学报(社会科学版)》2019年第3期，第159页。
③ 王昶等："国外老年生活质量研究的重心转移及其启示"，《国外社会科学》2019年第1期，第25—26页。

精神赡养权的利益内涵划定边界。①

(二) 从节制性立法到建构性司法

在现代法治语境下,孝道无法像传统实践那样整全地进入法律,主要在于非完备制度形态的孝道与法治的制度性要求之间存在张力,而立法并不能赋予孝道以完备制度形态。重视孝道传统的亚洲国家和地区在孝道立法上存在差异,韩国和新加坡以法律形式规定了成年子女的孝道责任,而中国香港地区并未采取立法形式。② 实践中的困境表明立法并不总能实现既定目标,因为孝道与其他价值之间的冲突在立法上并不能妥善解决,往往会导致形式大于实质的效果。但这并不意味着孝道与法治之间的冲突无法调和。

首先,价值冲突是人类多元社会实践的常态。孝道的价值属性自身无法为孝道的价值冲突提供一种整全的解决方案,这并非因为孝道的价值基础薄弱,而是因为在现代多元社会,价值冲突的解决涉及价值的社会实践形态、价值不可通约性难题以及实在法体系等多种因素。然而,孝道的价值内涵至少可以针对这些因素提供框架性的分析方案。孝道在国家主义层面的退场与在社会层面的再生性力量为孝道进入法律制度提供了公共理性基础。

其次,孝道作为一种公共道德,并不必然需要借助强势立法才能体现出其规范意义。由于孝道与法治的独特张力和冲突解决路径,从节

---

① 举例来说,伴随着老龄化危机的到来和智能技术的迅猛发展,社会化和智能养老成为发展趋势。护理机器人进入家庭代替或帮助子女为父母养老成为解决未来社会养老问题的一个可供选择的方案,但同时也会带来孝关系疏离的风险。因此,在规制护理机器人发展的产业规范中,应该将孝道作为一项重要的要求而纳入其中。王健、林津如:"护理机器人补位子女养老的伦理风险及其防范",《道德与文明》2019年第3期,第134页。

② GHY Ting & J Woo, "Elder Care: Is Legislation of Family Responsibility the Solution?", *Asian Journal of Gerontology and Psychiatry*, Vol. 4, No. 2, 2009, pp. 72-75.

制性立法到建构性司法是捍卫孝道的必然选择。司法实践是孝道的价值意义的再造空间,不同于在各种抽象价值之间进行取舍和妥协的立法。法官对具体化的利益冲突和规范主张作出裁断,虽然不能反映孝道价值的全部内容,但能够借助于司法技术和法律推理对孝道价值进行"再加工",反过来重塑孝道的法治意义。我们可以从三个方面分析孝道在司法中的建构意义。

第一,司法实践是反映孝道之社会困境的鲜活素材,是孝道实践中的利益冲突的个案呈现。孝道案件在宏观上是反映中国家庭的社会经济功能的函数,在微观上是检验家庭法律制度的试金石。无论是在古代还是现代,司法与制定法之间都存在着千丝万缕的联系。但在现代法治语境下,司法不只是诉讼的争议解决技术,也是在公共权力平台上对价值世界的动态调整。法官可以在孝道案件中进行建构性的法律推理,而尽量避免修辞性的孝道文化表达。孝道冲突是孝道价值被争执、漠视或扭曲的社会外显,本质上是孝道的内在价值在实践中的落空。司法解决方案不只是对当事人责任关系的恢复,更是对孝道的非制度性价值形态的制度性确认。

第二,司法是一个超越政治理性和技术理性的公共理性平台。[①]立法体现出对政治、对社会价值实践的选择性截取和有限回应,而司法也遵循着自身的公共理性逻辑,对纠纷中涉及的价值难题进行化解。法官需要说理,在最高人民法院推动判决书说理的背景下,司法的公共理性角色将被强化。"于欢案"二审判决书和指导性案例的裁判要点

---

① 吴英姿:"司法的公共理性:超越政治理性与技艺理性",《中国法学》2013年第3期,第73页。公共理性这个概念的主要倡导者是罗尔斯,但他主要是从政治秩序的安排这个角度探讨公共理性的内涵。公共理性在司法过程中的具体适用,主要强调的是司法推理的过程和结论是合乎情理的。约翰·罗尔斯:"公共理性理念新探",陈肖生译,载谭安奎编:《公共理性》,浙江大学出版社2011年版,第137页。

中的分析都能体现出司法的公共理性特征,但仍然存在欠缺,主要在于法官顺应了民众情感,但未能充分展示出孝道在切入刑事责任认定中的建构意义。法官并非总是能对案件背后的价值冲突作出高超的剖解,但司法是回应现实冲突最便捷的公共渠道。在这种情况下,司法不能只扮演孝道纠纷的减压阀,而是要在公共理性框架下,通过法官说理、价值平衡和权利证成等建构性方式将孝道的价值内涵展现和贯彻到案件之中。

第三,孝道纠纷的建构性司法过程能够促进家庭和养老保障立法。中国家庭的结构和模式伴随着社会变迁和经济发展而不断调整,难以确定一种固定的家庭组织形态来要求家庭成员加以恪守。法律自身的价值体系也在不断调整。如果将孝道与法治视为互动型而非排斥型的关系,那么孝道能够以一种稳健的姿态进入立法之中,但需要借助司法的资源支撑。当前在家庭和社会保障立法中的许多难题,比如赡养责任的细化和强化执行、老年人监护制度的建立等问题,需要从社会实践中获得实证素材,但更迫切地需要从司法的建构性过程中获得关于孝道实践的整体价值图景。司法对立法的反哺并非一蹴而就。刑法中孝道对刑事责任的影响应当与刑法基本原则相协调,因此难以通过明文形式在刑法中确定孝道的位置。民法中基于孝道的新兴权利主张需要通过司法过程的沉淀才能够稳定地进入人格权体系之中。以精神赡养权为例,有学者建议不宜将该权利直接纳入民法典之中,而应作为一种倡导性主张。① 在养老保障立法中,可以基于司法裁判经验,通过更为灵活的方式对成年子女的赡养责任和政府责任进行划定。即使从孝道的价值内涵中不能直接提炼出孝

---

① 朱晓峰:"孝道理念与民法典编纂",《法律科学》2019年第1期,第87页。

道的公共保障机制,但司法对立法的反哺显然是孝道的公共道德属性的应然要求。

第五节　结语

家庭秩序是一个不断面对法律与道德之激烈冲突、人性与社会性之反复纠缠的变动空间,我们既难以提出一种永恒不变的支配性原则来对家庭进行结构化界定,也难以确立家庭事务之纠纷的固定化解决方案。但家庭不应该从公共秩序中退场,作为家庭之内嵌价值的孝道也能够发挥公共道德的价值和功能。裁判是法官通过具体案件中的法律推理而解决纠纷的动态过程,虽然其意义主要在于对特定事实的规范意义作出裁决,但司法实践是嵌入整体性价值实践的社会过程,孝道的社会意义也需要在关照司法的社会实践结构中被完整地建构。中国正在经历深刻的社会变革,家庭和孝道的价值也会受到冲击。尽管孝道会随着社会结构的变化而发生形式和载体上的改变,但至少从情感上,我们认为孝道的价值内核并未变化,孝道与法治之间也并非水火不容。即使孝道的法律意义在立法上被淡化,但在鲜活的纠纷之中却表现出极为丰富的价值内涵,只是孝道的司法意义上的空间并没有被充分释放出来。在司法空间中把孝道的价值内涵转化为公共道德,并重构现代家庭在社会发展中的弱公共属性,可以实现孝道价值的再造。

第六章
文化治理与文化权利的道德维度

文化事业的发展是一个社会内在繁荣的重要内容,关系到每一个共同体成员的伦理和道德福祉。我国宪法第 22 条规定:"国家发展为人民服务、为社会主义服务的文学艺术事业、新闻广播电视事业、出版发行事业、图书馆博物馆文化馆和其他文化事业,开展群众性的文化活动。"宪法第 47 条规定:"中华人民共和国公民有进行科学研究、文学艺术创作和其他文化活动的自由。国家对于从事教育、科学、技术、文学、艺术和其他文化事业的公民的有益于人民的创造性工作,给以鼓励和帮助。"这两个宪法条款从国家责任和文化自由两个方面确立了文化事业的基本法理机制,即国家有责任促进文化事业的发展,而公民个体享有从事文化创作和产出文化成果的自由。然而,这一抽象的责任-自由关系模式并不能完全反映出文化事业发展中的独特机理。作为社会共同体自我反思和理解的动态观念性力量的文化事业与以强制性手段为依托的公共权力之间的关系究竟如何,在理论上仍然存在着很多疑问。

近几年学界提出了不同形式的文化治理理论,但文化治理与法治之间的关系却在一定程度上被忽视。国家治理现代化与法治的有机关系是当代中国政治和法律实践的基础性命题,通过法治促进和保障国家治理现代化是必然选择。因此,从理论上说,文化治理和法治之间存在着逻辑上的必然关联。我国宪法以明文形式赋予了国家对文化事业进行管理的宪法责任和使命。同时,需要对宪法中关于权利和自由的条款进行教义化的解释和充实,方能使得国家的宪法责任真正落实。文化内嵌于整体的社会实践,而社会实践又受到历史和现实处境重塑的诠释性实践。文化繁荣关乎社会中每个个体不同的情感需求、价值认知和生活信念,国家能够对这些观念和认知进行制度性塑造,以形成共同体的文化认同和凝聚力。① 法治为国家的文化治理政策、策略和特定目标与公共群体和个人的复杂文化实践之间的对接提供了公共理性平台和规范化机制。如果没有法治,文化治理只是政策性治理和工具性治理。在更为根本的意义上,作为国家治理的内生性驱动力量,法治同样也是文化治理的创新驱动机制,为文化治理建构符合现代化治理逻辑的公共理性平台和实现善治的动力源头。

本章尝试从几个方面分析法治对于文化治理的创新意义。首先,文化的本质与文化治理之间存在概念关联,文化治理是文化实践之价值网络的社会结构化呈现,但文化治理也应遵循"治理"的内在逻辑,因此基于文化的价值本质,文化治理具有三重属性。其次,本章分析文化治理与法治之间的理论关联,探讨法治作为文化治理之创新驱动机制的法理基础。

第一节　文化的本质与文化治理的三重属性

国家的现代化治理成为现时代的重大实践命题,贯彻于政治和社会生活的各个领域。文化事务是政治和社会生活的组成部分,因此文

---

① 张慰:"艺术自由的文化与规范面向——中国宪法第47条体系解释的基础",《政治与法律》2014年第6期,第58页。

化治理当然地属于国家治理的重要组成部分。① 但对于什么是文化治理,如何实现文化治理的问题,学界仍然存在很多争议。② 在西方世界的学术脉络中,治理理论的产生和发展深受福柯的"治理性"理念的影响。在福柯的理论中,治理指的是治理者通过宰制技艺的实施而改变治理者与被治理者之相互关系的权力实践,是权力技术的概念化和主权运转之目标的建构。③ 受福柯影响的本尼特发展出文化治理的观念,他认为文化治理是政治治理的独特表达形式,文化内嵌着治理的权力结构,通过知识、技艺和艺术等形式塑造社会。④

我国学者对于文化治理的研究起步较晚,其背后的理论动力在于国家将现代化治理作为一项核心的法政追求,从而将文化治理纳入政治行动的制度框架之内。⑤ 既有研究突出了文化治理的治理结构和治理结果。治理结构分为纵向和横向两个维度。从纵向结构上来说,突出治理过程中政府、社会力量和个体的文化参与。从横向结构上来说,通过拓展文化治理的适用领域,比如在图书馆建设和运行中体现文化治理的意义,来彰显文化治理的综合性和全局性。⑥ 从治理结果上来看,文化治理包含着善治和效益两个层面。善治体现为治理过程符合

---

① 参见刘忱:"国家治理与文化治理的关系",《中国党政干部论坛》2014年第10期。
② 参见竹立家:"我们应当在什么维度上进行'文化治理'",《探索与争鸣》2014年第5期;王蔚:"文化治理不是治理文化——与竹立家教授商榷",《探索与争鸣》2014年第8期;王前:"理解'文化治理':理论渊源与概念流变",《云南行政学院学报》2015年第6期。
③ 米歇尔·福柯:《安全、领土与人口》,钱翰、陈晓径译,上海人民出版社2010年版,第102—112页;崔月琴、王嘉渊:"以治理为名:福柯治理理论的社会转向及当代启示",《南开学报(哲学社会科学版)》2016年第2期,第59页。
④ 托尼·本尼特:《本尼特:文化与社会》,王杰等译,广西师范大学出版社2007年版,第206—216页。
⑤ 参见周彦每:"公共文化治理的价值旨归与建构逻辑",《湖北社会科学》2016年第7期。
⑥ 参见张收棉:"论公共图书馆的文化治理功能",《图书馆杂志》2017年第6期。

良好治理的标准,效益则强调了治理能够取得的成效,比如文化价值观念的深入人心和文化产业的繁荣等。

尽管已经有很多学者对文化治理的模式和目标作出探讨,但文化治理的内涵仍然充满着很多不确定性。首先,由于文化治理话语的出现在外在上受到西方文化理论的刺激,在内在上由国家治理现代化的政治逻辑所激发,因此文化治理到底只是传统意义上的文化管理被冠以"治理"之名,还是自觉地进入一种新模式,这个问题尚不清楚。由此产生的问题是,文化治理与经济治理或乡村治理等表达,共享着一种治理结构,只不过文化治理发生在文化领域,但这种解释忽视了文化事务与经济事务之间的本质区别。

其次,治理是一种复杂的政治行动过程,涉及治理主体、对象和目标等多个方面,但治理概念的内容也比较空洞。[①] 在文化领域,主体、对象和目标这几个方面都存在着内涵不确定的问题。以公共文化服务为例,公共文化服务是政府通过提供文化服务或资源的方式使社会民众受益的行政过程,其旨在提升公众的文化受益程度,比如通过建设公共图书馆来提高公众的知识受益程度。然而,判断政府是否提供了好的公共文化服务,只需要确认在政府的行政给付和公众的文化需求之间是否达成了一个合理的平衡便可,此处引入文化治理这个概念,对公共文化服务的优化并无实质帮助,反而显得多余。

第三,中国的文化实践包含着一个特征鲜明的宪法框架,即国家对文化事业的引导作用。宪法所规定的这个角色在表面上与文化治理的观念相吻合,但实际上并未在概念上预设一个文化的内在治理结构,因

---

① 王绍光:"治理研究:正本清源",《开放时代》2018年第2期,第168页。

此二者可能实际上是冲突的。① 既然文化治理是一种塑造社会的权力实践形式，那么这种权力实践需要满足两个要求，一是能够制度化，二是能够获得道德证成。但无论是福柯的治理性观念还是本尼特的文化治理观，都无法就这两个要求作出完整的说明。

文化治理概念的模糊性与文化和治理两个概念的模糊性相关，也影响了文化治理应当实现的目标的清晰性。究其根源，文化概念的模糊性问题更为突出。文化是一个内涵极为丰富但又显得空洞的重要概念，文化实践兼具时间性、地域性、流动性和政治性等多重属性，因此无法确定一个统摄所有文化类型和实践特征的文化概念。但既然文化实践是社会实践中的普遍情形，那么文化实践应有一个相对稳定的实践结构，即从不同的学科视角可以对这个结构作出不同的解读。

（一）文化的本质与文化事务的价值面向

按照德沃金的主张，社会实践概念存在着概念与概念观之区分。② 概念是凝结实践之意义的语词表达，而概念观是对这种实践意义的阐释。由于社会实践中的概念并不存在着一个自然意义的结构，其意义呈现存在着不确定性和模糊性，因此存在着对实践意义进行阐释的不同的竞争性概念观。这些概念观在一个竞争平台上，既力图呈现出概念的最佳意义，又强化了概念内核的争议性。就文化这个概念而言，其意义维度由个体与共同体的关系所投射，同时又受到社会、经济和历史

---

① 如果对"八二宪法"的序言、总纲、涉及权利和国家机构的部分中有关文化的规定进行体系性观察，可以发现其不只包含关于文化治理的规定，也包含文化国的国策预设、文化自由的设置和对民族文化的区别对待，如果不对宪法规范进行教义学阐释和体系性规整，这几个方面可能存在内在冲突。参见张艺耀："中国宪法文本中'文化'概念的规范分析"，《河北法学》2015年第4期。
② 罗纳德·德沃金：《法律帝国》，李冠宜译，台北：时英出版社2002年版，第75页。

等多种因素影响。

本章提议一种基于共同善这个概念而阐释的文化概念观,在此基础上呈现文化治理的结构。共同善是当代伦理学和法哲学讨论中的一个基础性概念,其理论渊源可追溯到亚里士多德和阿奎那,在现当代则由 T. H. 格林、约翰·菲尼斯、约瑟夫·拉兹和迈克尔·桑德尔等思想家所倡导。① 相比于文化这个社会维度的概念,共同善是理解人类整体实践的基点。按照菲尼斯的主张,共同善是个人福祉和成就的根本方面,是人作为一个独特的生物性和社会性存在的共同善好,也是共同体合作行动的本旨所在。② 人的实践围绕着生命、知识、审美、友谊和实践理性等基本的善展开,在追求和实现共同善的过程中形成了道德观念,社会经济、政治和法律制度的建构也从共同善的概念之中获得不同层次的支持和证成。在菲尼斯看来,共同善是共同体以规则治理、维护基本协作和实现繁盛的规范性源头,也是社会自我理解和塑造的智识资源。

共同善这个概念在社会制度和法律制度的建构上可以成为价值支点,也为我们理解文化的规范性面向和实践结构提供了可靠的起点。文化的解释和定位与理解世界自身的共同善有关。共同善代表着人的福祉的客观面向,而文化则是这种客观面向的外在符号性、互动性表彰。简言之,文化不是客观价值,但却是客观价值在社会交往和理解中的映射。③ 文化实践是共同体成员追求和实践共同善的过程中所形成的共享性社会理解,是经历史意识、社会反思和集体表达的多重纠葛而

---

① 参见 T. H. Green, *Prolegomena to Ethics*, Oxford: Oxford University Press, 2004; John Finnis, *Natural Law and Natural Rights*;约瑟夫·拉兹:《公共领域的伦理学》,第 52—69 页;迈克尔·桑德尔:《民主的不满:美国在寻求一种公共哲学》。

② John Finnis, *Natural Law and Natural Rights*, p. 85.

③ 该主张受格尔茨的"深描"理论的启发。参见克利福德·格尔茨:《文化的解释》,韩莉译,译林出版社 1999 年版,第一章。

进入共同体的自我塑造和理解之中的观念性力量。文化实践是复杂的,被历史、政治、宗教和艺术等多种因素吸收和更新,但这种实践的本旨呈现两个关键面向:第一,文化实践虽然存在多种形式,但都围绕共同善展开,成为共同善的外在映射;第二,文化对个体产生观念性塑造力量,内嵌着一种权力结构,因此文化天然地具有治理性。

(二)文化治理的三重属性

文化治理由政府主导,涉及政府、社会和个人三方主体。就政府这一方而言,任何国家的政治管理都会针对文化事务持有特定的政治立场,因为文化发展本身与政治进程存在着各种关联。在我国,作为执政党的中国共产党本身在文化上具有鲜明的先进性追求,同时在文化发展上也承担主导性地位,因此文化治理具有意识形态属性。[①] 政府作为党的文化政策的执行者和文化治理行动的承载者,需要在文化的意识形态特色和社会构建力量之间进行对接,进而达成平衡。文化也具有社会流通性和塑造意义,因此文化治理需要在过程和结果两个层面都体现出文化与社会的互动关系。同时,文化最终要成为塑造追求良善之个体的观念性力量,只有从流动性的社会观念转变为影响个体之推理、促进个体追求良善之能力的具体观念,文化才能在社会发展中实现其价值。

文化治理也相应地具有政治性、社会性和价值性三个属性。这三个方面并非截然区分,而是相互关联,贯彻到文化治理的始端与终端。文化治理所包含的意识形态前置的外在体现也是文化治理所要实现的特定价值目标,比如公民道德感的提升、审美能力的塑造,这符合马克思主义关于文化发展的基本原理。同样地,文化治理的社会性沟通了

---

① 靳亮、陈世香:"文化属性'三分法'与中国公共文化治理的本土化建构",《上海交通大学学报(哲学社会科学版)》2018年第2期,第80页。

政治性和价值性,这一点使文化治理区别于传统意义上的公共管理。①文化治理需要依附于特定的社会实践和交往结构,而社会结构既能体现政治或政策的调整意义,比如社会主义核心价值观在社会观念和文化领域的内嵌,又能体现出文化所映射的特定共同善的表达,比如博物馆的兴建是为了促进社会公众对知识之善的追求,体育运动体现出生命之善的重要性,文学艺术、影视行业的发展繁荣彰显了审美价值。

由于文化治理的这三重属性贯穿于政府政策实施、社会公众参与、个体接收和回应的大多数环节,因此既有的文化治理理论更多是从文化治理的某一种属性的具体内涵进行深入探究。然而,如果只顾及某一个方面,容易错失文化治理在其他方面的目标追求,反而更不容易区分文化治理与文化管理或管制之间的差异。只有将文化治理纳入法治的理论框架之中,才能融贯地处理文化治理的三重属性之间的有机关系,并且展现文化治理的独特治理意义和价值追求。我国正处于全面建设中国特色社会主义法治的关键时期,国家治理与法治建设一体两翼。国家治理的内在价值动力在于法治理想和图景,文化治理当然地也内嵌着法治这种基本的政治理想。由于文化实践的特殊性,法治对文化发展和治理也具有更为特殊的制度意义。换言之,法治是理解文化治理的内在结构并展现其政治和社会意义的内在要求。

第二节 作为文化治理之创新机制的法治

根据文化治理的内涵,以权力形式对文化实践进行规制和塑造,应当遵循公共权力的实践原则约束和公共道德的价值引导。文化治理的

---

① 参见潘信林、孙奥军:"文化治理:公共管理范式转型的替代性目标选择",《湖南社会科学》2017年第5期。

第六章 文化治理与文化权利的道德维度

权力结构与法律形成复杂的互嵌关系,这个关系呈现为三个方面。

第一,文化治理包括公共权力实践和制度性的社会主体互动,法律规则为文化治理提供合法性基础和规则保障,因此紧系于法治这一价值。法治的核心要义是共同体以法律为人们的行动提供指引,文化的法律治理也需要在这样的法治框架之下进行。但法治与文化治理之间是什么关系,为什么法律的文化治理紧系于法治的价值?文化治理是在二阶意义上对社会共同体的文化观念进行重塑的实践,是治理秩序的一部分,归属于国家权威以实际的制度能力和规范力量来管理、调整和促进社会利益格局的过程,因此文化治理的目标是"善治"。而法治是在社会共同体的共同善实践中通过规则进行治理的制度性实践。[①] 文化的善治与法治之间通过"良法"这一观念形成政治道德意义上的关联。在文化治理的实践中,良法是沟通文化领域的法律之治和文化善治的动态复合标准。

第二,文化治理为法律所保护的诸多价值提供了制度平台和政治论辩空间,比如通过文化实践追求言论自由和尊严等。文化的法律治理要在法治的框架之下展开,在此基础上才能使治理实践符合实践理性的要求。法治实践是人类社会的一项重大公共成就,社会共同体的每个成员担负起相互忠诚和承担责任的重要角色。作为人类重要实践形式的文化实践,在进入法治这种公共实践之后,与其他价值产生了实质性关联。这些重要的价值包括言论自由、权利和尊严等。《经济、社会及文化权利国际公约》这份重要的国际文件中所规定的文化权利,即是文化实践的公共形象,也是在文化的法律治理进程中必须要加以妥善安置的基本价值。在一定程度上,文化权利成为文化的法律治理

---

① 法治与善治之间的关联,参见郑玉双:"实现共同善的良法善治:工具主义法治观新探",《环球法律评论》2016年第3期,第31页。

的核心要素。① 同时,文化实践包含着个体通过言论等形式来传达对共同善的理解,通过与共同体的文化互动而创造出尊严得以实现的外在形式,因此文化权利要与言论自由和尊严等价值进行协调。

第三,法治是文化治理的创新驱动机制。文化具有时空性和延续性,文化的生命在于持续不断地通过文化观念的传承和文化力量的更新让个体在共同善的追求之中得到福祉。因此,文化不是静止不动的,而是具有本质上的创新性。创新是社会进步的源动力,文化创新不同于技术和经济创新,技术创新的本质在于人实现特定目标和改造世界的能力得到提升,经济创新旨在提高人类创造物质效益的能力,但文化创新的意义在于改变个体和社会追求共同善的映射关系,其既不以效益的提升为主要评判标准,也没有技术创新和经济创新那样的强工具意义。换句话说,文化创新是文化自身的创新,是文化贡献于共同善的映射能力的创新。

文化创新与文化治理构成了反合性关系。文化创新是文化治理的目标,也是文化治理的构成性原则和本质要求。如果文化治理不能促进文化创新,那么文化治理就会蜕变为文化管理,与文化创新割裂。但文化治理这个概念更为强调治理方式与治理目标之间的良性均衡,却并不能特别地突出创新在文化治理中的重要意义。以近几年新兴互联网文化形态的治理为例。互联网本身就是芜杂的虚拟空间,给政府监管带来了很多难题。互联网文化在各个方面都区别于传统文化,甚至很多文化现象与传统意义上的文化观念产生了激烈的冲突。② 网络直播和短视频等新型移动互联网交往模式的出现,与传统意义上的社会交往和文化产出模式迥异,而且也带来诸多负面问题,比如低俗直播和

---

① 参见莫纪宏:"论文化权利的宪法保护",《法学论坛》2012年第1期。
② 王虹:"互联网时代的文化治理:融合与创新",《国家治理》2016年第33期,第31页。

第六章 文化治理与文化权利的道德维度

拜金风潮。然而,如果只是采取一刀切的管控模式,反而会加重执法负担。低俗是一种约定俗成的主观性和心理性判断,并不存在一个客观的评判标准,执法机构的突击式规制会迫使互联网文化服务的供给者将主要精力放在内容的预防性自查而非内容的创造之上。

当然,人们可能会质疑,像"抖音"这种娱乐性和消遣性的移动互联网平台所承担的积极文化功能非常有限,因此政府应该采取严格的审查标准。但这种判断是对文化实践的复杂结构的误解。文化是对基本价值和善的映射,每一种基本善都存在着多种映射方式,这也是文化现象精彩纷呈的主要原因。历史文物和古建筑是传统思想和文化的物质载体,对现代人也具有文化塑造作用。但这并不表明历史文物在知识价值上能够使今人获得多大助益,而是因为历史文物是古代文明的物质结晶,以有形方式沟通了古代和现代,既强化了民族记忆,也凝聚了当代人的情感认同。显然,文物以情感纽带的方式映射了知识之善,并促进人们在文物保护的过程中强化对知识之善的追求。与之类似,虽然"抖音"等新型互动模式并不会直接地创造知识(这可能也是偏见),但"抖音"代表着移动互联网语境之下的新型社会构建方式,即将互联网所带来的虚拟空间推向了一个更具实质性和参与性的社群生态。这个新兴的虚拟社群当然存在着很多弊端,但它具备了虚拟文化群体的基本特征:参与性、互联性、浸染性和创造性。那么"抖音"这种平台当然地属于文化平台,而且借助于信息技术和大数据等以更为深刻的方式映射着知识、游戏和社交性等基本善。① 互联网监管机构迫

---

① 相比于传统文化交流模式,互联网文化对基本善的映射方式是多元的,甚至是异化的,但我们不能就此否认互联网文化的正当性。虚拟网络技术给多元化文化表达提供了沃土,典型的如网络恶搞的兴起。恶搞借助于网络的高速传播性,以扭曲的方式传递言论和表达。因此,网络恶搞是独特的文化现象,也是言论自由的体现。需要在文化治理的框架下,通过科学和理性的法律规则设计对网络恶搞进行规制。参见曾一果:"符号的戏讥:网络恶搞的社会表达和文化治理",《南京社会科学》2018 年第 12 期。

于社会舆论压力而对"抖音"等平台进行高压式审查,并不符合文化治理的内在理性逻辑。互联网文化的丛林式发展给文化监管机构造成了空前的执法压力,但解决这一难题的出路不在于管理,而在于治理。文化治理是内含着节制性和宽容性的监管理性的政治行动框架,而且也要尊重文化与共同善之间的映射逻辑。

这三个方面表明,法治是文化治理的内在构成性要求。法治为何能够成为文化治理的创新动力源头?这个问题涉及三个方面:法治在现代国家治理中的基本运行原理、法治对于文化治理的意义和法治对文化创新的作用。法治是现代政治和法律实践的正当性逻辑表达,也是中国政治建设的基本命题。在文化治理这个主题上,法治的内涵首先会转化为国家在文化事务上的权力实践边界和正当性原则,其次反映为法治的理想诉求和价值目标对文化治理的价值追求的影响。这两个方面都与文化创新有直接关联,也决定着文化治理的创新。

按照法治的经典界定,法治包含着对以规则进行治理的基本信念的持守和对法律所追求的良善价值目标的认可。从这种内涵来看,法治更加注重规则发挥的行为引导作用和社会公众的稳定性期待。但以规则进行治理同样也存在着创造性的面向。这体现在规则给社会行为的调整和基本价值的追求提供了一个公共辩论和价值重建的框架,使得社会行动和多元化的价值追求以一种独特的制度化和程序性的方式被规制和约束,社会基本价值以稳定和可预期的方式被最大限度地释放和追求。

法治有着不同于治理和政策行动的逻辑,法治通过规则的形式对治理过程进行规范和合法性控制。规则是法治的肉身,规则背后的价值追求是法治的灵魂。确立文化治理的法治框架,首先需要确立文化权力实践的法治原则,即面向文化事务的规则制定和适用背后的基本原则。其次围绕法治的规则面向展开,探究文化治理如何通过规则之治实现其治理目标。但根据很多学者的总结和观察,相比于其他法律部分,我国文化事务相关的法律规范比较欠缺,大多是层级较低的法规规章和政策要求。① 到目前为止,在法律这一层级上,仅有公共图书馆法和电影产业促进法等相关规范。法律规范的位阶过低,并不足以对文化治理形成强有力的支撑。在实践中,文化立法的确有着各种形式的阻力和困难,比如文化事务的范围难以界定、管理主体多元且重叠等。但更为根本的原因是文化立法背后的源动力仍未界定清晰。文化立法在技术上的障碍可以通过不同权力部门之间的协调、广泛社会主体的参与和合理限度的利益妥协来解决,但文化立法的基本原则必须通过学理探究加以解决,这样才能回应文化治理中面对的各种实践困境。

第三节 文化治理的法治化的基本原则

要将文化治理纳入法治化的结构之中,需要在原则和框架两个方面都体现出法治的内在原理。一方面,文化治理应当与文化事务之法律规制的内在原则相一致,这些原则不只是法治的一般原则,比如法律的稳定性、清晰性和内部融贯性,还是针对文化事务之独特发展逻辑的具体原则性要求,我们可以称之为文化治理的法治化的政治道德原则。文化治理是一个运用权力对文化事务进行调整、引导社会多方参与的目标导向性政治行动,包括政策实施、目标设定和多方主体合作等。法治化原则贯穿于文化治理的全过程,对文化权力的行使构成限制,并为

---

① 参见喻少如:《公民文化权的宪法保护研究》,中国法制出版社2017年版;刘佳璇:"文化立法仍是短板",《党政视野》2016年第6期。

文化决策提供道德意义上的支撑。

基于法治的一般原理，文化治理的法治化原则可以分为治理的结构性原则和内嵌性原则。结构性原则是文化治理过程中治理行动与法律切合的结构性道德原则，由于文化映射共同善的独特结构，文化治理并不会直接地促进个体追求共同善的能力和程度，但能够为个体追求共同善的实践提供辅助和创造空间，法律规则的设计也不是为了直接地让每个个体从文化实践中获得福祉和成就，而是促进个体在文化实践中映射共同善的能力。我们可以把这种结构性的法治原则称为至善主义原则。促进个体的实践需要在具体的文化领域中对法律规则进行设计，但法律规则背后的至善主义原则在宪法规范和政治道德推理中都得到实质性的体现，因此是文化的法治化的前置性原则。内嵌性原则是文化治理过程中内嵌于文化事务之中，并且需要通过法律规则加以落实和反馈的具体原则。文化治理的内嵌性法治原则组成了一个面向复杂文化实践的动态和开放性的原则体系，但基于文化治理的社会性和价值性，主要的内嵌性法治原则包括文化权利原则、温和法律家长主义原则和冒犯原则。

（一）文化治理的结构性法治原则：至善主义

国家如何通过法律进入文化实践？按照传统的文化实践理论，文化治理区分为文化服务和文化产业两个领域。文化服务主要由政府来承担，政府通过财政支持和建设提供文化公共服务或创造文化物品，让公民从文化服务中受益，比如政府保护历史文物和自然环境，建设图书馆或博物馆等。文化产业则是由社会主体参与的文化创造性和收益性文化活动，通过以文化为内容的产业发展促进人们更好地参与到文化活动之中，比如旅游业、游戏产业和其他文化创意产业。与这个区分相对应,文化权利也区分为文化受益权和文化参与权,前者主张公民有权利享受充分的文化资源并从中获益,后者主张公民有权利自由地进行文化选择和文化实践,比如进行文化创作和消费文化产品。

这个二分法对于理解文化治理的基本领域和文化立法的不同主体具有重要意义。文化领域纷繁复杂,通过文化服务和文化产业的区分可以大致地判断出哪个领域应当由哪个部门负责,以及应该如何进行法律规制。然而,这个区分只是基于文化实践的参与主体而作出的,或者说,基于文化实践的公共属性而作出。文化服务和文化产业在本质上都关乎个体在文化实践中对共同善的理解和映射,文化服务是为个体参与共同善提供资源上的支撑,而文化产业则是通过社会各方主体的自发性力量直接地将个体放置在文化实践结构之中。政府在两种文化实践领域都发挥着重要的作用,只是行动逻辑不同。[1] 举例来说,互联网文化是互联网经济发展的重要组成部分,也是互联网产业发展的增长点。当前网络游戏、影视、直播等新兴文化形态促进了互联网产业的繁荣。互联网文化的发展打破了文化服务和文化产业之间的界限,互联网空间是社会各种力量参与的公共空间,也是政府参与治理的空间,政府的公共文化服务从现实空间向虚拟空间的转变已经是必然趋势。[2] 国家对网络文化产业的扶持和网络失范的监管都表明文化服务和产业之间的界限难以区分,国家在文化事务上承担着相对一致的角色。

理解这个角色的关键在于国家在文化事务上的至善主义立场。根据本书第二章的讨论,一般意义上的至善主义指的是国家应当积极地促进个体过上好的生活。在文化事务上,至善主义的体现不是国家积

---

[1] 参见颜玉凡、叶南客:"文化治理视域下的公共文化服务——基于政府的行动逻辑",《开放时代》2016年第2期。

[2] 参见刘辉:"文化治理视角下的公共文化服务创新",《中州学刊》2017年第5期。

极地促进个体过上好的文化生活,而是激活文化实践内在的共同善特质。国家可以通过具体的政策和举措提高经济发展水平,提高居民收入,社会个体在经济生活上的改善是直接和可量化的。但文化事务不同于经济事务,文化敏感于共同善的映射过程,国家的文化治理针对的不是个体文化生活水平的提升和改善,而是个体通过文化实践来追求共同善的映射过程。因此,国家在文化事务上的至善主义角色不同于其他事务。作为文化治理之法治化的结构性原则,至善主义原则要求国家在文化事务上积极发挥促进作用,无论是文化服务还是文化产业,国家治理功能的发挥都应该围绕文化与共同善的映射关系展开,并将之纳入法治化的框架之中。

至善主义原则有三点具体的内涵。第一,文化治理的内在理性和正当边界由文化实践映射共同善的独特本质所界定,国家治理职能的实践不应改变这种映射结构,文化治理的法治体系的设计也应围绕这个映射结构的各个要素展开,并且反映国家的至善主义角色。以公共图书馆法为例,该法第1条规定:"为了促进公共图书馆事业发展,发挥公共图书馆功能,保障公民基本文化权益,提高公民科学文化素质和社会文明程度,传承人类文明,坚定文化自信,制定本法。"这一条鲜明地体现出国家在知识之善上的至善主义角色,借助于图书馆这一物质性知识载体促进公民更好地参与到对知识这一共同善的追求之中。

第二,文化治理是一个面对各种形式的文化实践和文化权益的复杂的权力实践过程。基于文化事务的不同内容,法律规范的保障形式也有不同,不同事务的法律规范之间也存在较大差异,比如历史文化遗产的保护规范与关于影视发展的相关规范在内容上没有太多重叠,但二者都关乎个体对共同善的追求,只是前者涉及的是知识和社群文明传承的善,后者涉及的是游戏之善。文化治理的相关法律规范由不同的立法主体所制定,而这些规范共享着至善主义原则,并且也应当在规则设计之中体现出这一原则的支配作用。

第三,文化治理的法治化同样也受到其他内嵌性原则支配,因此应该在结构性原则和内嵌性原则之间进行协调。国家在文化事务上的至善主义角色与其他法律原则之间具有内在一致性,但会因为文化实践的复杂性而存在冲突的可能。在这种情况下,不应以文化治理的目标来解决冲突,而应该按照法治的基本原理对不同原则之间的冲突进行分析和解决。比较典型的是至善主义原则与文化权利原则的冲突。文化权利突出了个体自由地、不受干预地进行文化实践的权利,但国家的至善主义角色包含着对文化权利进行限制的可能性,比如国家对游戏产业进行限制,是为了防止个人沉迷于游戏。这在一定程度上构成了对个体文化权的限制。作为结构性原则的至善主义原则对文化治理形成整体性证成,但在具体文化事务上,应该由其他原则所充实。通过对文化治理的内嵌性原则进行分析,可以更为清晰地展现文化治理的法治面向。

(二)文化治理的内嵌性法治原则:文化权利

文化治理的内嵌性法治原则主要包含三种:文化权利原则、温和的法律家长主义原则和冒犯原则。其他原则可以视为这些原则的辅助性原则,比如文化多样性原则等。[①] 文化权利原则是文化治理的法治化的基础性价值原则,为其他原则提供引导,也是文化治理的价值约束。虽然《经济、社会及文化权利国际公约》已经将文化权利作为人权的组成部分,我国宪法也将文化事业作为经济社会发展的组成内容,但文化

---

① 参见宋慧献、周艳敏:"论文化法的基本原则",《北方法学》2015年第6期。

权利的具体内涵和法律保障问题仍然存在着很多不确定的理论难点，比如文化权利类型的不确定性和司法救济途径的缺乏，因此在文化治理的诸多理论中，文化权利并未成为关注的重点，也难以成为文化治理的政策性目标。

但文化权利是文化治理的价值动力，也是文化治理的法治化的价值原则。文化权利的核心在于个体通过参与文化实践而追求共同善的自由行动。但由于文化实践与共同善之间的映射关系，所以文化权利实践并非完全是追求善的实践，可能与基本善有所偏离。在这种情况下，文化治理应该对文化权利的行使保持容忍，并通过保障、给付和救济文化权利，打造"多元文化国"。[①] 所以，在文化权利问题上，文化治理应该发挥三项功能：(1)促进功能，通过创造条件来促进公民文化权利的实现；(2)保障功能，通过法律规则的完善来划定文化治理的边界，确保公民的文化权利得以有效行使；(3)容忍功能，文化治理应该为公民的文化权利实践留足空间，适度容忍偏离共同善的文化实践形态。

文化权利为重新理解文化治理的基本结构和创新目标提供了新的视角。政策导向的文化管理并不必然促进文化权利，但文化治理必然以文化权利为价值约束和评价标准，文化创新和繁荣也以文化权利为旨归。但只对文化权利进行保护并不足够，文化是一种面向各种共同善的共享性实践，文化权利体现为个人价值面向，同时也体现为共同体面向。因此，文化权利原则也应该与其他原则相协调，共同强化文化治理的法治结构。

(三) 文化治理的内嵌性法治原则：温和的法律家长主义

文化法律家长主义原则主张国家可以为了防止个体在文化活动中

[①] 参见沈寿文："'文化宪法'的逻辑"，《法学论坛》2016年第4期。

第六章 文化治理与文化权利的道德维度

对自身造成损害,而对个体的文化事务进行法律干预。① 文化法律家长主义预设了国家在文化实践上的理性权威,因此会产生认识论困境和监管难题。作为一种重要的政治道德原则,法律家长主义在社会生活的诸多领域得到了适用。然而在文化实践领域,法律家长主义却会遭遇认识论困境,所以必须限制法律家长主义原则的适用。

内嵌于法律家长主义这一原则之中的基本认识论结构是,国家可以作出比个体更好的理性判断。尽管存在着争议,但在社会生活中的许多问题上,国家的确表现出比较强的认识论优势,比如在安全带和食品安全问题上。然而,在文化实践领域,国家的认识论优势却很不明显,甚至在很大程度上存在劣势。比较典型的是宗教实践,国家既无法对不同宗教的优劣作出判断,也难以进入宗教内部进行理性的评估。因此,文化法律家长主义必然面对着认识论困境。从理论上说,这种认识论困境产生自三个方面:(1)文化映射了社会共同体对于共同善的理解,但在该过程中社会成员会不断更新文化的映射结构,作为文化实践的参与者,国家只能参与到这种结构之中,家长式法律干预只会扭曲这种映射关系,从而破坏文化实践本身;(2)按照格尔茨的主张,文化是一种解释的存在,我们只能站在文化参与者的内在视角来解释特定文化实践的内在结构,②治理主体应当与文化参与者形成认同,但治理者的文化认同与理性判断者的角色存在冲突;(3)个体的文化认知在很大程度上承载着情感,这些情感可能表现为对社会整体的心理疏离、对共同善的偏见,比如文学作品中对生命之善好的质疑,但社会的文化实践容忍了这些情感失衡,然而按照文化法律家长主义对个体文化实

---

① 此处对文化法律家长主义的界定,参照了范伯格对法律家长主义的分析。参见乔尔·范伯格:《刑法的道德界限(第三卷):对自己的损害》,第1—28页。
② 参见克利福德·格尔茨:《文化的解释》,第5页。

践之善好的家长式保护,文化治理无法容忍这些情感失衡,进而进一步危及文化实践所独有的情感意涵。

文化法律家长主义的治理结构蕴含着将文化权利限制在一定合理限度的预设,并且要求文化权利实践与共同善存在实质关联。在一般意义上,法律家长主义并不必然会减损权利之善,权利是公共生活的规范意义上的制度性构建,通过对权利的家长式保护,人与共同体建立了实质性的规范关联。① 文化权利并非一种传统意义的权利类型,因为文化权利的要义不是个体从共同体的文化实践中获得福祉性利益,而是共同体通过文化的重塑功能来建立支持和理解共同善的社会交往语境。基于文化法律家长主义的法律介入,会与文化权利形成张力。国家以权威性的法律手段设定教义学框架来促进和保护文化权利的实践,与法律家长主义背后的道德考量之间存在张力,因而必须将法律家长主义在文化领域中的适用控制在一个温和的范围之内。②

(四)文化治理的内嵌性法治原则:冒犯原则

在文化治理中,国家在很多领域需要通过法律强制以保护特定价值。然而,在文化实践中,哪些行为应该被强制,却缺乏比较确定的原则支撑。有一些情形比较容易判断,比如破坏文物和历史文化遗产的行为,可以通过行政处罚或者定罪加以惩罚。但大量文化失范行为的危害性并不容易界定。

基于文化实践映射于共同善的本质,在为法律强制介入文化事务提供辩护的意义上,可以以冒犯原则作为文化治理中的法律强制的正

---

① John Kleinig, "Paternalism and Human Dignity", *Criminal Law and Philosophy*, Vol. 11, No. 1, 2017, pp. 19-36.
② 黄明涛:"宪法上的文化权及其限制——对'文化家长主义'的一种反思",《浙江社会科学》2015年第12期。

当性原则之一。冒犯原则的内容可以概述为:当个体或群体的文化实践对社会共同体成员基于共同善的共享理解带来无法避免的冒犯的时候,国家可以运用法律进行干预。冒犯原则作为一种中阶的证成原则,存在着三个结构性面向:(1)冒犯原则敏感于共同善,是共同善所构造的公共实践中形成的政治理念;(2)冒犯原则可以社会化为社会交往中的文明礼仪规则,为法律保护提供教义学平台;(3)冒犯原则为文化权利的法律保护塑造了至善主义的框架。这三个面向综合起来,可以呈现出冒犯在文化实践中的体现方式,以及冒犯原则在法律治理中的价值处境。

社会成员通过政治、经济和法律制度共享着对共同善的追求工程,但并不必然会形成对共同善的一致理解。文化实践呈现为多元性、地方性和群体性,相互之间会存在差异和冲突。文化的法律治理并非为了消除这些差异和冲突,而是在尊重差异的前提下促进个体通过文化活动以更好地追求共同善。冒犯原则敏感于共同善,但这种敏感性只体现在文化实践对于共同善的映射上。正是由于映射性的存在,文化实践与共同善之间并非完全一致,很多时候会出现偏离。偏离是可容忍的,除非这种偏离对社会公众的共享理解造成的冲击和滋扰达到了无法回避和承受的程度。由此,冒犯原则包含着一个容忍偏离和防止过度偏离的张力结构。[①] 社会情感、文化传统和技术发展都会对这个结构产生影响。

冒犯是社会性的情感反应和公众心理状态,但并非每个个体所经历的具体的情感反应过程,因此在文化实践中冒犯被社会化为具体的文明礼仪规则。文明礼仪规则是社会交往的产物,是共同善在社会实

---

① 乔尔·范伯格:《刑法的道德界限(第三卷):对自己的损害》,第 48—49 页。

践中被映射之方式的规范化表达，人们借助文明礼仪规则这个平台来形成认同和自我塑造，并建立文化实践和交往的多元形式。按照波斯特的主张，文明礼仪规则与每个个体的社会人格实现了同一。这体现为两个方面：个体自身将界定社会人格的文明规则予以内在化；社会人格存在于一系列文明规则之中，这些规则赋予了分享它们的社会规范以形式和内容。①

冒犯原则向文明礼仪规则的转化为该原则在法律制度中的实践提供了可操作的方案。这种转化包含着两个维度。首先，共同善在社会中会因其成员的偏好和选择而被赋予不同程度的重要性，这体现为文明礼仪的那些重要规则在一个社会中必然有其发展、更新甚至没落的过程，那么文明礼仪与个人人格的互动就体现了社会情感在文化交往中的活跃程度。因此文明礼仪不是固定化和客观化的程式，而是由社会决定的流动性规范。

其次，文明礼仪规则为冒犯原则的教义化和确立法律治理的界限提供了坐标。在社会中活跃着的那些文明礼仪是基于不同群体和个体的文化实践能够获得认可和保护的空间而向共同体所作出的承诺。法律是对这一承诺进行制度化的途径，也是对被违反的文明礼仪规则作出更为厚重的公共回应的方式。如诺内特和塞尔兹尼克所言，"回应型法在认识法律判断的复杂性和放松对服从的要求的过程中，表明了一种更广泛的理想。它把一种对文明的承诺带入了人们运用法律界定和维持公共秩序的方法。文明这一概念容易被理解为有礼貌，或者被归结为公共场所的礼节"②。通过文明规则的制度化而进行的法律治

---

① 罗伯特·C.波斯特：《宪法的领域：民主、共同体与管理》，第66页。
② P.诺内特、P.塞尔兹尼克：《转变中的法律与社会：迈向回应型法》，张志铭译，中国政法大学出版社2004年版，第100—101页。

理再次体现了冒犯原则背后的制度张力。尽管如此,冒犯原则作为维持文明礼仪的社会调整功能和为法律干预提供制度性约束的中间管道,在文化治理中显得尤为重要。

第四节　文化治理的法治化的基本框架

文化治理的法治化需要通过具体的法律规范加以规范化和落实。学界对文化治理的法治化框架存在两种理解。第一种是将文化治理的相关法律规范界定为文化法,通过文化领域相关法制的完善来体现法治。① 当前我国在文化领域的确存在着诸多迫切的立法需要,比如非物质文化遗产、城市保护和出版等领域。然而这种宽泛的文化法制观并不能体现出文化治理的特殊结构,而是会把与文化事务相关的其他领域纳入进来,比如知识产权、广告和城市建设等。第二种是以文化权利为中心设计相应的规范保障体系,通过规则落实文化实践中的价值,从而实现文化法治。② 按照文化治理法治化的基本原则,第二种理解更能体现文化治理的法治意义。

(一) 文化法律治理的规范框架之构建

文化实践是一种流动的复合性实践形态,文化治理只是通过政治、经济和法律等手段对文化实践的公共面向进行调整。正是由于法律治理所涉及的公共权力与文化自治之间的张力,因此文化的法律治理必

---

① 参见郑毅:"文化法若干基本范畴探讨",《财经法学》2018 年第 1 期。
② 参见宋慧献:"保障并落实公民文化权利:文化促进法初探",《河南大学学报(社会科学版)》2018 年第 2 期;王丽娜:"文化权利法律保障研究",《中国政法大学学报》2018 年第 3 期。

须有规范依据,这样才能体现出国家治理和法治之间的实质关联。①我国宪法中的文化条款不仅可以被视为文化法律治理的制度平台,也是对法律治理进行教义学阐释的价值空间。

首先,通过将文化的法律治理纳入法治框架,一方面确认了法治这一价值在公共生活中的基础性意义,另一方面为法律治理中可能出现的分歧和冲突创造了规则化的解决途径。以规则进行治理,体现了社会共同体成员之间的相互责任和承诺。当国家的文化治理纳入规则化框架之后,意味着国家作为责任主体在进入社会成员追求共同善的文化事务中受到规则的约束。按照富勒的主张,规则的治理反映了法治这一价值的核心。② 在文化治理上,规则的治理体现为两个方面。第一,规则是确定和能够得到遵循的,在立法上,这要求国家以至善主义原则为指导,在文化实践的各个领域制定清晰、可遵循的规则。我国立法法在修订之后赋予地方更大的文化立法权限。虽然文化具有流动性,但文化也具有很强的地方性色彩,因此地方在文化事务上的立法权能够为区域文化治理提供充分的规则依据。第二,规则的制定要符合文化实践敏感于共同善的本质。《中共中央关于全面推进依法治国若干重大问题的决定》中提出"建立健全坚持社会主义先进文化前进方向、遵循文化发展规律、有利于激发文化创造活力、保障人民基本文化权益的文化法律制度",就体现了国家将文化治理纳入法治化框架的责任。

其次,法治将文化事务所涉及的价值序列转化为制度意义上的文化权利和自由、尊严等价值。以规则进行治理,既可以将文化实践所包含的复杂交织的价值网络转化到公共制度空间之中,也将文化实践与

---

① 参见齐崇文:"公共文化管理的法律之维",《东岳论丛》2017年第7期。
② 富勒:《法律的道德性》,郑戈译,商务印书馆2005年版,第113页。

二阶意义上的自由和尊严等价值相关联。以艺术创作为例。艺术创作作为理性与情感之综合体的人类群体对基本善的反思性寻求，体现了美学价值在社会空间中的映射和良性的社会互动结构。而通过法律规则的治理来对艺术创作的实践进行保护，包括保护创作者的创作自由和对作品享有的权利，实质上是在二阶的意义上将自由和尊严等政治价值注入敏感于基本善的文化实践之中。

（二）宪法中的文化条款蕴含着至善主义框架

如何理解我国宪法第22条和第47条这些文化条款的教义学结构？尽管这些条款都确立了国家在发展文化事业和保护公民之文化实践上的主导性角色，但根据前面的分析，我国宪法中的文化条款也不宜被解释为包含着文化法律家长主义的价值立场，而是应被理解为蕴含着一个至善主义框架。这个框架在教义学上包含着两个层次，即规范和价值层次。根据前面的分析，在规范层次上，以宪法的文化条款为中心，包括基本法律、行政法规和部门规章在内的各种规范共同构成了国家进行文化法律治理的规范依据。文化实践敏感于而又映射共同善的公共属性为文化领域的立法提供了制度动力。

经由立法制定出来的法规范在二阶的层面上与文化实践的意义结构形成互动，既为文化实践中出现的冲突和难题提供了规范平台和纠纷解决的机制，也以一种至善主义的结构模式引导着文化实践中的价值映射性。这也体现了文化条款在教义学上的价值层次。以宪法条款为核心的法规范塑造了一个引导文化实践主体在创造性的映射活动中更敏感于共同善的公共论坛。在法教义学上，国家在这个论坛中以内嵌着权利和自由等公共价值的法规范重塑个体的文化实践，并将其导向共同善，从而实现其文化治理功能。但由于宪法条文解释的不活跃和合宪性审查机制尚未被完全激活,因此,文化条款究竟如何用来指导具体的文化立法和解决文化实践中的法律纠纷,仍然存在着一些理论空白。①

文化条款的价值结构也引发文化权利在宪法教义学中的价值处境问题。文化条款所内嵌的至善主义框架从两个方面界定了文化权利的价值结构。首先,文化权利是个体自治地选择和参与敏感于基本善的文化实践的道德主张和利益。② 其次,正是由于文化实践敏感于基本善的本质,因此文化权利在价值结构上包含着至善主义倾向,对文化权利的保护需要国家发挥实质性的辅助角色,比如国家在教育、技术进步上给予鼓励和财政支持。③ 文化产业由社会多元主体参与,但国家对文化产业的促进也具有坚实的宪法依据。④ 冒犯原则在证成的意义上划定文化权利的实践边界,限定了国家对文化权利进行干预的范围,并通过教义学建构以二阶意义的法规范建构出的文化权利的价值空间和纠纷解决路径。

(三)冒犯原则的教义化

宪法的文化条款在框架意义上包含着至善主义结构,其教义学意涵区分为规范和价值两个层次,这两个层次在文化条款的内容意义上对应着冒犯原则的教义化。冒犯原则是国家的至善主义角色在沟通文化映射性实践和善之间的证成性力量,其在教义化的过程中体现为三重法治意义:第一,以社会文明礼仪规则的规范形式为文化的社会互动提供指引;第二,为国家对文化实践的干预和文化权利的限制提供约

---

① 任喜荣:"国家文化义务履行的合宪性审查机制",《中国法学》2018年第6期。
② 参见约瑟夫·拉兹:《公共领域的伦理学》,第64—65页。
③ 莫纪宏:"论文化权利的宪法保护"。
④ 贾旭东、宋晓玲:"论文化产业促进法的宪法依据",《东岳论丛》2016年第2期。

束;第三,为文化规范的解释提供内在的道德论辩资源。

首先,法律中关于文化权利和救济的规范可以被解释为社会文明礼仪规则的实在化和具体化,是纠正冒犯性文化实践的制度渠道。冒犯原则的证成性力量借助敏感于共同善的文明礼仪规则而发挥作用。其次,冒犯原则构成了国家权力实践的制度约束的道德基础,将国家、个体和社会整合进一个共同的自我创制的公共领域,在国家实施权力的过程中充实了文化实践的公共意涵。当一个社群把有关文明礼仪规则的内容和实践方式的争议纳入制度化的解决路径的时候,既强化了文化对基本善的敏感程度,也增强了文化实践参与者的法治认同。最后,在文化实践的纠纷解决过程中,争议的核心问题在教义学意义上可以被解析为特定文化实践对基本善的背离和此种背离所引发的对共同体的冒犯性两个因素,冒犯原则提供了对这二者进行判断的论辩资源。

以"'暴走漫画'损害叶挺名誉案"为例。自媒体账号"暴走漫画"在"今日头条"上发布了一则短视频,该视频将叶挺烈士《囚歌》中"为人进出的门紧锁着,为狗爬出的洞敞开着,一个声音高叫着,爬出来吧,给你自由!"篡改为"为人进出的门紧锁着! 为狗爬出的洞敞开着! 一个声音高叫着! 爬出来吧! 无痛人流!"①视频发布后,叶挺烈士近亲属将视频制作方起诉到法院。法院判决"暴走漫画"一方违反了《中华人民共和国英雄烈士保护法》等相关规定,损害了叶挺烈士的名誉,也伤害了社会公众的民族感情。该案涉及互联网文化创作的自由空间和英雄烈士的名誉以及社会公众情感之间的冲突问题,也是文化治理实践中经常出现的典型法治难题。

显然,此处的论辩依据只能是冒犯原则,即禁止以羞辱性内容对他

---

① 李铁柱、孟亚旭:"恶搞《囚歌》,'暴走漫画'损害叶挺名誉被判道歉",人民网:http://media.people.com.cn/n1/2018/0929/c40606-30320081.html。

人表达不尊重和违反道德风尚的方式来冒犯他人的情感和审美感知，破坏社会文明礼仪规则。但冒犯原则与文化权利的兼容性也包含着具有公共论坛意义的宽容性要求，即对微弱偏离文明礼仪规则的冒犯行为适度容忍。"暴走漫画"的篡改内容虽然偏离了交往和沟通礼仪，然而，鉴于冒犯原则所内含的适度容忍性，以及网络文化表达本身敏感于共同善之方式的多元化，不应贸然认为篡改行为本身具有羞辱烈士的主观动机。但鉴于在文化实践中贯彻社会主义核心价值观的政治和社会需要，法院借助该案起到了弘扬爱国情感和强化民族认同的社会效果，因此符合文化治理的政策目标。

在对冒犯行为的容忍上，文化权利和言论自由两种价值出现了重叠。我们可以以冒犯者实践了言论自由而加以辩护，但这种辩护的强度需要结合被言论侵犯的人的利益，根据分量公式进行权衡。如果从文化权利的角度对冒犯者的言论进行辩护和限制，尽管会得到类似的结论，但会遵循不同的权衡路径，即主要考察文化权利的实践偏离于共同善的程度和适度容忍冒犯行为所产生的宽容增量，特别是在网络公共空间中。在网络空间中，文化实践敏感于基本善的形式更为多样，并且偏离形式也呈现出复杂性，网络既提供了一种新兴的公共论坛形式，又面临着更大的异化风险。传统的法律监管路径已经无法适用网络空间中权力结构的变化。因此，在治理语境下，网络的法律规制应该转向互动型模式。[①] 在法教义学视角下，网络文化的法律治理应该以冒犯原则为控制原则，以一种文化上保守、规制上宽容的治理结构贯彻法治这一价值，通过对网络文化权利的保护来促进网络共同体的基本善和繁荣。

---

① 宋辰婷："网络戏谑文化冲击下的政府治理模式转向"，《江苏社会科学》2015年第2期，第90页。

第五节　结语

创新是社会发展的动力,文化贯通古今,同样也需要创新。文化实践受限于历史、政治和地域等时空要素,但在一定程度上又超越时空,呈现出一个普遍性的社会结构。文化实践与教育发展、技术进步、社会共同体的凝聚和国际交往都有着千丝万缕的联系,因此在概念上对文化实践和其他实践进行区分,并在治理的语境下展现文化实践的独特价值结构,是推进文化创新的前置性作业。以规则进行治理,这种朴素的法治要求规则能够在文化治理实践中发挥核心性的指引和评价作用。然而,我国文化领域存在着立法不完善、法治观念不强、规则得不到有效适用以及文化权利受保护的程度比较弱等问题。这些问题制约了文化创新的动力,造成了文化发展不均衡、文化价值不彰显等问题。

其背后的原因,在于未能充分理清文化治理和法治之间的关系,并在很大程度上忽视了文化治理背后的证成原则。通过探究文化治理的法治化的基本原则和框架,文化治理这个命题的建构展现出三个方面的法政意涵。首先,文化实践与基本善不可分离,但又以映射性的社会方式敏感或偏离于基本善,因此对文化的解释和治理必然要进入一个证成性的价值结构之中。其次,文化实践内嵌于政治实践,文化治理发生于权力实践之中,在国家治理的整体制度语境下,通过法治对文化治理进行结构性塑造,是实现善治的必要过程。最后,在文化产业纵深发展、文化实践全面展开的社会背景下,经由法规范控制的文化治理法治化是保障文化权利、实现文化繁荣的制度动力。所以文化创新的本质是通过制度化和法治化的治理结构来让每一个文化主体更好地参与和实现共同善,文化创新是经由法治的创新。

第七章
犯罪的本质与刑罚的证成

刑法实践是具有特别意义的法律实践,也反映了法律介入道德生活的特殊难题。刑法实践中出现的大量争议性案例,促使人们对刑法是什么这个问题进行追问。比如,因为自动取款机的故障而故意取出远超过卡内金额的金钱的行为是盗窃金融机构吗?如果一种行为,比如聚众换偶活动、自愿地进行身体器官的交易,并不会给其他人带来损害,那么这种行为应该入罪吗?刑法教义学尝试对这些问题作出回答。按照德国刑法理论,如果一种行为侵犯了法益,那么这种行为就应该受到刑法规范的约束。① 然而,法益理论却仍然面对进一步的理论难题。因为,既然法益作为一个规范性概念赋予刑法规范以评价和归责的效力,那么法益的规范性基础又是来自哪里?是什么使得生命、财产、安宁和秩序等具有重要价值的具体利益值得以刑法这样一种特别的国家权力实践加以保护?为什么对法益的破坏需要国家以公共权力的方式让犯罪者承受刑罚这种严重的不利后果?

我们通过探求犯罪和刑罚的本质来理解刑法实践的这种特殊性。按照哈伯特·L.帕克的主张,刑法的基本原理建立在三个概念之上:罪

---

① 对法益的经典探讨参见弗兰茨·冯·李斯特:《德国刑法教科书》,徐久生译,法律出版社2000年版,第4页。

行、罪过和刑罚。① 刑法以规范的形式使某些行为得到谴责、审查和刑罚等公共回应，从而使得罪行、罪过和刑罚这三个概念区别于侵权、赔偿损失和行政强制等法律现象。但要解释为什么国家需要以公共谴责和惩罚来回应人的罪行，刑法规范自身无法给出答案。正如乔治·弗莱彻所主张的，刑法理论强调的是"集中体现在刑事审判之中的人类状况的巨大神秘性。为什么人会实施十恶不赦的犯罪行为，为什么我们可以因为人实施了这些行为而谴责和惩罚他们？这个问题的第一个部分强调了个人罪责和刑罚的问题，它直接与道德哲学联系在一起。这个问题的第二个部分关乎集体谴责和国家刑罚，它提出了一个政治哲学的问题：国家在什么时候可以通过对特定个人实施刑罚来代表共同善？"②

基于此，刑法理论应当对围绕犯罪概念产生的个人罪责的性质、谴责的道德意义、刑罚为什么是正当的等问题作出理论说明，从而为刑法实践的其他重大议题，比如归责、正当防卫、犯罪构成等问题的探究提供可以依赖的哲学基础。本章尝试为一种基于共同善的自然法刑法观进行辩护，对犯罪的本质和刑罚的证成问题作一个法哲学视角的解释。在法哲学的争论中，新自然法理论在共同善的基础上建立了具有强内在融贯性的政治和法律框架，对我们的社会和法律实践作出了全新的说明。在方法论上，因为对法律实证主义价值中立的概念分析方法的批判，自然法法理学更好地将法律实践与共同善所构造的价值世界关联起来。法律以权威性的方式引导共同体成员参与到社会合作和共同善的寻求之中，刑法实践的原理和价值也在法律与共同善的关系之中

---

① 参见哈伯特·L.帕克：《刑事制裁的界限》，梁根林等译，法律出版社 2008 年版，第 16 页。
② 参见乔治·弗莱彻："刑法理论的性质与功能"，第 174 页。

呈现出来。

本章首先对作为社群实践之基础的共同善的性质进行探讨,提出共同善是理解我们的政治和法律实践的基础,也是对法律的性质进行说明的关键要素。在此基础上,对刑法实践中犯罪的过错性和应罚性进行界定,提出犯罪的本质和刑罚的证成问题是理解刑法实践的关键。最后,以共同善为核心对犯罪的本质和刑罚的证成进行重构,主张犯罪因对共同善的严重破坏而应受公共回应,而正是基于此,社群将犯罪者驱离出共同善是保护共同善的内在回应,从而为报应主义提供了新的辩护。

第一节　共同体实践的价值基础:共同善

(一)共同善与社会实践

在刑法实践中,主要问题都围绕着犯罪而展开。显然,犯罪行为必然是一种引发身体活动并且可能带来直接后果的行为。如果只是行为人的内心意念,那么作为共同体成员的其他人则无法理性地得知。因此,犯罪行为是指一个能够行动的行动者想要展现出他在共同体中的地位,这也是对犯罪者进行归责的基础。虽然实在的刑法规范具有强烈的地方性,在不同的国家存在差异,但犯罪者因其能动性而被归责,这一理念却具有恒定性。正如塔德洛斯所言,"一个人要对反映出他是行动者的那些事物负责,此外,与责任相关的核心实践,比如对行为负责,对行为的情感反应,在整个人类社会都存在,即便它们的具体表现和行为范围会随时空而变化"[①]。尽管塔德洛斯主要从刑事责任的

---

① 参见维克托·塔德洛斯:《刑事责任论》,谭淦译,中国人民大学出版社2009年版,第5页。

角度来强调人作为行动者这一理念的重要性,但这一理念深刻地影响了我们对过错性和可罚性的理解。过错性体现在犯罪者作为行动主体因错误的理由而行动,可罚性则是内在于犯罪所体现出的错误的实践推理之中的否定评价,这种评价通过外在的刑罚执行而得以传达。

实践是人们在共同体生活中发展人格、建立目标和追求价值的行动所组成的社会性过程。在对刑法实践的理解上,存在着三种理论来解释人的社会实践的本质。第一种是自治理论,该理论主张刑法的价值在于保护个人自治,其价值取向在于自由主义所主张的人的自由和平等地位。自治是自由和平等的个体运用自己的能动性建立人生的自我治理过程,而犯罪则是对人的自治的损坏。① 第二种是尊严理论,依据康德主义伦理学的尊严观,尊严是人类的平等道德价值(equal moral worth),这种价值使得每个人应该受到尊重,而犯罪是破坏人的尊严的严重过错。② 第三种是共同善理论,它主张共同善是人的福乐和繁荣的根本方面,是我们进行价值判断的评价性基础,也提供了所有实践推理的基本原则。③ 人们对共同善的追求产生了建立政治共同体的内在需求,因此共同善塑造了共同体的权利和正义观,并使得权威性的法律实践成为必需。刑法实践在三个方面体现出社会实践是共同善之治:刑法之治是实践合理性的运用,刑法对共同善加以规范性保护,犯罪的设置和刑罚的回应是共同善的内在要求。

自治和尊严这两种价值,如果不被放置在关于共同善的本质的理解中,就难以展现出其真正的道德意义。正如科恩(Dan-Cohen)对自

---

① Andrew Ashworth, *Principles of Criminal Law*, Oxford: Oxford University Press, 2003, p. 28.

② Meir Dan-Cohen, "Dignity, Crime and Punishment: A Kantian Perspective", in Markus Dubber (ed.), *Foundational Texts in Modern Criminal Law*, Oxford: Oxford University Press, 2014, p. 101, 106.

③ John Finnis, *Natural Law and Natural Rights*, p. 59.

治理论所提出的批评:有些行为,比如男医生同昏迷中的女患者发生性关系(State v. Minkowski 案),并没有对患者的自治造成损害,但这种行为显然是强奸犯罪。① 同样地,如果尊严所包含的平等道德价值这个概念不被共同善赋予道德力量,尊严的概念就同样会变得空洞。本部分将探讨共同善的性质,通过对共同善的本质进行分析,以展现共同善如何成为理解个人自治和尊严的价值基础。共同善是内在于人的繁荣和福祉的那些重要的方面,共同善是根本性的,以至于它们的存在和价值不再依赖于其他形式的善,因此它们也被称为基本善,或者基本价值。② 根据约翰·菲尼斯的主张,可以从这几个方面来理解共同善:(1)共同善提供了行动的基本原则;(2)共同善是不证自明的;(3)共同善是客观的;(4)共同善关乎人的福乐的根本方面。

尽管这几个方面不是共同善的全部特征,但它们是最重要的特征。共同善与我们对于自我和社会的理解紧密相关,共同善的实践意义体现在对于共同善之追求的特定活动都能变得可以理解。换句话说,正是这些善的存在,使我们的行动变得合理。因此,共同善提供了行动的基本原则,即实现和追求这些善是我们的共同体实践的基本内容,它们引导着我们的实践思考和推理。同时它们又是不证自明和客观的,共同善的善好不需要依赖于进一步的论证,它们是不可怀疑的、没有问题的自明之理,也不会因为我们的主观判断而受损。最后,它们是人的福祉的那些最重要的方面,是人之为人的根本依据。

尽管共同善不是穷尽性的,菲尼斯还是列举了最重要和最易理解的七种共同善:(1)生命,第一种基本善,身体的完整和健康,使得人们

---

① Meir Dan-Cohen, "Dignity, Crime and Punishment: A Kantian Perspective", p. 104.
② John Finnis, *Natural Law and Natural Rights*, p. 92.

对于活着的渴望变得有意义;①(2)知识,关于真理的判断;②(3)游戏,人类文化中不可缺少的一个组成部分,是人享受生命和外在世界的活动;③(4)审美体验,审美体验与人的游戏紧密相关,但美却是一种独立的价值;④(5)社交(友谊),人与人之间的和谐、协作与友爱;(6)实践合理性(practical reasonableness),运用自己的智力选择行动和生活方式,并塑造个人的品性;(7)宗教,关于人的存在、世界的秩序和和谐背后的那些终极性思考,探讨人以外的至上存在。

这些善虽然不是基本善的全部,却是最重要和根本的那些方面,它们相互之间不可通约,也不能进行高下的判断。对于个人的福乐和成就来说,它们同等地处于根本地位。⑤ 菲尼斯主张,我们的社会机制,比如道德、文化和法律,就建立在这些共同善的基础上,社会实践本质上是社会成员相互合作参与到共同善之中的共同生活,每个成员在其中自治地建立善生活,并实现个人尊严。道德就是实践合理性之要求的结果。实践合理性既是一种基本善,也塑造着人们对其他基本善的追求。它要求人们建立融贯的人生计划,不对基本善进行贬低,按照各种基本善的要求来安排人生规划等,而这些正是人们所应当履行的道德义务。简言之,实践合理性为道德推理提供了基本话语和结构,实践合理性的基本要求可以被表达为人们所担负的道德义务或责任。⑥

(二)共同善与法律实践

自然法法理学致力于对法律与基本善的关系给出理论上的说明。

---

① John Finnis, *Natural Law and Natural Rights*, p. 86.
② Ibid., p. 87.
③ Ibid.
④ Ibid.
⑤ Ibid., p. 92.
⑥ Ibid., pp. 126-127.

按照菲尼斯的分析,人们生活于其中的社群有四层秩序。第一种层次:从自然科学的角度来研究共同体,比如声音和视像,物理结构和自然变迁,这个层次使用的主要是自然类型的概念。第二种层次:从逻辑、认识论、方法论和类似方法来研究。第三种层次:从技艺、技术和应用科学的角度来研究。第四种层次:从人的明智慎思和选择的角度来研究,比如心理学,伦理学,人类历史的研究等。这个层次关注的是人与人之间的合作和共同的行动以实现共同善,以及建立相互之间的责任和忠诚。正如在一个家庭之中,家庭成员之间相互促进,以实现自我完善,更好地实现自由和培养责任感。①

法律的核心意义主要地体现在第四层秩序之中,它为人们的合作提供制度性框架。人的脆弱性使得人无法在任何时刻都作出好的判断,因此社会合作要么通过磋商和讨价还价而达成一致,要么通过权威。② 这是社群行动的真实处境。协商一致被证明是不可行的,因为它需要的成本太高,失败的几率太大,所以被实践合理性的原则排除。因此,权威成为社会生活的必要部分。法律权威对社群生活作出最全面和至高的指引,因而在社群成员的实践推理中扮演着极为重要的角色,也具有重要的道德意义。

法律使得稳定和复杂的社会合作变得可能且持续,社群中的每个个体在法律框架下作出选择,追求共同善,建立融贯的人生规划,实现个人的福祉。个人的生活之中总是充满复杂性,这对个人的实践推理提出挑战,从另一方面也反映出知识这一共同善的价值。同样,法律也是被一个特定社会的历史和文化塑造的。但法律在根本上是实践合理

---

① John Finnis, *Natural Law and Natural Rights*, pp. 136-138;约翰·菲尼斯:《法律帝国》中的理由与权威,邱昭继译,载郑永流主编:《法哲学与法社会学论丛》第12卷,北京大学出版社2007年版,第76页。

② John Finnis, opcit, p. 232.

性的要求在社会实践中的反映。然而,此处可能会产生的一个误解是,法律强制人们过上好的生活,这侵犯了个人的自主选择。按照菲尼斯的解释,没有人、也没有政府应该负有强制性地来实现这种福祉的责任,或者政府和法律的强制性管辖权不应由这种无所不包的共同善所定义。实际上,政府的这种管辖权应该是由公共善来实现,按照阿奎那所说的,限制在直接或者间接影响他人的人际关系和外在行动之中。[1]

因此,国家的任务是协助公民个体实现共同善,保障共同善得以实现的环境。但国家对人们之联合的规制绝不应该旨在控制这些个人的意愿和个人间交往的形式、方向。国家的功能体现在辅助性——协助个体或群体协调他们的活动,以实现其目标或志向,并且要以与政治社群的共同善的其他方面相一致的方式进行。[2] 本章主张,建立在共同善之基础上的国家辅助性角色典型地体现在共同体的刑法实践之中。刑法并不指导人们怎样更好地追求知识和提高审美体验,但刑法要对破坏知识和审美体验这些共同善的行为进行惩罚,比如对传播谣言和破坏艺术品的行为的禁止。因此,对刑法实践的反思和刑法理论的建构,需要贯彻共同善这个基本概念。

第二节　刑法理论与刑法实践

(一) 刑法理论的道德之维

既然刑法作为法律实践的特定形式,在共同体的共同善事业中扮演着独特的角色,那么就需要回答刑法是什么的问题。而在回答刑法

---

[1] John Finnis, *Natural Law and Natural Rights*, p. 459.
[2] John Finnis, *Human Rights and Common Good:Collected Essays Volume 3*, pp. 89-90.

是什么之前，需要先回答刑法理论是什么。在知识探究中，我们要经常问 X 是什么，这是一种哲学追问，它意在探究 X 的某些根本属性，这种探究被称为概念分析。自然种类的概念往往比较容易给出，因为在很大程度上可以依赖于科学研究的成就。但在追问刑法的本质是什么这个问题的时候，往往有不同的视角。我们可以采取一种描述性的视角，比如我国的刑法包含了多少条文，它从 1997 年开始生效，并且被我们所处的社会理解为是合宪且有效的一部法律。

这种回答是语境性和地方性的，它描述的是一个关于特定事实的真命题，而不是给出一个关于刑法之基本概念的命题，因此并非对刑法本质的回答。另一种描述性视角的回答是刑法是规定犯罪与刑罚的规范体系。它规定了某些类型的行为是犯罪，而应该受到以国家强制力为名义的惩罚。这个界定似乎更加接近于概念说明，然而它仍然缺乏一些维度，即刑法的合法性问题。当主张刑法可以对犯罪和刑罚作出规定的时候，它的合法性在哪里？对这个问题的回答取决于我们采取哪种分析策略。如果采取一种法律实证主义的分析方案，那么刑法的合法性在于它所包含的规范，比如对故意杀人、逃税等行为的禁止，是由社会中的官员的社会实践赋予的效力。[①]

当转向法律的解释主义理论或者自然法理论的时候，研究的视角就从描述性转向了规范性。按照德沃金的建议，刑法规范背后隐藏着"证成"的观念。[②] 当刑法作出某项规定的时候，比如"不得以暴力、胁迫或者其他方法抢劫公私财物"，这意味着法官在司法裁判中，首先要按照"符合"的要求，将这一规定的一些要素——抢劫的行为结构、对被害人所造成的威胁、抢劫发生的场地等——解释为是符合抢劫这种

---

① H. L. A. 哈特：《法律的概念》，许家馨、李冠宜译，法律出版社 2006 年版，第 95 页。
② 罗纳德·德沃金：《法律帝国》，第 234 页。

罪的。然而，当争议出现，比如抢劫发生在火车卫生间，人们争论这是否是在公共交通工具上抢劫时，德沃金认为法官要进行建构性解释，进入国家权力对犯罪进行规制这一实践背后的价值网络之中。在这个过程中，刑法的概念才能被充分展现出来。

然而，德沃金的解释主义刑法观仍然面对很多挑战。法律的解释理论消解了法律的权威，当权力的运用需要在建构性解释的阶段才能得到证成，或者说在疑难案件中法官需要进入法律实践背后的价值网络之中去寻找一个最佳答案的时候，政治权力的实践就处于一个比较尴尬的位置，因此也让法律权威的正当性受到削弱。具体运用到刑法领域也是如此。当刑法规定被写入刑法条文且生效的时候，人们对于共同善的追求就被放置进一个刑法法律推理所建立起的行动框架之中，实践合理性的具体要求就以法律的形式被确认下来。一旦法官在司法裁判的过程中运用建构性解释对实践合理性的要求进行重新排序或加以否定，那么人们对于共同善的参与就缺少了法律指引所当有的清晰和确定，也使得刑法规范的合法性陷入一种悬而未决的解释状态之中。① 这对于刑法实践来说，更是不能承受之重。

因此，德沃金的解释主义刑法观虽然能够避免法律实证主义的价值中立的困境，但在刑法的道德基础的说明上，却仍然面对着理论上的困难。而基于共同善的自然法刑法理论能够克服这种困难。按照前面对共同善之本质的界定，自然法的刑法理论可以被界定为：刑法理论是对刑法规范背后的道德因素进行的规范性说明，而共同善能够提供对这些道德因素的规范理解。我们也可以把刑法理论放置在刑法哲学的传统之中，而不作严格区分，即对犯罪、刑罚等概念进行规范研究。因

---

① 这个判断参考了菲尼斯对德沃金的建构性解释方法的批评。参见 John Finnis, "Natural Law and Legal Reasoning"。

为犯罪与刑罚都涉及道德评价和谴责,因此也是一种政治道德实践的表现,所以刑法哲学研究就是探讨刑法背后的道德因素。①

对刑法的道德意义的探究在理论问题和方法论上区别于其他研究视角。刑法学研究的其他视角有着相对独立的主题,比如犯罪构成、法益、定罪量刑、不作为犯、期待可能性等,需要在刑法学的特定语境中展开,而且也需要借助专门的方法论才能完成。比如(1)刑法教义性视角:在一个国家中实际生效的刑法内含着怎样的刑法体系,这种体系自身有何种教义性主张,又对刑法的解释设置了哪些必要的限制。我们如何通过揭示和塑造刑法规范,来实现刑法的题中应有之正义。②(2)社会学视角:从社会学视角研究犯罪又包括不同的角度,比如文化、历史或人类学的视角,我们可以从这些角度看刑法条文的变迁和司法结构观的改变,这种变迁背后反映了政治权力和社会结构之间的互动和张力,同时也可以从社会对犯罪的回应来考察犯罪人在社会中的规范地位的变动。刑罚是一种制裁,反映了社会的分工方式,但刑罚制裁却有不同的旨趣,刑罚从压制型向回复型的转变,体现了社会进步。③

对刑法道德维度的探究不同于教义学视角和社会学视角,并不对刑事立法和司法裁判提供直接的指引或展现刑法实践的语境变迁,但它对理解刑法背后的道德复杂性和困境起到了至关重要的作用。例如,刑法的一个基本原则是罪刑法定原则,它指的是犯罪的认定和刑罚的实施必须依照法律。罪刑法定原则是刑法的黄金律(golden rule),它被写进我国刑法总则的第3条之中,也为刑事司法实践所贯彻。然

---

① 比如美国著名刑法学家胡萨克强调道德与政治因素在刑法研究中的重要性。参见道格拉斯·N.胡萨克:《刑法哲学》,谢望原等译,中国人民公安大学出版社1994年版,第43页。
② 冯军:"刑法教义学的立场与方法",《中外法学》2014年第1期,第172—197页。
③ 胡水君:"社会理论中的刑罚:道德过程与权力技术",《中国法学》2009年第2期,第46页。

而，从刑法哲学的角度来思考这一原则，它同样会呈现出法律与道德之间的关系这个经典难题。比如，如果一种严重的道德过错没有被规定为犯罪，而刑法所规定的某一种犯罪的危害比起前述道德过错却小得多，在这种情况下，罪刑法定原则是否违背了它背后的道德考量？对这些问题的回答，需要将刑法实践放置在共同体的共同善的实践语境之下，刑法的道德基础在于社群的共同善，为了保护共同善，刑法被纳入以基本善为导向的权威性法律体系之中。刑法的实施体现了法律的实践权威角色。

（二）刑法与共同善

按照自然法的逻辑，刑法是特别的法律形式，其本质是实践合理性之法，它以权威的方式确定了共同善如何被保护和受到破坏时应如何回应。我们所生活的社群是合作性的，在合作之中建立各种不同的规划和工程，分享着各种形式和层次的社会目标。在合作过程中，人们遵守承诺，并忠诚于设定的各种社会目标，共同善被彰显和追求，人的康乐得到维护和促进。而人的脆弱性和对共同善的错误理解，导致有些人会以错误和不当的方式对其他人或社群整体造成损害，在这种情况下，犯罪就发生了。[①] 刑法对共同善受到的破坏进行回应，它规定了哪些对共同善的破坏应该受到惩罚，以及施加何种形式的惩罚。我们可以从三个方面具体看刑法的本质。

第一，刑法是体现实践合理性的法律实践。刑法是规范的集合，但它区别于其他的社会规范，它的规范性来自它对于一个成熟的法律体系的归属。它意味着法律的权威性是被主张的，即法律主张它有道德

---

① John Finnis, *Natural Law and Natural Rights*, p. 262.

权威,并且社会成员集合性地共享的共同善确认了法律的道德权威。此外,"成熟"也意味着存在着一个宪法秩序,宪法秩序并不只是意味着存在着宪法的文本或观念,法律的效力层级、立法的变迁、法律对共同善的回应和对争议的解决等都体现了实践合理性的要求。① 从这个宪法秩序中,我们可以形成刑法的合法性的观念。在这个意义上,刑法是具有规范性的法律实践。

刑法的规范性体现在内在和外在维度。内在维度指的是刑法为行动者提供了受保护的行动理由。② 按照权威的实践推理结构,这种行动理由是好的理由,它使得行动者更好地行动,也阻断了行动者在不同选项之间的权衡。外在维度体现在它的社会意义上。如果一个社会没有刑法,可能会出现两种境况,一种是无休止的人与人之间的斗争,一种是建立在恐惧和无助之上的脆弱的个人自保。在这两种境况之中,社会合作不能展开,共同善无法得到基本的保障和实现。刑法的存在改变了这种状况。在规范的意义上,刑法为群体中的每一个人提供了不同于他们之前的考量的行动理由。而在社会意义上,刑法改变了个体的行动方式,也就间接地改变了社会状况和社会文化。人们形成了刑法正义观,并且在社会建构和发展上贯彻这种正义观。人们也会对刑法的诸多善恶问题进行反思,这种反思反过来强化了实践合理性的诸原则对刑法正义之实践的影响。

第二,刑法是关于犯罪的。刑法规定了犯罪的种类,以刑法条文的形式表现出来,并且附之相应的惩罚形式。犯罪的概念形成了刑法实

---

① 菲尼斯用"无缝之网"形象地表达了这样一种秩序状态。John Finnis,"The Authority of Law in the Predicament of Contemporary Social Theory", *Notre Dame Journal of Law*, *Ethics & Public Policy*, Vol. 1, No. 1, 1984, p. 120.

② Joseph Raz, *The Authority of Law*, Oxford University Press, 1979, p. 18; John Gardner, "Justifications and Reasons", in A. P. Simester & A. T. H. Smith (eds.), *Harm and Culpability*, Oxford: Oxford University Press, 1996, p. 106.

践的枢纽。首先,人们之所以将某种行为视为犯罪,比如敲诈勒索、拐卖等,是因为刑法作出了这样的规定,但并不是刑法赋予了这些行为规范效力。实际上,刑法是对这些行为的回应,正是因为这些行为的特定结构导致社会要以犯罪这个特定的概念来加以评价。这个特定结构主要体现为对价值的破坏,但价值是如何被破坏的,却存在着不同的理论说明。

其次,犯罪在法律中是一个特别的概念。在法律中,很多概念是自然意义上的,比如完全行为能力人、残疾人和老年人等,有一些概念是建构性的,比如婚姻、法人和权利等。① 而犯罪兼具这两种意义。犯罪是带来实际损害结果或者有造成此结果之危险的行为或意图,因而是事实性的。同时,犯罪又是建构性的,国家权力将行为结果或意图所触发的可罚性赋予法律效力,从而使得犯罪的概念呈现为建构性的。然而犯罪却在建构的过程中保持着道德争议性。比如(1)犯罪结构的开放性:很多犯罪是以行为结果来认定的,如故意杀人罪,而很多犯罪是以行为方式来认定的,如伪证罪。(2)可罚性的道德基础的争议:是什么使得犯罪行为是可惩罚的,是基于犯罪后果而加以预防的功利主义,还是基于犯罪主体破坏在社群中所应承担之公平责任的公平原则?(3)犯罪评价的争议性:犯罪行为都是道德过错吗?② 犯罪概念的道德相关性使得这些争论反复出现。

第三,刑法是以共同善为导向的,共同善提供了刑法的道德基础。在一般意义上,共同善为法律的权威提供了效力的来源,法律权威引导人们更好地追求共同善,因此法律权威自身也是实践合理性这种共同

---

① 罗纳德·德沃金:《身披法袍的正义》,第 11 页。
② Michael Moore, *Placing Blame: A Theory of Criminal Law*, Oxford: Oxford University Press, 1997, p. 35.

善的一种特别的社会合作形式。刑法的内容是强制,即基于犯罪行为的发生而对行动者施加惩罚。当共同善被损害而影响社会合作的时候,国家对犯罪主体通过公开的程序、以判决的形式宣告他所应当承担的惩罚,以此来恢复被犯罪者破坏的公平秩序。①

共同善也为政治实践中的其他价值提供了道德意涵,这些价值同样体现在刑法实践的复杂过程之中。比如,正义是一个基本问题,也引发着巨大的争议,特别是在刑事正义的视野下。一些正义原则,比如"法无明文规定不为罪""不得溯及既往"等,是刑法实践的金科玉律。然而,纽伦堡审判中对纳粹分子的审判所依据的规范,是在他们的恶行发生之后才被制定出来的。当一些罪行严重的犯罪者被处以死刑的时候,人们会说正义得到了实现。然而,死刑的正当性却受到越来越多的质疑。这些正义实践的疑难给出的警告是,共同善的实现不是一个简单的技术过程,充满着不确定性。当很多选项向我们开放的时候,这些选项之间可能会存在冲突,而要作出一个正确的决定,有时并非易事。这凸显了实践合理性的重要性。

第三节 作为公共道德过错的犯罪

既然刑法理论致力于对刑法实践背后的道德因素进行说明,那么就需要详细探究哪些道德因素是重要的。根据前面的分析,刑法实践以犯罪为核心展开。而犯罪所涉及的道德因素体现在,为什么某些符合刑法规范所规定之行为模式的行为应当被视为道德过错而具有可罚性?本部分为基于共同善的犯罪观进行辩护,主张犯罪的道德过错性

---

① John Finnis, *Natural Law and Natural Rights*, p. 263.

和可罚性在于它对共同善造成了严重的破坏而值得公共回应。

对犯罪相关的道德因素的探究区别于教义性或犯罪学视角,是从哲学的角度对犯罪的结构进行分析。按照牛津大学法理学家格兰特·雷蒙德(Grant Lamond)的提议,"犯罪本质的哲学理解是对刑事责任的基本特征的说明,刑事责任解释了犯罪的规范性地位。犯罪是一种特殊类型的法律过错,一种哲学分析尝试解释,是什么使得犯罪如此特殊——什么使得法律如此特殊地对待它们是恰当的,什么类型的事物应该得到这种类型的对待"①。

在刑法哲学的讨论中,存在一些有影响力的犯罪观。它们共享着一个基本的假定:犯罪是一种公共过错。② 第一,贝克(Becker)和诺齐克(Nozick)提出相类似的主张,犯罪的过错所带来的伤害不同于私法中的过错,前者造成的是社会伤害,是对任何一个潜在的受害者的伤害,因此它带来的是恐慌(fear),让群体中每个人都惧怕自己成为受害的一员。③ 第二,马歇尔(Marshall)和达夫认为犯罪的独特性体现在,犯罪主体对受害人所做的过错行为,同时也是对公众的过错。一种过错是否具备此种地位,在于过错所损害的价值,是否对于社群的认同和自我理解以及社群成员的善观念具有核心意义。④ 第三,犯罪的过错性体现在它们违反了法律,因此真正被所有犯罪破坏的价值是法律的权威性。

第一种主张的问题在于,恐慌只不过是犯罪被感知的程度,而非犯

---

① Grant Lamond, "What is a Crime?", *Oxford Journal of Legal Studies*, Vol. 27, No. 4, 2007, p. 610.
② Ibid., p. 620.
③ Ibid., pp. 614-616.
④ S. E. Marshall & R. A. Duff, "Criminalization and Sharing Wrongs", *Canadian Journal of Law and Jurisprudence*, Vol. 11, No. 1, 1998, pp. 20-21.

罪本身。① 而马歇尔和达夫的解释实际上是主张犯罪所破坏的价值对于社群认同来说是构成性的，而这是一个极强的主张，它是一个关于社群之本质的说明，即我们重视的价值构成了我们对于社群的理解，没有这些价值，社群就难以存在。价值对社群来说当然是重要的，但是它们的重要性体现在它们对社群中的每个人是重要的，而非在于它们构成了社群本身。对于第三种主张来说，不同于民法规范对于民事违法的重要性，刑事过错往往涉及的是对道德权利、利益以及其他道德价值的破坏，受到破坏的主要还不是法律规范。

在这个基础上，一种更佳的解释是，犯罪是一种公共过错，不是因为它们是对公共的过错，而是因为它们是社群有责任惩罚的过错。社群不是受害者，而是将犯罪诉诸程序和施加惩罚的适格主体。惩罚是基于犯罪主体的可责行为而施加的负担性责任。惩罚不同于批评和谴责，而是严重的负担。那么是什么使得过错行为如此严重以至于应受到惩罚？答案在于，行为主体表达了对被违反的价值或利益的不尊重。这种不尊重是意愿性的。②

这个概念界定需要有更进一步的说明。第一，我们要区分过错行为、违法义务的行为和对价值的不尊重。前二者可能会造成对价值的不尊重，但不必然。对价值的不尊重是更严重的形式。第二，并非所有形式的对价值的不尊重都应该受到惩罚。支持惩罚的理由的力度依赖于过错总的严重性（gravity），这反过来又依赖于相关利益和价值的重要性、过错所带来的侵犯（或侵犯之风险）的程度以及过错主体所展现出的不尊重的类型。③ 在一个主权范围内，当个体对社群内的重要利

---

① Grant Lamond,"What is a Crime?", p. 616.
② Ibid., p. 610.
③ Ibid., p. 625.

益或价值不尊重而意愿性地加以侵犯的时候,他的行为就是犯罪,国家有责任加以惩罚。国家的回应意味着要对行为主体加以控诉,通过司法程序对犯罪的认定作出权威性的判断,并施以刑罚。

严重到应当加以惩罚的那些过错类型通常反映了个人自治的重要性。这些过错触犯了人的身体的不可侵犯性,或者破坏了个体参与有价值的活动的能力,或者这些活动本身就是极为重要的,犯罪破坏了支持这些活动的那些公共机制和实践。这些行为破坏了人在社群中的福乐的可能性,因此需要国家以刑法制度加以回应。① 犯罪与社群之价值之间的实质性关联和国家对犯罪的回应,体现了实践合理性在政治共同体中的贯彻。而犯罪所破坏的那些价值,正是社会中人的福乐的最基本方面,也就是共同善。然而,并非每一种犯罪都是对共同善的破坏,对共同善的破坏也不一定就是犯罪。人们在社群中以多种形式追求共同善,又彼此承担责任。犯罪的概念体现了责任的两个方面。一个方面是,我们负有意愿性地尊重社会中的重要价值的责任,我们重视这些价值,也尊重其他人对这些价值的追求。另一个方面是,当我们违背这种责任的时候,社群应该以一种特别的方式加以回应。

要确定哪些重要的价值是值得保护和尊重的,以及社群应以何种方式更进一步地体现出这些价值的重要性,需要关于共同善的更进一步的探讨。第一,关于共同善的理论是否能够为刑罚提供一个合理的基础,它能否胜过其他的哲学立场,比如后果主义;第二,哪些共同善应该得到刑法的保护,换句话说,哪些破坏共同善的行为应该受到惩罚。第二个问题既需要我们对前面提到的各种共同善进行更进一步的分析,比如生命价值、审美价值在共同体中应该如何得到保护和促进,也

---

① Grant Lamond, "What is a Crime?", pp. 628-629.

将犯罪的概念更多地引向教义学的思考，比如具体的刑法规定如何对这些价值加以保护，而这个探讨也超越了本章要实现的理论目标。所以下面的讨论将重点关注第一个问题，即为什么要对犯罪行为进行惩罚式的公共回应。

第四节　刑罚的证成

犯罪经过审判而触发了刑罚，刑罚这种强制的形式不同于行政强制或赔偿，它本质上是惩罚，原因在于它剥夺了犯罪个体对共同善的追求的资格。犯罪个体所遭遇的这种不利后果，使其自身失去了公平地参与共同善之追求的机遇，并担负社会谴责、差别对待的压力。因此，惩罚在初步意义上是不正当的，因为它的确严重地压制了犯罪主体在社会中的道德实践能力。因此，刑罚面临着证成难题。即使国家通过刑法将一些行为规定为犯罪，并规定了针对这种犯罪的回应方式，比如罚金、徒刑或死刑等，也并不意味着国家以这种方式来回应具有天然的正当性。国家对犯罪行为加以调查，设立法院或陪审团，通过司法程序对犯罪加以确认，最后以实际的约束形式对犯罪者加以惩罚。这个过程需要大量的人力、物力和财力，而且对犯罪者的惩罚伴随着否定、谴责甚至对生命的剥夺。因此，刑罚对于一个社会来说看起来是沉重的负担，这样做的目标是什么？

前面对犯罪概念的探讨表明，当犯罪行为表达对重要价值的不尊重的时候，国家有责任对犯罪进行惩罚。然而，国家的责任基础却并非由犯罪的概念所析出。当孩子犯了错的时候，父母有责任对孩子进行管教，父母的理由是这样做是为了孩子好，这是一种家长主义式的自然责任。然而，国家的刑罚责任却并非这么自然。尽管有学者提出一种家长主义的刑罚观,即刑罚是为了犯罪者的潜在或实际的益处,①但除了与我们的直觉不相符,这种家长主义的刑罚观几乎忽视了犯罪和刑罚问题的独特性,反过来削弱了这种立场在特定问题上的论证力量。下文将对两种经典的刑罚证成理论进行分析,提出以共同善进行重构的刑罚报应主义可以对刑罚的证成难题作出回答。要说明刑罚的道德基础,我们需要从共同善所推导出的道德原则中获得更进一步的支持。道德应罚性的关键在于它符合了分配正义的要求,而正义的根源在于实践合理性要求我们不只是为自己,也在共同体中追求和尊重共同善。

(一) 功利主义

与家长主义相类似的是功利主义立场。功利主义也是一种一般性的哲学理论,它在论证刑罚正当性问题上不具有特别的论证力量。然而,功利主义在直觉上更容易被人接受。经典的功利主义主张如贝卡利亚所提出的,"刑罚的目的仅仅在于,阻止罪犯再重新侵害公民,并规诫其他人不要重蹈覆辙"②。边沁基于功利主义原理进一步地为之辩护,"惩罚之值在任何情况下,皆须不小于足以超过犯罪之值"③。换句话说,惩罚的收益必须大过犯罪的后果,否则惩罚就没有意义。按边沁的主张,惩罚的收益体现为四个方面:防止犯罪的进一步发生,让犯罪者犯更小的罪,让犯罪者不再犯罪,以最小的代价防止犯罪。④ 因此,功利主义视角下的刑罚主要在于预防和威慑潜在的犯罪。

---

① Herbert Morris, "A Paternalistic Theory of Punishment", *American Philosophical Quarterly*, Vol. 18, No. 4, 1981, p. 264.
② 切萨雷·贝卡利亚:《论犯罪与刑罚》,黄风译,中国大百科全书出版社1993年版,第42页。
③ 边沁:《道德与立法原理导论》,第225页。
④ 同上,第224—225页。

自贝卡利亚和边沁以来,对功利主义的刑罚观的批评已经不计其数。其中最经典的反对意见是,如果惩罚一个无辜的人可以防止犯罪,功利主义者就会支持这样做。这是一个严重的挑战,功利主义者可能的回应是,如果这样做的结果的确带来了最好的结果,那么它就是正当的。显然这个回应与功利主义更为一般的哲学立场是相关的,比如道德体系是建立在快乐的最大化的基础上,政治制度是为了实现大多数人的最大幸福。

然而,除了功利主义这种哲学立场面对的一般困难之外,功利主义的刑罚观也面对着特定的挑战。刑罚是对犯罪行为的回应,它不仅仅是施加痛苦,也代表着公共传达,即向犯罪人、刑事司法官员和其他人传达出犯罪人作为共同体中具有自主性地位的主体,却做出了一项道德过错行为。尽管功利主义刑罚观不否定这种传达的作用,但它认为这不是刑罚的必要构成特征。按照达夫的观点,这是功利主义作为思考刑事正义的方法缺乏说服力的一个表现。① 而与之类似,塔德洛斯主张,即使施加于犯罪人的刑罚对于犯罪人来说是极为重大的不利后果,然而这种刑罚仍然"将犯罪人作为道德能动者对待,认为他至少有能力理解适用于自己的标准、规范及规则,懂得它们的理据,并将它们转换成信念和评价来引导自己的行为"②。而功利主义刑罚观并不能展现这种对道德能动者的重要意义的重视。

(二) 报应主义之批判

报应主义是与功利主义相对的一种刑罚观。尽管还有其他不同形

---

① R. A. Duff, *Punishment, Communication, and Community*, Oxford: Oxford University Press, 2001, pp. 27-28.
② 维克托·塔德洛斯:《刑事责任论》,第 82 页。

式的立场,比如以威胁为基础的刑罚观①、表达主义的刑罚观②、沟通的刑罚观,实质上都是报应主义的刑罚观。报应主义刑罚观的一个基本主张是,犯罪者应当受到惩罚,也就是说,惩罚具有内在的应得性。我们可以把它称为一种积极的报应主义。积极的报应主义要回答两个核心问题。第一,应得的观念所反映的犯罪与惩罚间的证成性关系是什么?为什么犯罪者应受责罚,以及他们应受何种责罚。第二,即使他们应受责罚,或者以独特的方式承受负担,那么为什么是国家通过刑罚体系来施加这种责罚和负担?

自然法理论提供了三种方案,分别是阿奎那的准功利主义刑罚观、菲尼斯的平等的刑罚观和自然法报应主义。尽管共同善理论不同于功利主义,但自然法可以接纳一种功利主义的结构来为刑罚进行辩护。阿奎那提出,"如果一个人因为犯罪而对社群有危险或危害,那么杀死他以保护共同善,就是值得赞许和有益的"③。因此,阿奎那的立场区别于功利主义的地方在于,惩罚的目的是保护共同善,而非促进人们主观化的快乐。然而,这种准功利主义的立场面临着与功利主义一样的困境,一个更深层的困境在于,为了社群的共同善而剥夺犯罪者的善,这与自然法的实践合理性不符。一个人的过错使得他的福乐被限缩,但并不意味着他免于成为促进他人之善的程度也被限缩,前者不同于也不必然导致后者。④

菲尼斯的平等的刑罚观主张,通过刑罚可以使犯罪者和守法者之

---

① Larry Alexander, "The Philosophy of Criminal Law", in Jules Coleman & Scott Shapiro (eds.), *The Oxford Handbook of Jurisprudence and Philosophy of Law*, Oxford: Oxford University Press, 2004, pp. 821-822.

② Joel Feinberg, "The Expressive Function of Punishment", p. 400.

③ Thomas Aquinas, *Summa Theologiae* IIaIIae q. 64.

④ Mark Murphy, *Natural Law in Jurisprudence and Politics*, Cambridge: Cambridge University Press, 2009, p. 139.

间的平等得以恢复。按照菲尼斯的话说,"强制是一种刑罚,是因为它们为理性所要求,是为了避免不正义,维持社会所有成员之间的比例性平等或公平的理性秩序"[1]。在共同善的追求之中,不同个体之间相互负有尊重和保护各自的人生方案的责任,法律提供了保护这种责任之实践的框架,使得各方平等地从自己的人生规划之中实现福祉。而犯罪者的犯罪行为破坏了这种平等的状态,获取了不当的优势。而刑罚正是通过让犯罪者承受重担,从而恢复被破坏的平等秩序。犯罪者获得的不当优势越大,对平等的破坏越严重,则承受的刑罚就更严重。

这种平等的刑罚观面临着两个困难。首先,犯罪行为破坏了社会成员之间的平等状态,并不意味着犯罪者能够从中得到不当优势,比如偷税的确让偷税者获得不公平的金钱利益,然而谋杀却不会让任何人受益。[2] 在后面的情形中,即使刑罚被执行,平等秩序也无法被恢复。其次,平等论可以辩护说,犯罪者通过犯罪行为所获得的不当利益,其实是犯罪者违反刑事法律的那种自由。比如舍尔建议,犯罪者所获得的自由程度是跟被违反之法律的道德严重性程度相关的。犯罪者触犯法律的道德严重性越高,则他妄得的自由就越多。这也可以解释为什么会存在刑罚的轻重之分。[3]

然而,第二个提议其实是对犯罪的本质提出了一个更高的要求,即犯罪所妄得的利益-犯罪所妄得的自由-犯罪的道德严重性之间是正相关。[4] 然而妄得的利益和妄得的自由之间并非正相关。我们以强奸罪为例,强奸者从强奸行为中获得心理上的快感,并且通过强迫受害者而得到了额外的自由。按照舍尔的建议,强奸者获得的额外自由是让

---

[1] John Finnis, *Natural Law and Natural Rights*, p. 262.
[2] Mark Murphy, *Natural Law in Jurisprudence and Politics*, p. 139.
[3] George Sher, *Desert*, Princeton: Princeton University Press, 1987, pp. 81-82.
[4] Mark Murphy, opcit, p. 141.

他受益的。然而,这个建议从根本上否定了自由的意义。自由的目标在于让主体实现某种价值。而强奸者所获得的不是某种价值,而只是一种心理解脱,所以他通过犯罪所获得的不是额外的自由,而是对价值的破坏。①

因此,需要抛弃准功利主义和平等的刑罚观的框架,回到报应主义本身。那么自然法的报应主义观可以成功地回应报应主义理论所面对的挑战吗?报应主义面临的批评主要有:(1)报应主义不能解释为何有些道德过错严重的行为不被惩罚,而道德过错比较轻的行为反而被定罪;(2)报应主义主张惩罚的目的就是为了让犯罪者得到应得的惩罚,然而这样做既让犯罪者承受重大的负担,也要国家付出巨大的代价,因此报应主义不能证成惩罚;(3)报应主义不能解释累犯和赦刑的问题。②

(三)基于共同善而重构的报应主义

本部分尝试说明,基于共同善而重构的报应主义,能够回应上面的三个挑战。按照马克·墨菲(Mark Murphy)的主张,基于共同善的自然法报应主义可总结为:"只要政治共同体的成员犯罪,法律就有理由以权威性的方式决定在一定程度上把他或她驱离共同善之外。在一定程度上把他或她驱离共同善的本旨不在于促进共同善,也不在于把犯罪者和其他公民在某些方面平等化。相反,把犯罪者驱离共同善只是对共同善的内在适切性回应,因为犯罪者未能担当起关于共同善方面的责任。"③

---

① Mark Murphy, *Natural Law in Jurisprudence and Politics*, p. 141.
② R. Shafer-Landau, "The Failure of Retributivism", *Philosophical Studies*, Vol. 82, No. 3, 1996, pp. 289-299.
③ Mark Murphy, opcit, p. 142.

按照这个概括,惩罚就是将犯罪者隔离在共同善之外,使他在一定程度上丧失从共同善中建立完整人生规划从而实现个人福乐的机会,这种隔离是对他破坏共同善的恰当回应。根据前面对报应主义的三个方面的批评,我们可以相应地将自然法的报应主义理解为三个方面。第一,犯罪者被惩罚是因为他们没有尽到共同善方面的责任,这是一种道德过错。第二,犯罪者应当受到惩罚,这是对共同善的内在的回应方式,而非由惩罚的后果或成本计算来决定的。第三,惩罚与犯罪是内在对应的,犯罪的内在罪性决定了惩罚的程度。因此,上述挑战同样也构成对自然法的报应主义的挑战。下面从三个方面分析报应主义如何进行回应。

首先,第一个批评意见认为报应主义必然要求凡是道德过错行为皆应该受到惩罚。这个意见包含两层意义。一方面,只要行为是不道德的,就应该受到惩罚。另一方面,刑法只能惩罚不道德的行为。然而,批评意见错误地理解了道德过错的性质。显然,从表面上看,酒驾、逃税等行为仅仅是因为违法而犯罪,而大量的不道德行为,比如朋友交往中的背叛,却逍遥于法律之外。① 但是,法律是实现共同善的合作方案,对法律的遵守就意味着承担保护共同善的责任。而酒驾和逃税等行为,虽然只是违反了法律,但它们在更为实质的意义上破坏了共同善的合作框架。此外,显然任何一种理论都无法对何种严重程度的行为应受惩罚给出一个具体量化的标准,然而作为共同善之一种的实践合理性,则蕴含着将哪些行为定罪的合理化的原则。

其次,反对意见批评报应主义不能说明为什么国家为刑罚所付的代价是正当的。如果国家只是为了惩罚,没有其他目标,那么这种代价

---

① R. Shafer-Landau,"The Failure of Retributivism",p. 291.

的付出显然是一个零收益的活动。这个指责是基于国家的确需要为建立刑罚制度投入巨大的力量。然而,报应主义可以很好地回应这个批评。这个意见混淆了被证成的刑罚的必要条件和刑罚的一般证成目标之间的区别。① 刑罚的一般证成目标是为了内在地回应犯罪对共同善的破坏。这个一般性的目标并不否认社会要求刑罚能够带来一些可见的目标,比如犯罪率的下降,人们守法意识的提高。这种可见的目标使我们觉得为了刑罚而付出的代价是值得的。但是,这些目标只是证成刑罚的一些必要条件,而且是可变动的。比如,虽然犯罪率仍然在上升,但人们的守法意识开始提高,在这种情况下刑罚仍然是合理的。

而最后一个对报应主义的批评意见关注的是报应主义在刑罚分配上的角色。这种意见认为,报应主义不能解释刑罚分配中的一些问题,比如累犯的加重罚和赦刑所涉及的宽恕(mercy)问题,因为报应主义要求犯罪与刑罚相对应,而累犯和赦刑的例子则给这种对应带来了张力,因此报应主义与刑罚分配原理是冲突的。然而,这个挑战可以克服。首先,在认定犯罪的过程中,犯罪的环境是起重要作用的,累犯尽管在犯罪构成上与新犯相同,但累犯的环境却不同于新犯,因为累犯对自己心理倾向的认知要更为清楚,这理所当然地使他的行为的可罚性更高。②

而赦刑中所涉及的宽恕问题,可以通过区分强的报应主义(strong retributivism)和极强的报应主义(extra-strong retributivism)来解决。极强的报应主义主张刑罚的报应是强制性的,而强的报应主义则容许其他目标的实现,而这并不会摧毁报应主义的根基。自然法的报应主义是一种强的报应主义,这种立场容许司法裁判中基于人道主义或社会

---

① Mark Murphy, *Natural Law in Jurisprudence and Politics*, p. 146.
② Ibid. , p. 148.

善的理由而作出减刑或免刑的决定,尽管此处无法就此确立一个一般性的原则。①

关于报应主义的批评还会以其他形式出现,但可以说,报应主义可以在一般目标上得到证成,这种力量来自作为社群根基的共同善。那么,报应主义是如何表达出这种力量的? 我们可以把自然法的报应主义理论在一种更为积极的意义上概括为一种表达主义的刑罚观,即刑罚在构成意义上是一种表达,当犯罪者不承担尊重共同善之责任的时候,社群通过将之驱离共同善而表达出对这种不尊重的回应。但我们要把这种表达观区别于范伯格的刑罚表达观,后者将刑罚视为谴责,谴责形成了刑罚的定义。② 根据构成性的表达观,惩罚不是定义性的谴责,而是证成性的实践。因此,刑罚是一种象征性标记(symbolic marking),③刑罚通过实际地执行罚金、监禁或者剥夺生命等国家行动,将社群对犯罪行为的回应象征性地标记在这些行动之中。这种象征性的标记可能会在执行之中失败,比如不公正的刑罚,④然而在国家承担维护共同善的责任这一方面,刑罚在一般意义上被证成。

第五节 结语

刑法实践具有非常独特的社会意义。刑法规范和刑罚实施都体现了一个社会对于不法行为所作出的严厉回应,以及通过刑法实践恢复社会道德实践的尝试。然而,社会结构和道德实践是复杂的,刑法理论同样也面临着各种复杂性。无论是罪名的设计,还是刑法的修正等,都

---

① Mark Murphy, *Natural Law in Jurisprudence and Politics*, p. 149.
② Joel Feinberg, "The Expressive Function of Punishment", p. 400.
③ Mark Murphy, opcit, p. 149.
④ John Finnis, *Natural Law and Natural Rights*, p. 265.

要放置在一个道德框架中加以分析。犯罪的社会影响、犯罪化过程中的价值考量以及刑法修正应受到的内在限制等各种因素都直接关切犯罪的本质和刑罚的证成这一基础命题。犯罪对社会产生伤害和冲击，但犯罪行为也有其社会根源。犯罪化过程中面临着个人自由实践和社会秩序需求之间的巨大张力，因此犯罪化并非总是最佳选择。刑法需要适应社会结构变迁和社会实践方式的改变，因此刑法修正是必要的。但刑法修正所体现的积极姿态与刑法所应有的谦抑性之间存在张力。① 对犯罪和刑罚的基础性问题进行反思，是解决这些难题的道德出路。

尽管在一个社会之中，降低犯罪率、刑事审判改革和刑法修订等问题显得更具有现实的紧迫意义，但作为一个追求理想和重视价值的共同体，我们理当深入现实实践背后的道德原理，因为正是这些原理，塑造着共同体成员关于正义、责任、伤害和防卫等概念的理解。正如弗莱彻所说的，一个社会将某些行为认定为犯罪并且以惩罚加以回应，这一实践昭示着人类状况的"巨大神秘性"，而要揭示这种神秘性，需要诉诸关于共同体之根本属性的那些原则。共同善提供了一种规范的刑法理论的基石，在此基础上可以对刑法的疑难进行理性地探析。无论是在西方还是在中国，刑法学界对于理论的礼赞，将极大地助益刑法实践。

---

① 孙万怀："刑法修正的道德诉求"，《东方法学》2021年第1期，第111页。

参考文献

中文著作

阿米·古特曼、丹尼斯·汤普森:《民主与分歧》,杨立峰等译,东方出版社 2007 年版。

埃米尔·涂尔干:《社会分工论》,渠东译,生活·读书·新知三联书店 2000 年版。

保罗·卡恩:《摆正自由主义的位置》,田力译,中国政法大学出版社 2015 年版。

边沁:《道德与立法原理导论》,时殷弘译,商务印书馆 2000 年版。

查尔斯·泰勒:《自我的根源》,韩震等译,译林出版社 2001 年版。

程树德:《九朝律考》,商务印书馆 2010 年版。

道格拉斯·N.胡萨克:《刑法哲学》,谢望原等译,中国人民公安大学出版社 1994 年版。

斐迪南·滕尼斯:《共同体与社会》,张巍卓译,商务印书馆 2019 年版。

弗兰茨·冯·李斯特:《德国刑法教科书》,徐久生译,法律出版社 2000 年版。

富勒:《法律的道德性》,郑戈译,商务印书馆 2005 年版。

哈伯特·L.帕克:《刑事制裁的界限》,梁根林等译,法律出版社 2008 年版。

H. L. A. 哈特:《法律、自由与道德》,支振锋译,法律出版社2006年版。

G. 德沃金、R. G. 弗雷、S. 博克:《安乐死和医生协助自杀》,翟晓梅、邱仁宗译,辽宁教育出版社2004年版。

霍布豪斯:《自由主义》,朱曾汶译,商务印书馆1996年版。

卡尔·拉伦茨:《法学方法论》,陈爱娥译,商务印书馆2005年版。

考夫曼:《法律哲学》,刘幸义译,法律出版社2005年版。

克里斯蒂娜·科尔斯戈德:《规范性的来源》,杨顺利译,上海译文出版社2010年版。

克利福德·格尔茨:《文化的解释》,韩莉译,译林出版社1999年版。

理查德·H. 泰勒、卡斯·H. 桑斯坦:《助推:我们如何做出最佳选择》,刘宁译,中信出版社2009年版。

理查德·波斯纳:《衰老与老龄》,周云译,中国政法大学出版社2002年版。

刘清平:《忠孝与仁义:儒家伦理批判》,复旦大学出版社2012年版。

罗伯特·C. 波斯特:《宪法的领域:民主、共同体与管理》,毕洪海译,北京大学出版社2012年版。

罗伯特·L. 西蒙主编:《社会政治哲学》,陈喜贵译,中国人民大学出版社2009年版。

罗伯特·乔治:《使人成为有德之人》,孙海波、彭宁译,商务印书馆2020年版。

罗纳德·德沃金:《自由的法》,刘丽君译,上海人民出版社2001年版。

罗纳德·德沃金:《法律帝国》,李冠宜译,台北:时英出版社2002年版。

罗纳德·德沃金:《原则问题》,张国清译,江苏人民出版社2005年版。

罗纳德·德沃金:《身披法袍的正义》,周林刚、翟志勇译,北京大学出版社2009年版。

罗纳德·德沃金:《生命的自主权》,郭贞伶译,中国政法大学出版社 2013 年版。

罗纳德·德沃金:《刺猬的正义》,周望、徐宗立译,中国政法大学出版社 2016 年版。

玛莎·C.纳斯鲍姆:《正义的前沿》,朱慧玲等译,中国人民大学出版社 2016 年版。

迈克尔·桑德尔:《民主的不满:美国在寻求一种公共哲学》,曾纪茂译,江苏人民出版社 2008 年版。

迈克尔·沃尔泽:《阐释和社会批判》,任辉献、段鸣玉译,江苏人民出版社 2010 年版。

米歇尔·福柯:《安全、领土与人口》,钱翰、陈晓径译,上海人民出版社 2010 年版。

尼尔·麦考密克:《修辞与法治》,程朝阳、孙光宁译,北京大学出版社 2014 年版。

P. 诺内特、P. 塞尔兹尼克:《转变中的法律与社会:迈向回应型法》,张志铭译,中国政法大学出版社 2004 年版。

帕特里克·德富林:《道德的法律强制》。

乔尔·范伯格:《自由、权利与社会正义:现代社会哲学》,王守昌等译,贵州人民出版社 1998 年版。

乔尔·范伯格:《刑法的道德界限(第一卷):对他人的损害》,方泉译,商务印书馆 2013 年版。

乔尔·范伯格:《刑法的道德界限(第二卷):对他人的冒犯》,方泉译,商务印书馆 2014 年版。

乔尔·范伯格:《刑法的道德界限(第三卷):对自己的损害》,方泉译,商务印书馆 2015 年版。

乔尔·范伯格:《刑法的道德界限(第四卷):无害的不法行为》,方泉译,商务印书馆2015年版。

切萨雷·贝卡利亚:《论犯罪与刑罚》,黄风译,中国大百科全书出版社1993年版。

史蒂文·J. 伯顿:《诚信裁判》,宋晨翔译,中国人民大学出版社2015年版。

斯科特·夏皮罗:《合法性》,郑玉双、刘叶深译,中国法制出版社2016年版。

托尼·本尼特:《本尼特:文化与社会》,王杰等译,广西师范大学出版社2007年版。

维克托·塔德洛斯:《刑事责任论》,谭淦译,中国人民大学出版社2009年版。

亚里士多德:《尼各马可伦理学》,苗力田译,中国人民大学出版社2003年版。

亚里士多德:《政治学》,颜一、秦典华译,中国人民大学出版社2003年版。

伊曼努尔·康德:《道德形而上学原理》,苗力田译,上海人民出版社2012年版。

以赛亚·伯林:《自由论》,胡传胜译,译林出版社2003年版。

喻少如:《公民文化权的宪法保护研究》,中国法制出版社2017年版。

约翰·L. 麦凯:《伦理学:发明对与错》,丁三东译,上海译文出版社2007年版。

约翰·罗尔斯:《政治自由主义》,万俊人译,译林出版社2000年版。

约翰·罗尔斯:《作为公平的正义:正义新论》,姚大志译,上海三联书店2002年版。

约翰·罗尔斯:《罗尔斯论文全集》,陈肖生等译,吉林出版集团有限责任公司 2013 年版。
约翰·穆勒:《论自由》,孟凡礼译,广西师范大学出版社 2011 年版。
约瑟夫·拉兹:《公共领域的伦理学》,葛四友主译,江苏人民出版社 2013 年版。
詹姆斯·斯蒂芬:《自由·平等·博爱:一位法学家对约翰·密尔的批判》,冯克利、杨日鹏译,广西师范大学出版社 2007 年版。

中文论文

车浩:"论被害人同意在故意伤害罪中的界限——以我国刑法第 234 条第 2 款中段为中心",《中外法学》2008 年第 5 期。
车浩:"自我决定权与刑法家长主义",《中国法学》2012 年第 1 期。
陈景辉:"法理论为什么是重要的",《法学》2014 年第 3 期。
陈景辉:"面对转基因问题的法律态度——法律人应当如何思考科学问题",《法学》2015 年第 9 期。
陈滔、卿石松:"中国孝道观念的代际传递效应",《人口与经济》2019 年第 2 期。
陈英:"继承权本质的分析与展开",《法学杂志》2017 年第 6 期。
陈云良:"人体移植器官产品化的法律调整",《政治与法律》2014 年第 4 期。
程红:"人体实验的刑法学分析",《中外法学》2010 年第 6 期。
崔月琴、王嘉渊:"以治理为名:福柯治理理论的社会转向及当代启示",《南开学报(哲学社会科学版)》2016 年第 2 期。
杜强强:"宪法上的艺术自由及其限制——以'敏感地带'行为艺术案为切入点",《法商研究》2013 年第 6 期。

方军:"被害人同意:根据、定位与界限",《当代法学》2015 年第 5 期。

方泉:"犯罪化的正当性原则——兼评乔尔·范伯格的限制自由原则",《法学》2012 年第 8 期。

冯军:"刑法教义学的立场与方法",《中外法学》2014 年第 1 期。

高和荣、张爱敏:"宗族养老的嵌入性建构",《吉首大学学报(社会科学版)》2019 年第 3 期。

高巍:"网络裸聊不宜认定为犯罪——与《'裸聊行为'入罪之法理分析》一文商榷",《法学》2007 年第 9 期。

高永平:"中国传统财产继承背后的文化逻辑——家系主义",《社会学研究》2006 年第 3 期。

贡塔·托依布纳:"社会理论脉络中的法学与法律实践",纪海龙译,《交大法学》2015 年第 3 期。

郭春镇、郭瑰琦:"立法的被'俘获'与'逃逸'——从'安全带法'看社会科学知识对立法的影响",《法制与社会发展》2010 年第 3 期。

何勤华、王静:"中国古代孝文化的法律支撑及当代传承",《华东政法大学学报》2018 年第 6 期。

胡安宁:"老龄化背景下子女对父母的多样化支持:观念与行为",《中国社会科学》2017 年第 3 期。

胡水君:"社会理论中的刑罚:道德过程与权力技术",《中国法学》2009 年第 2 期。

胡雪莲:"家庭与政治:民国时期家制改革的'主义'之争",《现代哲学》2017 年第 3 期。

黄明涛:"宪法上的文化权及其限制——对'文化家长主义'的一种反思",《浙江社会科学》2015 年第 12 期。

贾新奇:"论家族主义的内涵及其与儒家文化的关系",《哲学动态》2014 年第 2 期。

贾旭东、宋晓玲："论文化产业促进法的宪法依据"，《东岳论丛》2016 年第 2 期。

姜涛："刑法中的聚众淫乱罪该向何处去"，《法学》2010 年第 6 期。

姜涛："刑法如何面对家庭"，《政法论坛》2017 年第 3 期。

蒋悟真："精神赡养权法治保障的困境及其出路"，《现代法学》2014 年第 4 期。

杰里米·沃尔德伦："立法与道德中立性"，唐玉译，载应奇编：《自由主义中立性及其批评者》，江苏人民出版社 2008 年版。

靳亮、陈世香："文化属性'三分法'与中国公共文化治理的本土化建构"，《上海交通大学学报（哲学社会科学版）》2018 年第 2 期。

李柏杨："情感，不再无处安放——法律与情感研究发展综述"，《环球法律评论》2016 年第 5 期。

李岩："公序良俗原则的司法乱象与本相"，《法学》2015 年第 11 期。

梁治平："'辱母'难题：中国社会转型时期的情-法关系"，《中国法律评论》2017 年第 4 期。

林亚刚："竞技体育中伤害行为的刑法评价"，《政治与法律》2005 年第 2 期。

刘长秋："代孕的合法化之争及其立法规制研究"，《伦理学研究》2016 年第 1 期。

刘忱："国家治理与文化治理的关系"，《中国党政干部论坛》2014 年第 10 期。

刘辉："文化治理视角下的公共文化服务创新"，《中州学刊》2017 年第 5 期。

刘佳璇："文化立法仍是短板"，《党政视野》2016 年第 6 期。

刘茂林、秦小建："人权的共同体观念与宪法内在义务的证成——宪法如何回应社会道德困境"，《法学》2012 年第 11 期。

龙大轩:"孝道:中国传统法律的核心价值",《法学研究》2015年第3期。

龙大轩:"新时代'德法合治'方略的哲理思考",《中国法学》2019年第1期。

迈克尔·史密斯:"道德实在论",载拉福莱特编:《伦理学理论》,龚群译,中国人民大学出版社2008年版。

孟宪范:"家庭:百年来的三次冲击及我们的选择",《清华大学学报(哲学社会科学版)》2008年第3期。

莫纪宏:"论文化权利的宪法保护",《法学论坛》2012年第1期。

欧爱民:"聚众淫乱罪的合宪性分析——以制度性保障理论为视角",《法商研究》2011年第1期。

潘绥铭:"社会对于个人行为的作用——以'多伴侣性行为'的调查分析为例",《中国社会科学》2002年第2期。

潘信林、孙奥军:"文化治理:公共管理范式转型的替代性目标选择",《湖南社会科学》2017年第5期。

庞永红:"论J.范伯格的社会正义理论及其意义",《伦理学研究》2012年第2期。

齐崇文:"公共文化管理的法律之维",《东岳论丛》2017年第7期。

钱叶六:"参与自杀的可罚性研究",《中国法学》2012年第4期。

乔治·弗莱彻:"刑法理论的性质与功能",江溯译,载陈兴良主编:《刑事法评论》2009年第1期,北京大学出版社2009年版。

屈永华:"从儒家孝道的法律化看法律维护道德的限度",《法商研究》2013年第5期。

任喜荣:"国家文化义务履行的合宪性审查机制",《中国法学》2018年第6期。

沈寿文:"'文化宪法'的逻辑",《法学论坛》2016年第4期。

史蒂芬·沃尔:"至善主义",孟媛媛译,载郑永流主编:《法哲学与法社会学论丛》第 20 卷,法律出版社 2015 年版。

斯蒂芬·加德鲍姆:"自由主义、自主性与道德冲突",载应奇编:《自由主义中立性及其批评者》,江苏人民出版社 2007 年版。

宋辰婷:"网络戏谑文化冲击下的政府治理模式转向",《江苏社会科学》2015 年第 2 期。

宋慧献:"保障并落实公民文化权利:文化促进法初探",《河南大学学报(社会科学版)》2018 年第 2 期。

宋慧献、周艳敏:"论文化法的基本原则",《北方法学》2015 年第 6 期。

孙海波:"道德难题与立法选择:法律道德主义立场及实践检讨",《法律科学》2014 年第 4 期。

孙海波:"法条主义如何穿越错综复杂",《法律科学》2018 年第 1 期。

孙良国:"法律家长主义视角下转基因技术之规制",《法学》2015 年第 9 期。

孙万怀:"刑法修正的道德诉求",《东方法学》2021 年第 1 期。

王昶等:"国外老年生活质量研究的重心转移及其启示",《国外社会科学》2019 年第 1 期。

王钢:"自杀的认定及其相关行为的刑法评价",《法学研究》2012 年第 4 期。

王钢:"德国刑法中的安乐死——围绕联邦最高法院第二刑事审判庭 2010 年判决的展开",《比较法研究》2015 年第 5 期。

王贵松:"中国代孕规制的模式选择",《法制与社会发展》2009 年第 4 期。

王虹:"互联网时代的文化治理:融合与创新",《国家治理》2016 年第 33 期。

王洪:"制定法框架下的判决论证模式",《比较法研究》2019 年第 2 期。

王健、林津如:"护理机器人补位子女养老的伦理风险及其防范",《道德与文明》2019 年第 3 期。

王丽娜:"文化权利法律保障研究",《中国政法大学学报》2018年第3期。

王凌皞:"司法判决中的实践理由与规范适用——儒家'原情定罪'整体论法律推理模型的重构",《法制与社会发展》2015年第3期。

王明辉、唐煜枫:"'裸聊行为'入罪之法理分析",《法学》2007年第8期。

王庆廷:"新兴权利渐进入法的路径探析",《法商研究》2018年第1期。

王绍光:"治理研究:正本清源",《开放时代》2018年第2期。

吴英姿:"司法的公共理性:超越政治理性与技艺理性",《中国法学》2013年第3期。

吴元元:"法律父爱主义与侵权法之失",《华东政法大学学报》2010年第3期。

谢潇:"公序良俗与私法自治:原则冲突与位阶的妥当性安置",《法制与社会发展》2015年第6期。

颜玉凡、叶南客:"文化治理视域下的公共文化服务——基于政府的行动逻辑",《开放时代》2016年第2期。

晏辉:"论道德推理",《江海学刊》2013年第2期。

伊涛:"家庭伦理的儒学内涵与权利的备选位置",《法制与社会发展》2014年第3期。

易军:"民法上公序良俗原则的政治哲学思考",《法商研究》2005年第6期。

易军:"民法公平原则新诠",《法学家》2012年第4期。

易明、陈先初:"近代史上家族制度批判的多重维度——从清末到新文化运动",《中国文化研究》2017年第2期。

于尔根·哈贝马斯:"论法治国家与民主之间的内在关系",载罗伯特·达尔等著:《宪政与民主》,佟德志编,江苏人民出版社2008年版。

于飞:"公序良俗原则与诚实信用原则的区分",《中国社会科学》2015年第11期。

约翰·菲尼斯:"《法律帝国》中的理由与权威",邱昭继译,载郑永流主编:《法哲学与法社会学论丛》第12卷,北京大学出版社2007年版。

约翰·罗尔斯:"公共理性理念新探",陈肖生译,载谭安奎编:《公共理性》,浙江大学出版社2011年版。

曾暐杰:"'家庭'关系认同在当代法治社会的意义与价值——以'亲隐的权利'为核心",《中国文化研究》2017年第2期。

曾一果:"符号的戏讥:网络恶搞的社会表达和文化治理",《南京社会科学》2018年第12期。

张明楷:"组织出卖人体器官罪的基本问题",《吉林大学社会科学学报》2011年第5期。

张清、许蓓:"淫秽的宪法分析——性表达自由的视角",《法律科学》2011年第2期。

张收棉:"论公共图书馆的文化治理功能",《图书馆杂志》2017年第6期。

张慰:"艺术自由的文化与规范面向——中国宪法第47条体系解释的基础",《政治与法律》2014年第6期。

张艺耀:"中国宪法文本中'文化'概念的规范分析",《河北法学》2015年第4期。

赵万一、吴晓锋:"公序良俗与契约自由",《现代法学》2003年第6期。

郑佳宁:"竞技体育侵权行为的法律构成",《体育学刊》2015年第4期。

郑毅:"文化法若干基本范畴探讨",《财经法学》2018年第1期。

郑永流:"道德立场与法律技术——中德情妇遗嘱案的比较和评析",《中国法学》2008年第4期。

郑玉双:"法律道德主义的立场与辩护",《法制与社会发展》2013年第1期。

郑玉双:"实现共同善的良法善治:工具主义法治观新探",《环球法律评论》2016年第3期。

郑玉双:"价值一元论的法政困境",《政法论坛》2018年第6期。

郑玉双:"人的尊严的价值证成与法理构造",《比较法研究》2019年第5期。

钟曼丽、杨宝强:"农村家庭养老中的家国责任:历程考察、实践难题与边界厘定",《理论月刊》2019年第2期。

周光权:"教唆、帮助自杀行为的定性——'法外空间说'的展开",《中外法学》2014年第5期。

周国文:"刑罚的界限——Joel Feinberg的'道德界限'与超越",西南政法大学博士论文,2006年。

周彦每:"公共文化治理的价值旨归与建构逻辑",《湖北社会科学》2016年第7期。

朱晓峰:"孝道理念与民法典编纂",《法律科学》2019年第1期。

朱振:"共同善权利观的力度与限度",《法学家》2018年第2期。

朱振:"作为方法的法律传统——以'亲亲相隐'的历史命运为例",《国家检察官学院学报》2018年第4期。

竹立家:"我们应当在什么维度上进行'文化治理'",《探索与争鸣》2014年第5期。

英文著作

Aquinas, T. *Summa Theologiae* IaIIae q. 64.

Ashworth, A. *Principles of Criminal Law*, Oxford: Oxford University Press, 2003.

Duff, R. A. *Punishment, Communication, and Community*, Oxford: Oxford University Press, 2001.

Dworkin, G. *The Theory and Practice of Autonomy*, Cambridge: Cambridge University Press, 1988.

Dworkin, R. *Taking Rights Seriously*, Cambridge, MA: Harvard University Press, 1978.

Dworkin, R. *Is Democracy Possible here?: Principles for a New Political Debate*, Princeton: Princeton University Press, 2008.

Feinberg, J. *Rights, Justice and The Bounds of Liberty*, Princeton: Princeton University Press, 1980.

Finnis, J. *Natural Law and Natural Rights*, Oxford: Oxford University Press, 1980.

Finnis, J. *Human Rights and Common Good: Collected Essays Volume 3*, Oxford: Oxford University Press, 2011.

George, R. *Making Men Moral*, Oxford: Oxford University Press, 1995.

Green, T. H. *Prolegomena to Ethics*, Oxford: Oxford University Press, 2004.

Hart, H. L. A. *The Concept of Law* (2nd edition), Oxford: Clarendon Press, 1994.

Ishiguro, K. *The Remains of the Day*, London: Faber & Faber, 1989.

Kant, I. *Lectures on Ethics*, translated by Louis Infield, New York: Harper & Row, 1963.

Lewis, C. S. *Studies in Words*, Cambridge: Cambridge University Press, 1961.

Mill, J. *On Liberty*, David Bromwich & George Kateb (eds.), New Haven: Yale University Press, 2003.

Moore, M. *Placing Blame: A Theory of the Criminal Law*, Oxford: Oxford University Press, 1997.

Murphy, M. *Natural Law in Jurisprudence and Politics*, Cambridge: Cambridge University Press, 2009.

Nagel, T. *Equality and Partiality*, New York: Oxford University Press, 1991.

Penney, L. *Assisted Dying and Legal Change*, Oxford: Oxford University Press, 2007.

Quong, J. *Liberalism Without Perfection*, Oxford: Oxford University Press, 2010.

Rachels, J. *The End of Life: Euthanasia and Morality*, Oxford: Oxford University Press, 1986.

Rawls, J. *A Theory of Justice*, revised edition, Cambridge, MA: Harvard University Press, 1999.

Raz, J. *The Authority of Law*, Oxford: Oxford University Press, 1979.

Raz, J. *The Morality of Freedom*, Oxford: Clarendon Press, 1986.

Raz, J. *Between Authority and Interpretation: On the Theory of Law and Practical Reason*, Oxford: Oxford University Press, 2009.

Richards, D. *Sex, Drugs, Death, and the Law: An Essay on Human Rights and Overcriminalization*, Lanham: Rowman & Littlefield, 1982.

Sher, G. *Desert*, Princeton: Princeton University Press, 1987.

Sher, G. *Beyond Neutrality*, Cambridge: Cambridge University Press, 1997.

Ten, C. L. *Mill on Liberty*, Oxford: Oxford University Press, 1980.

Wall, S. *Liberalism, Perfectionism and Restraint*, Cambridge: Cambridge University Press, 2007.

英文论文

Alexander, L. "Harm, Offense and Morality", *The Canadian Journal of Law and Jurisprudence*, Vol. 7, 1994.

Alexander, L. "The Philosophy of Criminal Law", in Jules Coleman & Scott Shapiro (eds.), *The Oxford Handbook of Jurisprudence and Philosophy of Law*, Oxford: Oxford University Press, 2004.

Anderson, E. "Is Women's Labor a Commodity?", *Philosophy & Public Affairs*, Vol. 19, No. 1, 1990.

Arneson, R. "Liberal Neutrality on the Good: An Autopsy", in George Klosko & Steven Wall (eds.), *Perfectionism and Neutrality: Essays in Liberal Theory*, Washington DC.: Rowman & Littlefield, 2003.

Brink, D. "Moral Realism and the Sceptical Argument from Disagreement and Queerness", *Australasian Journal of Philosophy*, Vol. 62, No. 2, 1984.

Christman, J. "Autonomy in Moral and Political Philosophy", *The Stanford Encyclopedia of Philosophy*, Aug 11, 2009, Edward N. Zalta (ed.), http://plato.stanford.edu/archives/spr2011/entries/autonomy-moral/.

Christman, J. "Relational Autonomy and The Social Dynamics of Paternalism", *Ethical Theory and Moral Practice*, Vol. 17, No. 3, 2014.

Corlett, J. A. "The Philosophy of Joel Feinberg", *The Journal of Ethics*, Vol. 10, 2006.

Duff, R. A. "Harms and Wrongs", *Buffalo Criminal Law Review*, Vol. 5, No. 1, 2001.

Duff, R. A. "Towards A Theory of Criminal Law?", *Aristotelian Society Supplementary Volume*, Vol. 84, No. 1, 2010.

Duff, R. A. "Towards a Modest Legal Moralism", *Criminal Law and Philosophy*, Vol. 8, 2014.

Dworkin, R. "Foundations of Liberal Equality", in Stephen L. Darwall, (ed.), *Equal Freedom: Selected Tanner Lectures on Human Values*, Ann Arbor: University of Michigan Press, 1995.

Dworkin, G. "Autonomy", in Robert E. Goodin, Philip Pettit, & Thomas W. Pogge, (eds.), *A Companion to Contempory Political Philosophy* (2nd edition), Oxford: Wiley-Blackwell, 2012.

Edelstone, S. "Filial Responsibility: Can the Legal Duty to Support Our Parents Be Effectively Enforced?", *Family Law Quarterly*, Vol. 36, No. 3, 2002.

Feinberg, J. "The Expressive Function of Punishment", *The Monist*, Vol. 49, No. 3, 1965.

Finnis, J. "The Authority of Law in the Predicament of Contemporary Social Theory", *Notre Dame Journal of Law, Ethics & Public Policy*, Vol. 1, No. 1, 1984.

Finnis, J. "Legal Enforcement of 'Duties to Oneself': Kant vs. Neo-Kantians", *Columbia Law Review*, Vol. 87, 1987.

Finnis, J. "Natural Law and Legal Reasoning", *Cleveland State Law Review*. Vol. 38, No. 1, 1990.

Finnis, J. "The Good of Marriage and the Morality of Sexual Relations: Some Philosophical and Historical Observations", *American Journal of Jurisprudence*. Vol. 42, No. 1, 1997.

Frost, T. , Sinha, D. & Gilbert, J. "Should Assisted Dying be Legalised?", *Philosophy, Ethics, and Humanities in Medicine*, Vol. 9, No. 3, 2014.

Gallie, W. B. "Essentially Contested Concepts", *Proceedings of the Aristotelian Society*, Vol. 56, 1956.

Gardner, J. "Justifications and Reasons", in A. P. Simester & A. T. H. Smith (eds.) , *Harm and Culpability*, Oxford: Oxford University Press, 1996.

Gaus, G. "Liberal Neutrality: A Compelling and Radical Principle", in George Klosko & Steven Wall (eds.) , *Perfectionism and Neutrality: Essays in Liberal Theory*, Washington DC: Rowman & Littlefield, 2003.

Gaus, G. "The Place of Autonomy within Liberalism", in John Christman, & Joel Anderson (eds.) , *Autonomy and the Challenges to Liberalism: New Essays*, New York: Cambridge University Press, 2005.

Gaus, G. "The Moral Foundations of Liberal Neutrality", in T. Christiano & J. Christman (eds.) , *Contemporary Debates in Political Philosophy*, Oxford: Wiley-Blackwell, 2009.

Goldman, A. "Legal Reasoning as a Model for Moral Reasoning", *Law and Philosophy*, Vol. 8, No. 1 , 1989.

Goodin, R. E. "An Epistemic Case for Legal Moralism", *Oxford Journal of Legal Studies*, Vol. 30, No. 4, 2010.

Gray, J. "On Negative and Positive Liberty", *Political Studies*, Vol. 28, 1980.

Hirsch, A. V. "Direct Paternalism: Criminalizing Self-Injurious Conduct", *Criminal Justice Ethics*, Vol. 27, 2008.

Keown, J. "Euthanasia in the Netherlands: Sliding Down the Slippery

Slope", *Notre Dame Journal of Law, Ethics & Public Policy*, Vol. 9, No. 2, 2012.

Kleinfeld, J. "Reconstructivism: The Place of Criminal Law in Ethical Life", *Harvard Law Review*, Vol. 129, No. 6, 2016.

Kleinig, J. & Evans, N. "Human Flourishing, Human Dignity, and Human Rights", *Law and Philosophy*, Vol. 32, No. 5, 2013.

Kleinig, J. "Paternalism and Human Dignity", *Criminal Law and Philosophy*, Vol. 11, No. 1, 2017.

Lamond, G. "What is a Crime?", *Oxford Journal of Legal Studies*, Vol. 27, No. 4, 2007.

Li Chenyang, "Shifting Perspectives: Filial Morality Revisited", *Philosophy East & West*, Vol. 47, No. 2, 1997.

Liu Qingping, "Filial Piety: The Root of Morality or the Source of Corruption?", *Dao: A Journal of Comparative Philosophy*, Vol. 6, No. 1, 2007.

Marshall, S. E. & Duff, R. A. "Criminalization and Sharing Wrongs", *Canadian Journal of Law and Jurisprudence*, Vol. 11, No. 1, 1998.

Moore, M. "Moral Reality Revisited", *Michigan Law Review*, Vol. 90, No. 8, 1992.

Morris, H. "A Paternalistic Theory of Punishment", *American Philosophical Quarterly*, Vol. 18, No. 4, 1981.

Murphy, J. "Legal Moralism and Liberalism", *Arizona Law Review*, Vol. 37, 1995.

Oshana, M. "Personal Autonomy and Society", *Journal of Social Philosophy*, Vol. 29, No. 1, 1998.

Raz, J. "Facing Up: A Reply", *Southern California Law Review*, Vol. 62, 1989.

Richards, D. "Free Speech and Obscenity Law: Towards a Moral Theory of the First Amendment", *University of Pennsylvania Law Review*, Vol. 123, No. 45, 1974.

Ripstein, A. "Beyond the Harm Principle", *Philosophy & Public Affairs*, Vol. 34, No. 3, 2006.

Rivera-Lopez, E. "Organ Sales and Moral Distress", *Journal of Applied Philosophy*, Vol. 23, No. 1, 2006.

Rosemont, H. Jr. & Ames, R. T. "Family Reverence (xiao 孝) as the Source of Consummatory Conduct (ren 仁)", *Dao: A Journal of Comparative Philosophy*, Vol. 7, No. 1, 2008.

Satz, D. "The Moral Limits of Markets: The Case of Human Kidney", *Proceedings of the Aristotelian Society*, Vol. 108, 2008.

Scheffler, S. "Aging as a Normative Phenomenon", *Journal of the American Philosophical Association*, Vol. 2, No. 4, 2016.

Scoccia, D. "Paternalism and Respect for Autonomy", *Ethics*, Vol. 100, No. 2, 1990.

Shafer-Landau, R. "Ethical Disagreement, Ethical Objectivism and Moral Indeterminacy", *Philosophy and Phenomenological Research*, Vol. 54, No. 2, 1994.

Shafer-Landau, R. "The Failure of Retributivism", *Philosophical Studies*, Vol. 82, No. 3, 1996.

Simester, A. P. & Hirsch, A. V. "Rethinking the Offense Principle", *Legal Theory*, Vol. 8, 2002.

Skinner, Q. "The Paradoxes of Political Liberty", in Stephen Darwall (ed.), *Equal Freedom: Selected Tanner Lectures on Human Values*, Ann Arbor: University of Michigan Press, 1995.

Taylor, C. "What's Wrong with Negative Liberty", in Alan Ryan (ed.), *The Idea of Freedom*, Oxford: Oxford University Press, 1979.

Taylor, C. "The Politics of Recognition", in Amy Gutman (ed.), *Multiculturalism: Examining the Politics of Recognition*, Princeton: Princeton University Press, 1994.

Ting, GHY. & Woo, J. "Elder Care: Is Legislation of Family Responsibility the Solution?", *Asian Journal of Gerontology and Psychiatry*, Vol. 4, No. 2, 2009.

Waldron, J. "Legislation and Moral Neutrality", in R. Goodin & A. Reeve (eds.), *Liberal Neutrality*, New York: Routledge, 1989.

Waldron, J. "Personal Autonomy and Moral Autonomy", in John Christman & Joel Anderson (eds.), *Autonomy and the Challenges to Liberalism: New Essays*, New York: Cambridge University Press, 2005.

Wall, S. "Perfectionism in Politics: A Defense", in T. Christiano & J. Christman (eds.), *Contemporary Debates in Political Philosophy*, New Jersey: Wiley-Blackwell, 2009.

Wall, S. "Neutralism for Perfectionists: The Case of Restricted State Neutrality", *Ethics*, Vol. 120, No. 2, 2010.

Wall, S. "On Justificatory Liberalism", *Politics, Philosophy & Economics*, Vol. 9, 2010.

Wall, S. "Perfectionism in Moral and Political Philosophy", *The Stanford Encyclopedia of Philosophy*, Oct 10, 2012, Edward N. Zalta (ed.), http://plato.stanford.edu/archives/win2012/entries/perfectionism-moral/.

Wall, S. "Enforcing Morality", *Criminal Law and Philosophy*, Vol. 7, No. 3, 2013.

Wall, S. "Moral Environmentalism", in Christian Coons & Michael Weber (eds.), *Paternalism: Theory and Practice*, Cambridge: Cambridge University Press, 2013.

后 记

本书内容的写作前前后后跨越了十年。我的硕士论文以法律道德主义为题,对哈特和德富林之间的争论进行了梳理,同时也针对中国法律实践中的一些争议事件进行了反思,特别是引发学界极大关注的"马尧海聚众换偶案"。在读博期间,我对刑法产生了兴趣,有意在刑法哲学领域进行研究。我在法律道德主义的研究基础之上,结合范伯格在《刑法的道德界限》四卷本中提炼的基本原则,最后形成了将政治哲学和刑法实践相结合的博士论文的写作想法。最后,基于政治哲学中关于自治的本质、中立的自由主义和政治至善主义之对立的学术讨论,我把博士论文的选题确定为"政治至善主义刑法观",于2015年春天完成后参加了答辩。

博士毕业后进入学术工作生涯,我把博士论文的一些章节进行了修改和扩展,陆续在一些刊物上发表出来。在修改的过程中,我把博士论文尝试提出的刑法观区分为两个层次,一是元理论层次,即如何理解刑法理论的不同面向,二是规范理论层次,即如何从规范视角回应刑法实践中的诸多难题。在元理论层次上,对刑法理论的反思也促使我从更一般的意义上思考法理论本身的性质及不同理论立场之间的分歧。在规范理论层次上,伴随着论文的修改,我对刑法的道德界限的关注逐渐扩展到一般意义上法律对道德事务的强制难题,无论是在公共领域还是私人领域。因此,道德的法律强制不仅限于刑法这一特殊的社会实践类型,也体现在国家在文化事务上的角色,以及国家在家庭中的功能等。最初构想论文时所提炼的中立的自由主义与政治至善主义的框架,在这些问题上也能提供有效的分析思路。这些思考汇总起来,就形成了这样一本主题似乎松散,但核心理论关注保持一致的作品。

我们处于一个巨变的时代,科技的发展让人振奋,但有一些涉及人性、道德和法律的根本问题仍然需要我们持续关注。在技术对人的心灵和社会理解带来革命性冲击的大背景下,本书的主题和观点或许是有些不合时宜了,但我仍然主张国家在个体的道德生活中应当发挥至善主义的角色,从而促使个体更好地实现自治。尽管人的自治的实现条件会随着社会的发展而发生变化,但自治的概念内涵仍然呈现为一个不易被外部条件所改变的结构:自治是被共同体生活所影响和培育的一种善,国家可以促进这种善的实现,道德的法律强制也是实现这种善的必要方式。书中捍卫的这一观点也许会遭到很多批评,我希望未来能有机会针对它所面对的批评作出更多的回应。

这本书的内容以不同的载体在我的求学和工作过程中出现过,从最开始的萌芽,到形成博士论文,再到修改后见刊,这个过程受益于很多人的激励或批评。回顾这段历程,需要感谢的人太多,但与其他写作后记的作者一样,我也只能列举出部分人的名字,而且也担心会出现遗漏。所以只能冒着风险,在有限的篇幅中对提到名字和未提到名字的各位师友表达无尽谢意。我的硕士和博士导师郑永流教授指导了我的博士论文,从选题、初稿到终稿,郑老师促使我不断完善和精练我的主题和观点,正是因为郑老师的支持,我才能从法理学视角跨越到刑法领域,探讨这个关乎自治价值的核心议题。范立波和陈景辉两位老师是指导我多年的老师,他们引导我走上法理学这条道路,并在分析路径上不断激励和鞭策我的成长,文中所展现的(并不完美的)分析风格,得益于他们对我的训练。

博士论文答辩时,朱景文、张骐、舒国滢、侯淑雯、王夏昊五位答辩委员对我的论文提出了详尽的答辩意见,论文后续的修改也得益于他们在答辩过程中所提出的各个角度的问题和修正建议。本书的主体内容已在《法哲学与法社会学论丛》《政法论坛》《法制与社会发展》《法学》《清华法学》《比较法研究》《地方立法研究》等刊物发表过。感谢王人博、孙国栋、侯学宾、王申、聂鑫、徐雨衡、丁洁琳、徐菁菁等诸位老师对文章的厚爱和辛苦编辑。特别要感谢的是王人博教授,我工作后的第一篇论文发表在《政法论坛》之上,王老师的认可使我在面对不确定的未来时得到了一颗定心丸,也激励我将学术这条不坦途走下去。

虽然书中的主要内容已在我博士论文中出现,但实质性的修改和完善都是在我任职于中央财经大学法学院期间完成的。我博士毕业后进入中财法学院工作,度过了五年多的美好时光。尹飞、吴韬、徐颖、林剑锋等领导对我的工作和生活提供了大量的指引和帮助。对于一个初入学术生涯的懵懂"青椒"来说,他们的支持是难以复制的。黄震、李伟、刘权、朱晓峰、于文豪、赵真等同事不只在工作和学术上支持我,在生活中也给了我无尽的帮助。虽然我已从中央财经大学调动到母校工作,但过去这一段难忘的时光将一直存留在我的记忆之中。

学术研究可能是孤独的,但学术交流是无法缺少的。在写作过程中,众多师友从各种角度对这本书的完成作出了贡献。刘叶深、泮伟江、王旭、黄伟文、骆意中和叶会成几位同门师兄弟虽然在研究方向上与我的主题并不相同,但我们共享着一些相同的理论关怀,所以他们对我的论文提供了很多建设性意见,当然批评也会更为严厉。高秦伟、陈林林、朱振、张帆、田夫、雷磊、王凌皞、杨建、孙海波、王进等师友对我的观点的形成提供了很多有益的视角,甚至如张帆老师那样,专门写文章对我书中的"法律家长主义"一章进行批判。工作之后，有很多机会参加学术会议并报告书中的一些内容，得到了很多富有价值的批判意见，虽然具体场景已经模糊，但那些真知灼见已经凝练为书中的观点。

说来惭愧，这是我的第一本著作，感觉有点晚。没有钟林总编的督促与刘显刚先生的关心，这本书的出现可能还要更晚。他们两位是我的学长，我们有共同的法大求学经历，也有共同的学术体验。感谢他们让我有机会在商务印书馆呈现这本书。也要感谢我的学生暴文博，他在书稿校对上做了出色的辅助工作。

郑玉双

2021 年 12 月 1 日

图书在版编目（CIP）数据

道德的法律强制：原则与界限 / 郑玉双著. — 北京：商务印书馆，2023.4（2023.8 重印）
ISBN 978-7-100-22021-7

Ⅰ.①道… Ⅱ.①郑… Ⅲ.①法律—关系—道德—研究 Ⅳ.① D90-059

中国国家版本馆 CIP 数据核字（2023）第 031645 号

权利保留，侵权必究。

道德的法律强制
原则与界限
郑玉双 著

商务印书馆出版
（北京王府井大街36号 邮政编码100710）
商务印书馆发行
北京虎彩文化传播有限公司印刷
ISBN 978-7-100-22021-7

2023年4月第1版　　开本 880×1240 1/32
2023年8月北京第2次印刷　印张 8 5/8

定价：56.00元